Pastor Ock Soo Park's Lectures on

THE GOSPEL OF JOHN

요한복음 강해 I

박옥수 지음

도서출판
기쁜소식

| 저자의 글 |

하나님께서 당신과 다른 마음을 가지고 있던 인간을 위해 예수님을 세상에 보내셨다. 요한복음은, 사탄에게 속아 오랫동안 하나님을 떠나 살던 사람들이 자기 생각에서 벗어나 예수님의 마음의 세계로 돌아오는 이야기이다.

니고데모는 예수님이 하나님께로부터 오신 선생인 줄 알면서도 자기 생각에서 벗어나지 못해 예수님과 다른 마음의 세계 안에 머물렀다. 사마리아 여자는 "이 물을 먹는 자마다 다시 목마르려니와 내가 주는 물을 먹는 자는 영원히 목마르지 아니하리니"라고 하신 예수님의 말씀을 듣고 '영원히 목마르지 않는 물이 어디 있어?' 하면서도 자기 생각을 버리고 예수님의 말씀을 받아들여서 복을 받았다. 38년 된 병자 이야기도 같은 내용이다. 그는 병을 38년이나 앓아 걷지 못했다. 자신이 걷지 못한다는 사실을 누구보다 그 자신이 잘 알고 있었다. 그러나 "일어나 네 자리를 들고 걸어가라." 하신 예수님의 말씀을 듣고, 자기 생각을 버리고 말씀대로 일어나 걸어 걷게 되었다.

신앙은 단순하다. 예수님의 말씀을 믿으면 아주 쉽다.

그런데 예수님의 말씀을 믿으려고 하면 우리 생각이 방해한다. 우리 생각이 예수님의 말씀과 맞지 않아서 자신의 생각을 버리고 예수님의 말씀을 받아들이면, 말씀이 우리 마음에 들어와서 우리가 예수님과 같은 마음을 갖게 된다. 예수님의 마음이 우리 안에 들어와서 우리를 이끌고, 예수님이 우리 안에서 일하시면 우리가 어떤 악한 자나 죄인이었어도 문제가 되지 않는다. 우리 생각과 다른 예수님의 말씀을 받아들이기 위해 자신의 생각을 버리면 말씀이 우리 마음에 자리 잡고, 말씀에 의해서 우리가 예수님과 같은 모양으로 변화되어 복된 삶을 살게 된다.

요한복음에서 우리가 예수님의 마음을 발견하고 그 마음을 받아들이면 예수님과 한마음이 되어 하나님의 은혜를 입고 죄에서 벗어나 삶이 복되고 아름다워진다. <요한복음 강해>가 우리 모두에게 예수님의 마음을 갖게 하는 데 도움이 되었으면 좋겠다.

2022년 5월 박옥수

목 차

1강 태초에 말씀이 계시니라 ······ 7
2강 세상 죄를 지고 가는 하나님의 어린양 ······ 19
3강 무슨 말씀을 하시든지 그대로 하라 ······ 31
4강 예수님의 말씀을 배척한 니고데모 ······ 45
5강 어떻게 거듭나는가? ······ 57
6강 지금도 살아 있는 하나님의 말씀 ······ 71
7강 예수님의 의가 우리 의가 되는 거듭남 ······ 85
8강 사마리아 여자와 영원히 목마르지 않는 물 ······ 97
9강 38년 된 병자의 선택 ······ 109
10강 죄인이 의인이 되는 과정 ······ 121
11강 내 말을 듣고 믿는 자는 영생을 얻었고 ······ 133
12강 듣는 자는 살아나리라 ······ 145
13강 예수님을 믿기로 한 38년 된 병자 ······ 159
14강 우리를 의롭다고 하신 하나님 ······ 173

THE GOSPEL OF JOHN

15강 예수님의 두 제자 빌립과 안드레 ······ 185

16강 빌립이 본 예수님과 안드레가 본 예수님 ······ 199

17강 내 살을 먹고 내 피를 마시는 자는 ······ 211

18강 예수님이 피를 흘리고 몸이 찢기셨기 때문에 ······ 223

19강 내 살은 참된 양식이요 내 피는 참된 음료로다 ······ 235

20강 내가 곧 생명의 떡이니 ······ 247

21강 그 형제들이라도 예수를 믿지 아니함이러라 ······ 259

22강 자신을 믿어 간음하다 잡힌 여자 ······ 271

23강 손가락으로 땅에 글씨를 쓰신 예수님 ······ 285

24강 마음에 감사를 가득 넣어 주신 예수님 ······ 297

25강 나도 너를 정죄하지 아니하노니 ······ 309

26강 비로소 발견한 이미 이루어진 속죄 ······ 323

27강 십자가에서 죄의 벌을 대신 받으신 예수님 ······ 335

Pastor Ock Soo Park's Lectures on

THE GOSPEL OF JOHN

01

태초에 말씀이 계시니라

◦ 육신을 입고 이 땅에 오신 말씀
◦ 말씀이 들어오면 모든 문제가 해결된다
◦ 내 마음에 들어온 말씀, 로마서 3장 23~24절
◦ 말씀이 마음에 들어오자 모든 것이 달라졌다
◦ 요한복음은 말씀이 일하는 이야기

태초에 말씀이 계시니라

성경은 66권의 책으로 이루어져 있습니다. 그 가운데 요한복음은 예수 그리스도를 더 자세히 기록했고 우리 마음을 세밀히 기록했기 때문에 저는 요한복음에서 굉장히 많은 은혜를 입었습니다. 요한복음을 이야기할 수 있어서 감사합니다.

육신을 입고 이 땅에 오신 말씀

창세기 1장 1절에 **"태초에 하나님이 천지를 창조하시니라."**라고 되어 있습니다. 이어서 **"땅이 혼돈하고 공허하며 흑암이 깊음 위에 있고 하나님의 신은 수면에 운행하시니라."**라고 했습니다. 성경에서 인간을 이야기할 때에는 항상 땅을 들어서 이야기했습니다. 땅이 혼돈하고 공허하고 흑암 안에 있었습니다. 저는 생각해 봅니다. 땅이 무엇을 해서 그 혼돈을 내쫓고, 공허를 내쫓고, 흑암을 내쫓을 수 있습니까? 땅은 무슨 일을 해도 스스로는 혼돈이나 공허나 흑암을 내쫓을 수 없습니다.

그 땅에 하나님의 말씀이 임했습니다. **"빛이 있으라 하시매 빛이 있었고"** 하나님이 빛이 있으라고 말씀하시자 빛이 있었습니다. 다르게 표현하면, 빛이 있으라고 하자 어둠이 물러갔습니다.

창세기가 하나님의 말씀이 일하는 것으로 시작하는 것처럼 요한복음도 똑같이 말씀으로 시작합니다.

"태초에 말씀이 계시니라. … 만물이 그로 말미암아 지은 바 되었으니 지은 것이 하나도 그가 없이는 된 것이 없느니라."(요 1:1~3)

창세기와 요한복음이 다른 점은, 창세기에서 일하신 분은 하나님이었고 요한복음에서 일하신 분은 하나님이 우리 가까이 오려고 육신을 입고 이 땅에 오신 예수님이었습니다.

창세기에서 하나님이 어둠이나 혼돈이나 공허를 내쫓으셨듯이 예수님이 이 땅에 오셔서 그렇게 일하셨습니다. 지금도 예수님의 말씀이 사람의 마음에 들어오면 그 마음에서 어둠이 끝나고 혼돈이 끝나고 절망이 끝나는 것을 봅니다. 우리가 죄 속에 있을 때, 어둠 속에 있을 때, 슬픔 속에 있을 때 예수님의 말씀이 우리 마음에 들어오면 새로운 삶이 시작됩니다.

우리에게 어떤 문제가 일어나든지 우리 마음에 하나님의 말씀이 들어오면 그 문제가 해결됩니다. 어떤 어두움이 있어도 말씀이 마음에 들어오면 그 어두움이 물러갑니다. 어떤 슬픔이 있어도, 어떤 고통이 있어도, 어떤 죄가 있어도 하나님의 말씀이 마음에 들어오면 그 모든 것이 끝이 납니다.

베드로전서 1장 23절에서 베드로는 **"너희가 거듭난 것이 썩어질**

씨로 된 것이 아니요 썩지 아니할 씨로 된 것이니, 하나님의 살아 있고 항상 있는 말씀으로 되었느니라."라고 말했습니다. 여자가 결혼해서 남자의 씨를 받으면 자연스럽게 아이가 태어납니다. 거듭나는 것이 그와 같습니다. 예수님의 말씀이 씨입니다. 말씀이 우리 안에 들어오면 우리가 새로워집니다. 땅이 혼돈하고 공허하고 흑암 속에 있다가 하나님의 말씀이 임하자 혼돈과 공허와 흑암이 떠나갔습니다.

말씀이 들어오면 모든 문제가 해결된다

요한복음에서는 많은 일들이 일어납니다. 사람들이 이런저런 문제를 가지고 예수님 앞에 나옵니다. 어떤 사람은 병이 들어서 나오고, 어떤 사람은 앞을 보지 못해서 나오고…. 사람들에게 이런 문제가 있고 저런 문제가 있습니다. 그런데 놀랍게도 예수님의 말씀이 들어가면 그 문제가 다 정리되었습니다. 그것이 정말 신기합니다.

갈릴리 가나 혼인 잔칫집에 포도주가 모자랐을 때 예수님이 거기 계셨습니다. 마리아가 예수님에게 포도주가 없다고 말했습니다. 마리아는 예수님을 압니다. 예수님이 "여자여, 나와 무슨 상관이 있나이까? 내 때가 아직 이르지 못하였나이다."라고 하셨습니다. 그러자 마리아가 하인들에게 "예수님이 너희에게 무슨 말씀을 하시든지 그대로 해라." 하였습니다. 하인들이 마리아의 지시대로 예수님이 말씀하신 대로 하자 문제가 해결되었습니다.

우리에게 닥친 모든 문제는 하나님의 말씀이 우리 안에 들어오면 해결됩니다. 그러니까 말씀하신 그대로 하라는 것입니다. '네 생각과 다르지만, 네 마음에 안 맞지만 그대로 해라.' 그렇게 하면 어떤 문제든지 해결됩니다. 이것이 요한복음이 우리에게 이야기하는 바입니다.

38년 된 병자가 있었습니다. 그 문제도 예수님이 말씀하시자 해결되었습니다. 눈먼 소경이 있었습니다. 예수님이 그에게 실로암 못에 가서 씻으라고 하셨습니다. 그가 그 말씀대로 실로암 못에 가서 씻자 눈이 뜨였습니다. 야이로의 딸이 죽고, 나사로가 죽었습니다. 그 어떤 문제든지 예수님의 말씀이 일하면 다 해결되었습니다.

요한복음 8장에는 간음하다 잡힌 여자가 나옵니다. 그 여자는 돌에 맞아 죽을 수밖에 없었습니다. 그런데 예수님의 말씀이 떨어지자 여자를 돌로 치려고 했던 사람들이 다 떠나갔습니다.

사람들이 자기가 불행을 몰아내고 어둠을 몰아내려고 애를 씁니다. 그러나 신앙에서 가장 중요한 것은 '예수님의 말씀이 내 마음에 들어왔느냐'입니다. 말씀이 들어오면 모든 것을 해결해 주기 때문입니다.

내 마음에 들어온 말씀, 로마서 3장 23~24절

저는 1944년에 태어났습니다. 그리고 1950년에 한국전쟁이 일어났습니다. 전쟁은 정말 비참했습니다. 1951년 8월 14일에는 어머니가 세상을 떠나셨습니다. 며칠 전 아침에 화장실에 갔다 와서 "몸이 안 좋다." 하고 누우시더니, 3일 만에 세상을 떠나셨습니다. 한 달 뒤에는 형님이 군대에 갔습니다. 아버지는 전쟁에 필요한 보급 물자를 나르는 일을 하느라 집에 안 계셨습니다. 그때 우리 집에서 나이가 가장 많은 큰누님이 열다섯 살이었고, 둘째 누님이 열세 살, 제가 여덟 살, 동생이 네 살이었습니다. 사는 것이 암담했습니다. 우리는 정말 많이 굶었습니다. 무엇을 먹고 살아야 할지 몰랐습니다.

하루는 밤에 자는데 이상한 소리가 들렸습니다. 잠을 깨서 보니 큰누님이 혼자 울고 있었습니다. 우리가 있을 때는 울지 못하고 밤에 몰래 울고 있었던 것입니다. 그 밤에 우리 가족 넷이 다 깨서 같이 울었습니다. 저는 소년 시절을 참 어둡게 살았습니다. 어머니가 돌아가신 뒤 제가 예수님을 만난 1962년까지 11년 동안 행복이 무엇인지 몰랐습니다. 한번은 크리스마스 때 누님 친구가 "옥수야, 프레젠트." 하며 노트 세 권을 주었는데, 11년 동안 제가 행복을 느꼈던 단 한 번의 순간이었습니다.

어린 시절 저는 많이 굶고 영양가 없는 것을 먹어서 팔다리는 가늘고 배만 볼록했습니다. 나이가 들어가면서 배가 고파서 남의 집 사과도 따먹고 감자도 캐먹고, 도둑질을 많이 했습니다. 교회에 다니고 있었기 때문에 새벽마다 교회에 가서 전날 지은 죄를 용서해 달라고 빌었습니다.

"하나님, 어제 지은 죄를 용서해 주십시오. 그리고 오늘은 도둑질하지 않게 해주십시오. 오늘은 친구들과 어울리지 않게 해주십시오. 친구들과 만나면 또 도둑질하게 됩니다."

친구들이 모이는 곳에 가지 말아야겠다고 마음먹지만, 저녁을 먹고 나면 나도 모르게 거기 가 있었습니다. 정말 어둡게 살았습니다. 제가 하는 것은 거짓말, 도둑질 같은 죄밖에 없었습니다.

한번은 요한계시록 21장 8절을 읽었습니다.

"그러나 두려워하는 자들과 믿지 아니하는 자들과 흉악한 자들과 살인자들과 행음자들과 술객들과 우상 숭배자들과 모든 거짓말하는

자들은 불과 유황으로 타는 못에 참예하리니 이것이 둘째 사망이라."

여기에 둘째 사망을 당하는 사람들이 나열되어 있는데, 마지막에 모든 거짓말하는 자들이 나옵니다. 저는 거짓말을 많이 했기 때문에 '난 지옥에 가는구나!'라는 마음이 들었습니다. 죄 때문에 늘 슬프고 고통스러웠습니다.

하나님이 그런 저에게 놀라운 은혜를 베푸셨습니다. 하루는 제가 교회에서 지은 죄를 용서해 달라고 기도하고 있었는데, 기도를 마치고 눈을 떴을 때 예수님이 간음한 여자의 죄를 사해준 것처럼 내 죄도 사해 주셨다는 마음이 들었습니다. 그때부터 성경을 읽기 시작했습니다. 성경 말씀들이 마음에 들어왔습니다. 그 가운데 로마서 3장 23~24절 말씀이 있었습니다.

로마서 3장 23절에서 **"모든 사람이 죄를 범하였으매 하나님의 영광에 이르지 못하더니"**라고 했습니다. 우리는 모두 죄를 범했고, 죄인입니다. 참 안타까운 것은, 제가 전에도 로마서 3장 23절은 알았지만 바로 뒤에 있는 24절은 몰랐습니다. 그런데 성경을 읽기 시작하면서 24절이 눈에 들어왔습니다.

"그리스도 예수 안에 있는 구속으로 말미암아 하나님의 은혜로 값없이 의롭다 하심을 얻은 자 되었느니라."

'이게 무슨 말이야?' 23절에는 사람이 있고, 죄가 있었습니다. 예수님은 없었습니다. 그런데 24절에는 놀랍게도 예수님이 계셨습니다. 내가 죄인이었는데 예수님은 내 죄를 그냥 놔두실 수 없었습니다. 내가 죄에 빠진 것을 놔두실 수 없었습니다. 누가 자신의 사랑하는 아이가 물에 빠진 것을 그냥 두겠습니까? 어떤 엄마가 자기 아이에게 더러운 게 묻어 있는데 그냥 놔두겠습니까? 어떤 아버지가 자기 아들이 물에 떠내려가는데 그냥 놔두겠습니까? 더러운 아이는 씻기고 떠내려가는 아이는 건질 것입니다.

예수님이 그렇게 하셨습니다. 예수님은 우리가 더럽고 악한 것을 보시고, 우리에게 죄가 있는 것을 보시고 절대로 그냥 두실 수가 없었습니다. 우리의 모든 죄를 씻었습니다. 그래서 로마서 3장 24절에서는 우리가 의롭게 되었다고 했습니다. 우리가 회개했기 때문입니까? 열심히 기도하거나 헌금을 많이 했기 때문입니까? 우리가 선한 일을 했기 때문이 아닙니다. 우리는 아무것도 하지 않았습니다. 예수님이 우리를 구속하는 일을 이루셨습니다. 예수님이 우리 죄 값을 대신 지불해 우리 죄를 씻어 주셨습니다. 얼마나 깨끗하게 씻어 주셨겠습니까? 대충 씻어 놓으셨겠습니까? 눈처럼 희게 깨끗하게 씻으셨습니다.

로마서 3장 24절 말씀이 제 마음에 들어오는데 너무 놀라웠습니다. 제가 로마서 3장 23절까지만 알았을 때에는 늘 "하나님, 어제 또 도둑질을 했습니다. 죄를 용서해 주십시오."라고 기도했습니다. 24절에서는 놀랍게도 제가 의롭게 되어 있었습니다. 하나님이 우리를 보고 의롭다고 말씀하시는 것입니다. 그 말씀이 제 마음에 들어오기 전에 저는 죄인이었지만, 24절이 마음에 들어오면서 저를 모든 죄에서 자유롭게 했습니다. '내가 의롭다. 내가 의로워! 내 죄가 다 씻어져서 내가 깨끗해! 거룩해!' 더러운 죄인이라고만 여겼던 내가 의롭게 된 것이 너무나 신비로웠습니다. 그때부터 제 마음이 하나님과 가까워지기 시작했습니다.

말씀이 마음에 들어오자 모든 것이 달라졌다

저는 한 일이 아무것도 없습니다. 다만 한 가지 사실을 몰랐습니다. 예수님이 십자가에 못 박혀 돌아가실 때 내 모든 죄 값을 지불해 죄를 하나도 남김없이 완벽하게 해결했는데, 그것을 몰랐습니다. 예수님은 저를 더러운 죄 가운데 내버려두시지 않았습니다. 요한복음이 하는 이야기가 바로 이 이야기입니다.

"내가 진실로 진실로 너희에게 이르노니, 내 말을 듣고 또 나 보내신 이를 믿는 자는 영생을 얻었고 심판에 이르지 아니하나니 사망에서 생명으로 옮겼느니라."(요 5:24)

우리가 무엇을 하는 것이 아니고 예수님의 말씀을 믿는 것입니다. 예수님이 내 죄를 씻으셨다는 말씀을 믿는 것입니다.

제가 로마서 3장 23절만 알았을 때에는 죄인인 것을 믿었습니다. 그리고 24절을 알았을 때 의롭게 된 것을 믿었습니다. 하나님이 의롭다고 말씀하셨기 때문입니다. 그때부터 제가 달라지기 시작했습니다. 내 안에서 예수님이 살아 일하시는 것을 보았습니다. 성경을 읽는데 말씀이 마음에서 그렇게 달았습니다. 성경을 한 번 읽고, 두 번 읽고, 세 번 읽고…. 서른 번쯤 읽었을 때 신구약 성경의 전체 윤곽을 알 수 있었습니다. 40번, 50번 계속 읽었습니다. 성경을 읽으면 읽을수록 죄 사함에 대해서 더 깊이 알 수 있었습니다. 창세기에 나오는 말씀에서는 죄가 어떻게 사해지고, 레위기에 나오는 속죄제사에서는 죄가 어떻게 사해지고…. 너무 놀라웠습니다.

저는 스스로 달라지려고 한 적이 한 번도 없습니다. 하나님의 말씀이 내 마음에 들어오자 모든 것이 달라졌습니다.

요한복음은 말씀이 일하는 이야기

요한복음이 전부 이런 이야기입니다. 예수님이 38년 된 병자를 만나셨습니다. 걷지 못하고 움직이지 못하는 그에게 예수님이 "일어나 네 자리를 들고 걸어가라." 하셨습니다. 그가 '나는 걸을 수 없어'라는 자기 생각을 따라서 못 걷는다고 하면 그냥 그대로 있어야 합니다. 그런데 예수님의 말씀을 받아들이면, 예수님은 일어나서 자리를 들고 걸어가라는 겁니다. 자기가 볼 때는 걸을 수 없지만 예수님의 말씀은 그의 생각과 전혀 달랐습니다. 그가 자기 생각을 버리고 예수님의 말씀을 받아들이자 그때부터 예수님의 말씀이 그에게 놀랍게 일하기 시작했습니다.

38년 된 병자가 예수님의 말씀을 들었습니다. "일어나 네 자리를 들고 걸어가라." 그때까지 병자의 마음에는 '내가 어떻게 걸어? 말도 안 돼. 나도 걷고 싶었지만 안 됐어'라는 생각이 가득 차 있었습니다. 그런데 그의 마음에 일어나서 자리를 들고 걸어가라는 예수님의 말씀이 들어왔습니다. 말씀이 들어와서 38년 된 병자의 마음에서 '난 병에 걸려서 못 걸어'라는 마음을 내쫓아버렸습니다. 그래서 병자의 마음에 "일어나 네 자리를 들고 걸어가라."라는 말씀만 남았습니다.

병자가 걸으려고 했고, 일어나기 시작했습니다. 말씀 속에 일어날 수 있는 모든 조건이 들어 있기 때문입니다. 병자가 일어나 걷기 시작했습니다. '아, 내가 걷는다! 내가 걸어!' 놀라운 일이 일어났습니다.

정말 그렇습니다. 분명히 38년 동안 누워 있던 병자인데 말씀을 받아들여서 그 말씀대로 걸었습니다. 우리가 죄인인데, 성경은 말하기를 '그리스도 예수 안에 있는 구속으로 말미암아 네 죄가 다 씻어졌다'고 합니다. 제가 그 말씀을 받아들였습니다. 마음에 믿었습니다. 그리고 놀랍게 변했습니다.

제가 구원받고 복음을 위해 사는 동안 58년이라는 세월이 흘렀습니다. 지난 58년 동안 주님과 늘 동행하면서, 주님이 상상할 수 없는 크고 놀라운 일들을 행하셨습니다. 우리가 열심히 기도하고 무엇을 잘해야 하는 것이 아닙니다. 예수님의 말씀을 마음에 믿음으로 받아들이면 그 말씀이 우리 안에 들어와서 병을 고치고, 죽은 사람을 일으키고, 더러운 죄를 씻습니다. 말씀이 일합니다. 우리가 말씀을 받아들일 때 우리 속에 하나님의 능력이 나타나 우리가 예수님과 같은 삶을 살게 됩니다.

지난 58년이라는 세월이 꿈같이 지나갔습니다. 매일 죄만 짓고 나쁜 짓만 하던 제 마음에 예수님이 오셔서 아름다운 열매들이 맺혔습니다. 저를 만나 어떤 사람은 병에서 벗어나고, 어떤 사람은 도박에서 벗어나고, 어떤 사람은 죄에서 벗어나고, 삶이 정말 달라졌습니다. 그런 일을 누가 합니까? 박옥수 목사가요? 저는 그렇게 못 합니다. 내 안에 계신 예수님이 놀랍게 일하십니다.

우리가 다른 무엇을 해야 하는 것이 아니라 예수님의 말씀을 마음에 받아들이는 것입니다. 성경에서 우리 죄를 사했다고 하면 그 말씀을 받아들이십시오. 그러면 여러분이 예수님의 사람이 됩니다.

Pastor Ock Soo Park's Lectures on

THE GOSPEL OF JOHN

02

세상 죄를 지고 가는 하나님의 어린양

◦ 성경은 내 죄가 씻어졌다고 이야기하고 있었다
◦ 레위기 4장 27절부터 나오는 평민의 속죄제사
◦ 보라, 세상 죄를 지고 가는 하나님의 어린양이로다
◦ 여호와께서는 우리 죄악을 그에게 담당시키셨도다

세상 죄를 지고 가는 하나님의 어린양

우리는 성경에서 놀라운 하나님의 비밀들을 찾아내고 있습니다. 금광에 가면 돌 안에 금이 섞여 있는 것처럼 성경은 금광과 같습니다. 말씀 속에는 금보다 귀한 보배로운 말씀들이 정말 많습니다.

성경은 내 죄가 씻어졌다고 이야기하고 있었다

요한복음 1장 29절에 보면 세례 요한이 예수님을 보고 이렇게 말합니다.

"보라, 세상 죄를 지고 가는 하나님의 어린양이로다."

세례 요한은 자신이 예수님에게 세례를 베풀었을 때 하늘에서 성령이 비둘기같이 예수님에게 임하는 것을 보았습니다. 그래서 예수님이 성령으로 세례를 주시는 분인 줄 알았다고 말합니다.

저는 오랫동안 교회를 다녔고, 예수님이 내 죄를 위해 십자가에 못 박혀 죽었다고 말했지만 죄에 매여 살았습니다. 찬송은 "기쁜 날 기쁜 날 주 나의 죄 다 씻은 날"이라고 불렀지만, 마음에서는 죄가 씻어지지 않아 여전히 죄인이었습니다. 눈이 가려져 성경을 제대로 볼 수 없었습니다. 그렇게 지내다 어느 날 내 모든 죄가 씻어졌다는 말씀을 보았습니다. 저는 그 말씀을 그냥 믿었습니다. 그 외에 아무것도 한 것이 없습니다.

말씀은 내 생각과 아주 달랐습니다. 저는 나쁜 짓을 많이 하고 매일 죄를 지었기 때문에 내가 죄인이라고 생각했습니다. 그에 대해 전혀 의심이 없었습니다. 그런데 성경은 내 죄가 씻어졌다고 이야기하고 있었습니다. 내가 나 자신을 보면 죄인이었습니다. 매일 도둑질하고 거짓말하고, 아주 나쁜 사람이었습니다. 그런데 성경은 나를 보고 의롭다고 했습니다. 그렇다면 내 생각이 맞습니까, 성경 말씀이 맞습니까? 성경이 맞습니다. 성경이 나에게 의롭다고 하면 내가 의롭습니다. 예수님이 내 죄를 씻었다고 하면 내 죄가 씻어졌습니다.

이 말씀을 믿고 난 뒤 제 삶이 달라지기 시작했습니다. 제가 분명히 느낄 수 있었던 것이, 성령이 내 안에서 일하시는 것이었습니다. 제가 변한 것을 가장 먼저 느낀 것은 저의 아버지였습니다. 아버지는 제가 달라진 것을 한눈에 아셨습니다. 저는 성경을 계속 읽었습니다. 성경에 빠져 살았습니다.

그 전에 저는 장로교회에 다녔는데, 우리 교회 목사님도 죄인이라고 하고 장로님들도 죄인이라고 하셨습니다. 다른 교인들은 그분들을 따라서 다 저절로 죄인이었습니다. 그러나 성경 말씀은 어떤 목사님의 말씀이나 장로님의 말씀보다 중요합니다. 성경이 의롭다고 했으면 내가 의롭고, 성경이 죄가 씻어졌다고 했으면 내 죄가 씻어졌습니다.

레위기 4장 27절부터 나오는 평민의 속죄제사

요한복음 1장 29절에서 세례 요한이 예수님을 보고 “보라, 세상 죄를 지고 가는 하나님의 어린양이로다.” 하였습니다. 그런데 그 앞에 “이튿날 요한이 예수께서 자기에게 나아오심을 보고 가로되”라고 했습니다. 그 전날 어떤 일이 있었다는 것입니다.

저는 죄 사함에 대하여 좀 더 정확히 알고 싶었습니다. 그래서 성경을 계속 읽다가 레위기 4장에서 속죄제사에 관한 내용을 읽었습니다. 거기에서 우리 죄가 사해지는 길을 정확히 이야기하고 있었습니다. 속죄제사는 네 가지 종류로 나누어집니다. 제사장이 죄를 범했을 때, 족장이 죄를 범했을 때, 온 회중이 죄를 범했을 때, 그리고 마지막으로 평민이 죄를 범했을 때입니다. 네 가지 제사의 제물과 제사 드리는 방법이 조금씩 다르지만, 대부분은 같습니다.

저는 평민이어서 레위기 4장 27절부터 나오는 평민의 속죄제사를 자세히 살펴보았습니다.

“만일 평민의 하나가 여호와의 금령 중 하나라도 부지중에 범하여 허물이 있었다가 그 범한 죄에 깨우침을 받거든…”(레 4:27~28)

우리가 죄 사함을 받으려면 두 가지 조건이 있어야 합니다. 죄를 지어야 하고, 죄 지은 것을 깨달아야 합니다. 그렇게 되면 이제 그 죄를 씻어야 합니다. 그런데 죄는 절대로 그냥 씻어지지 않습니다. 죄의 삯은 사망입니다. 죄를 씻으려면 죄의 삯인 사망을 지불해야 합니다. 그래서 속죄제물이 될 흠 없는 암염소를 끌고 오라고 했습니다.

“그 범한 죄에 깨우침을 받거든 그는 흠 없는 암염소를 끌고 와서 그 범한 죄를 인하여 그것을 예물로 삼아”(레 4:28)

이어서 29절에 **"그 속죄제 희생의 머리에 안수하고"**라는 내용이 나옵니다. 저는 왜 염소에게 안수해야 하는지 몰랐습니다. '목사가 될 때에나 장로가 될 때 안수를 받는데 염소는 왜 안수를 받지?' 저는 그 이유를 알고 싶어서 성경을 찾고 또 찾았습니다. 그 뒤 신구약 성경을 몇 번을 읽어도 염소에게 안수하는 이유를 알 수 없었습니다.

그렇게 지내던 어느 날 성경을 읽다가 비로소 그 이유를 찾았습니다. 레위기 4장과 아주 가까운 곳에 있는 레위기 16장 21절에 그 이유가 기록되어 있었습니다.

"아론은 두 손으로 산 염소의 머리에 안수하여 이스라엘 자손의 모든 불의와 그 범한 모든 죄를 고하고 그 죄를 염소의 머리에 두어 미리 정한 사람에게 맡겨 광야로 보낼지니"(레 16:21)

여기 보면, 염소의 머리에 안수하여 죄를 염소의 머리에 둔다고 했습니다. 속죄제물인 양이나 염소가 죄를 지은 사람 대신 죽을 때, 그냥 죽으면 아무 의미가 없고 먼저 죄를 넘겨야 한다는 것입니다. 죄를 염소에게 넘기는 과정이 바로 안수였습니다. 안수함으로 죄를 넘긴 다음에 염소를 죽입니다. 그리고 그 피를 받아서 번제단 뿔에 바릅니다.

'피를 왜 번제단 뿔에 바를까?' 하고 다시 그 이유를 찾기 시작했습니다. 예레미야 성경을 읽다가 17장 1절에서 그 이유를 찾을 수 있었습니다. 성경을 한 부분만 보면 이해가 잘 되지 않지만, 성경의 여러 이야기들을 알면 성경 말씀들이 딱딱 맞춰지는 것이 신기합니다. 예레미야 17장 1절에 **"유다의 죄는 금강석 끝 철필로 기록되되 그들의 마음판과 그들의 단 뿔에 새겨졌거늘"**이라고 되어 있습니다. 죄가 마음과 제단 뿔에 새겨져 있다는 것입니다.

하나님 편에서는 우리 죄를 번제단 뿔에 기록해 놓으시고, 우리는 죄를 마음판에 기록해 놓는 것입니다. 번제단에는 네 모서리에 뿔이 있고, 거기 죄가 기록되어 있습니다. 죄의 삯은 사망이기 때문에 피 흘림이 없으면 사함이 없습니다. 양이나 염소가 죽어야 죄가 사해집니다. 양을 죽이기 전에 먼저 양의 머리에 안수해서 죄를 양에게 넘긴 뒤, 양이 죽음으로써 그 죄가 씻어집니다. 이제 죄가 해결되었으니 죄를 기록해 놓은 것을 지워야 합니다. 피로 죄의 기록을 지우는 것입니다. 그것을 '도말'이라고 합니다.

우리 마음판에 기록된 죄는 어떻게 지웁니까? 믿음으로 지웁니다. 피가 내 죄를 씻었다는 사실을 믿을 때 우리 마음에서 죄가 씻어집니다.

보라, 세상 죄를 지고 가는 하나님의 어린양이로다

마태복음 3장에 보면, 세례 요한이 예수님을 보고 "보라, 세상 죄를 지고 가는 하나님의 어린양이로다."라고 한 전날 일어난 일이 자세히 나옵니다. 세례 요한이 요단강에서 회개의 세례를 베풀었습니다.

"회개하라! 천국이 가까웠느니라."

"독사의 자식들아! 누가 너희를 가르쳐 임박한 진노를 피하라 하더냐?"

많은 사람들이 세례 요한에게 나아와 그의 이야기를 듣고 죄를 회개하고, 회개한다는 의미로 요단강에서 세례를 받았습니다.

요한이 세례를 베풀고 있는 그곳에 어느 날 예수님이 오셨습니다.

예수님이 세례 요한에게 세례를 받으려고 하셨습니다. 요한이 깜짝 놀랐습니다. 예수님은 죄가 없기 때문에 회개의 세례를 받으실 필요가 없습니다. 요한이 말했습니다.

"내가 당신에게 세례를 받아야 할 터인데 당신이 내게로 오시나이까?"

예수님이 요한에게 말씀하셨습니다.

"이제 허락하라. 우리가 이와 같이 하여 모든 의를 이루는 것이 합당하니라."

예수님은 '모든 의'를 이루기 위해 세례를 받겠다고 하셨습니다. 모든 의를 이룬다는 것이 무슨 말입니까? 하나님도 의로우시고 예수님도 의로우신데, 인간인 우리는 죄인입니다. 우리도 의롭게 해야 한다는 것입니다. 그런데 세례를 받는 것으로 어떻게 모든 의를 이룹니까?

예수님이 세례를 받으시는 것은 회개의 세례가 아닙니다. 세례의 형식을 빌린 것입니다. 예수님이 요단강에 들어가시고, 세례 요한이 예수님의 머리에 안수하며 세례를 베풉니다. 그 안수가 무슨 의미입니까? 예수님은 하나님의 어린양이었습니다. 안수함으로 예수님이 인간의 모든 죄를 지고 가는 하나님의 어린양이 되신 것입니다. 우리 죄를 넘기기 위해 세례 요한이 예수님의 머리에 안수하며 세례를 베풀었습니다.

세례 요한은 제사장의 아들로 제사장의 직분을 가지고 있었습니다. 구약 시대에는 양이나 염소의 머리에 안수해 죄를 넘겼습니다. 예수님은 '하나님의 어린양'이었습니다. 양이란, 우리 대신 우리 죄를 짊어지고 죽어야 할 속죄 제물이라는 말입니다.

예수님이 세례를 받고 물에서 올라오자 하늘에서 성령이 비둘기 같이 내려 임했습니다. 그리고 그 다음날이었습니다. 세례 요한이 예수님을 보고 말합니다.

"이튿날 요한이 예수께서 자기에게 나아오심을 보고 가로되 '보라, 세상 죄를 지고 가는 하나님의 어린양이로다. 내가 전에 말하기를 내 뒤에 오는 사람이 있는데 나보다 앞선 것은 그가 나보다 먼저 계심이라 한 것이 이 사람을 가리킴이라. 나도 그를 알지 못하였으나 내가 와서 물로 세례를 주는 것은 그를 이스라엘에게 나타내려 함이라' 하니라. 요한이 또 증거하여 가로되, 내가 보매 성령이 비둘기같이 하늘로서 내려와서 그의 위에 머물렀더라."(요 1:29~32)

하나님의 어린양인 예수님이 우리 죄를 위하여 죽기 위해 먼저 우리 죄를 넘겨받으려고 하셨습니다. 제사장인 세례 요한이 안수할 때 죄가 넘어갔습니다. 예수님이 세례를 받으신 후 하늘에서 성령이 비둘기처럼 임했습니다. 그리고 하늘에서 소리가 있었습니다. "이는 내 사랑하는 아들이요, 내 기뻐하는 자라."

예수님이 우리 죄를 씻기 위해 이 땅에 오셔서 33년 동안 계시다가 십자가에 못 박혀 죽으셨습니다. 그 일을 이루기 전에 우리 죄를 뒤집어쓰기 위해 세례를 받으셨습니다. 예수님이 십자가의 고통을 피하지 않고 받으려고 하시니까, 하나님께서 예수님을 보고 "내 사랑하는 아들이요, 내 기뻐하는 자라." 하셨습니다.

여호와께서는 우리 죄악을 그에게 담당시키셨도다

예수님이 세례를 받으실 때 우리 죄가 예수님에게로 다 건너갔습니다. 그래서 세례 요한이 말합니다.

"보라! 세상 죄를 지고 가는 하나님의 어린양이로다."

이것은 성경에 기록된 하나님의 말씀입니다. 우리는 이 말씀을 믿어야 합니다. 예수님은 세상 죄를 지고 가는 하나님의 어린양입니다. 우리가 지은 모든 죄가 전부 예수님에게로 건너갔습니다. 예수님이 세상 죄를 지셨습니다. 나중에 예수님이 갈보리 산에서 십자가에 못 박혀 그 죄에 대한 모든 형벌을 받으셨습니다.

세상의 모든 죄가 우리가 지고 있는 것이 아니라 예수님에게로 옮겨졌습니다. 이사야 53장에서 뭐라고 말합니까?

"그가 찔림은 우리의 허물을 인함이요 그가 상함은 우리의 죄악을 인함이라. 그가 징계를 받음으로 우리가 평화를 누리고 그가 채찍에 맞음으로 우리가 나음을 입었도다."(사 53:5)

예수님은 우리 때문에 채찍에 맞고, 창에 찔리고, 십자가에 못 박히셨습니다.

"우리는 다 양 같아서 그릇 행하여 각기 제 길로 갔거늘 여호와께서는 우리 무리의 죄악을 그에게 담당시키셨도다."(사 53:6)

우리의 모든 죄가 예수님께로 넘어갔습니다. 예수님이 십자가에 못 박혀 죽으신 것은 예수님의 죄 때문이 아닙니다. 우리 죄 때문입니다. 예수님이 십자가에 못 박혀 죽으심으로 말미암아 우리의 모든 죄가 처리되었습니다. 죄가 씻어져서 우리가 깨끗하게 되었습니다.

로마서 4장 25절에서는 이렇게 말합니다.

"예수는 우리 범죄함을 위하여 내어줌이 되고 또한 우리를 의롭다 하심을 위하여 살아나셨느니라."

고린도전서 6장에서는 이렇게 말합니다. 10절입니다.

"도적이나 탐람하는 자나 술 취하는 자나 후욕하는 자나 토색하는 자들은 하나님의 나라를 유업으로 받지 못하리라."

이런 죄를 지은 사람들은 하늘나라에 못 갑니다. 그런데 11절에는 이렇게 되어 있습니다.

"너희 중에 이와 같은 자들이 있더니, 주 예수 그리스도의 이름과 우리 하나님의 성령 안에서 씻음과 거룩함과 의롭다 하심을 얻었느니라."

우리가 죄를 지었습니다. 그러나 우리가 씻어졌다는 것입니다. 우리가 거룩해졌습니다. 의로워졌습니다. 하나님이 우리를 보고 의롭다고 하셨습니다. 제가 이 말씀들을 마음에 믿음으로 받아들였습니다. 말씀이 내 마음에 들어와서 저를 모든 죄에서 자유하게 했습니다. 할렐루야! 그날부터 하나님과 나 사이에 가로막힌 죄가 아무것도 없습니다.

제가 죄를 안 지은 것이 아닙니다. 선하게 살아서 그렇게 된 것도 아닙니다. 하나님의 은혜로 값 없이 그렇게 되었습니다. 아무 일도 하지 않고 죄가 다 씻어져서 의롭게 되었습니다. 그래서 저는 내가 의롭다고 말합니다. 성경이 그렇게 말하고 있습니다. "네가 죄를 지었다. 그러나 너는 씻어졌다. 그러나 너는 의롭다. 그러나 너는 거룩하다." 하나님이 '네 죄가 씻어졌다, 네가 거룩하다, 네가 의롭다'고 판결하셨습니다. '하나님이 의롭다면 의로운 거다. 하나님이 거룩하다면 거룩한 거다.' 저는 이렇게 말씀을 믿음으로 받아들였습니다. 그때부터 예수님이 내 안에 살아 일하시는 것이 너무 놀라웠습니다.

하나님이 우리를 구원해 주신 것이 얼마나 놀라운 일인지 모릅니다. 저는 죄 사함을 받기 위해 한 일이 아무것도 없습니다. 100퍼센트 예수님이 죄를 씻으셨습니다. 성경에 그렇게 기록되어 있습니다. 예수님이 십자가에 못 박혀 죽으면서 내 죄를 못 씻은 것이 아니라 씻으셨습니다. 앞으로도 죄 지을 것을 알고 영원히 씻으셨습니다. 믿을 때까지의 죄만 씻고 그 후에 짓는 죄는 안 씻으면 저는 다시 지옥에 가야 하지만, 저는 영원히 의롭게 되었습니다.

말씀을 믿은 날부터 예수님이 내 안에 살아 일하셨습니다. 제가 한 것은 말씀 하나를 받아들인 것밖에 없습니다. 말씀 하나를 믿은 것밖에 없습니다. 여러분에게도 이 은혜가 임하길 바랍니다.

Pastor Ock Soo Park's Lectures on

THE GOSPEL OF JOHN

03

무슨 말씀을 하시든지 그대로 하라

◦ 비뚤어진 인간의 마음을 다시 이끄시는 하나님
◦ 하나님의 영역으로 들어가기 위해서는
◦ 죄를 해결하는 것도 예수님 생각은 다르다
◦ 20년을 술에 빠져 산 사람이 온전한가?
◦ "예, 온전합니다"
◦ 내 생각을 믿느냐, 하나님의 말씀을 믿느냐?

무슨 말씀을 하시든지 그대로 하라

성경은 세상 어디에도 없는 새로운 세계로 우리 마음을 늘 이끕니다. 성경을 읽다 보면 '이게 사실이야?' 할 정도로 새로운 사실들이 우리 마음에 다가옵니다. 조금 생각해 보면 왜 그런지 금방 알 수 있습니다.

비뚤어진 인간의 마음을 다시 이끄시는 하나님

하나님이 아담과 하와를 만드시고 그들에게 선악을 알게 하는 나무의 열매를 먹지 말라고 하셨습니다. 그런데 뱀이 그 열매를 먹으면 눈이 밝아져서 하나님처럼 될 거라고 유혹했습니다. 아담과 하와가 뱀의 유혹에 넘어가 하나님의 말씀을 버리고 선악을 알게 하는 나무의 열매를 먹었습니다. 그때부터 인간은 하나님을 떠나 나름대로의 선악의 기준을 가지고 살기 시작했습니다. 인간이 하나님을 떠나 아주 오랜 시간을 그렇게 살았기 때문에, 하나님의 말씀을 대하면 우리 생각과 전혀 다른 세계를 접하게 되는 것입니다.

하나님은 선악을 알게 하는 나무의 열매를 먹고 비뚤어진 인간의 마음을 다시 하나님 쪽으로 이끄는 일을 하십니다. 단순한 이야기 같지만 아주 중요한 이야기입니다. 우리가 하는 모든 생각은 하나님의 생각과 반대편으로 가고 있기 때문입니다. 우리가 신앙생활을 하는 데 있어서 가장 크고 중요한 문제는, 하나님의 생각과 우리 생각이 다르다는 것입니다. 이사야 55장 8절에서 **"여호와의 말씀에, 내 생각은 너희 생각과 다르며 내 길은 너희 길과 달라서"**라고 했습니다.

우리가 가지고 있는 생각, 우리가 사는 세계 속에서 그냥 흘러가다 보면 하나님과 다른 방향으로 가기 때문에, 우리가 자기 생각을 거스르고 하나님의 말씀을 따라야 한다는 것입니다. 우리가 누군가를 따라 어떤 일을 할 때 이해가 가고 납득이 되는 일은 따라가는 것이 부담스럽지 않습니다. 반대로 이해되지 않는 일을 따라가려면 굉장히 어렵습니다. 그래서 사람들이 성경을 읽고 신앙생활을 한다고 하지만 대부분 자기 기준이나 자기 방법을 따라서 삽니다. 우리가 걷는 그 길은 하나님의 길과 다르기 때문에 거기서 모든 문제가 만들어집니다.

하나님의 영역으로 들어가기 위해서는

하나님이 예수님을 세상에 보내셨습니다. 예수님이 말씀하시는 것은 이해가 안 됩니다. 한번은 예수님이 야이로의 집에 가셨습니다. 야이로의 딸이 죽었는데 예수님이 '죽은 게 아니라 잔다'고 하셨습니다. 사람들이 그 말을 듣고 '우리가 자는 것과 죽은 것도 구분 못하는 줄 알아요? 저 아이는 죽었어요. 숨을 쉬지 않잖아요. 맥박이 뛰지 않잖아요. 몸이 차갑게 식어가잖아요'라고 생각했을 것입니다. 그래서 자는 게 아니라 죽은 거라고 말합니다. 그런데 예수님이 "달리다굼" 하고 아이를 일으키자 아이가 일어났습니다. 죽었으면 못 일어나야 하는데 일어났으니까 자는 게 맞습니다.

우리 생각은 예수님의 생각과 전혀 다릅니다. 그렇기 때문에 우리 신앙이 올바르게 흘러가려면 하나님 마음의 영역 안으로 들어가야 합니다. 하나님 마음의 영역 안으로 들어가기 위해서는 내 마음의 영역에서 벗어나야 합니다.

예수님이 갈릴리 가나 혼인 잔칫집에 가셨을 때 그 집에 포도주가 모자랐습니다. 마리아가 예수님에게 포도주가 없다고 말했습니다. 그러자 예수님이 "여자여, 나와 무슨 상관이 있나이까? 내 때가 아직 이르지 못하였나이다."라고 하셨습니다. 그때 마리아가 하인들에게 이렇게 말합니다. "너희에게 무슨 말씀을 하시든지 그대로 해라."

대부분의 사람들이 예수님의 말씀을 듣고 그대로 하는 것이 아니라 예수님의 말씀을 자신의 생각으로 분석합니다. 그래서 자기 생각과 맞으면 마음에 받아들여 그 길을 갑니다. 반대로 자기 생각에 맞지 않으면 '이건 아니야' 하고 배척합니다.

마리아가 하인들에게 그대로 하라고 한 말의 의미가 무엇입니까? '예수님이 포도주가 모자란 문제를 해결하실 건데 그 방법이 너희 생각과 다를 거야. 그러니까 너희 생각을 따르지 말고 예수님이 말씀하신 그대로 하면 돼.' 이렇게 이야기한 것입니다. 이것이 예수님이 일하실 수 있는 가장 좋은 조건입니다.

죄를 해결하는 것도 예수님 생각은 다르다

우리가 신앙생활을 하는 데 있어서 가장 중요한 것이 죄 문제를 해결하는 것입니다. 죄 문제 앞에서도 우리 생각과 예수님의 생각은 다릅니다. 저는 오랫동안 제 생각을 따라서 신앙생활을 했습니다.

저는 어릴 때부터 교회에 다녔지만, 배가 너무 고파 나이가 들면서 도둑질을 하기 시작했습니다. 남의 집 감도 따먹고, 사과도 따먹고, 이것저것 훔쳐먹었습니다. 한번은 남의 집 참외를 따다가 들켜서 재빨리 도망가는데 참외 주인이 "저놈, 아무것이 아들 아냐?" 하며 우리 아버지 이름을 말씀하셨습니다. 그분이 그 일을 우리 아버지에게 말해 아버지가 저에게 화를 내셨습니다. "야! 내가 너 때문에 창피해서 이 동네에 못 살겠다. 다른 데로 가야지." 그 일 외에도 아버지에게 꾸중을 많이 들었습니다.

제가 그렇게 살았습니다. 도둑질하고, 거짓말하고…. 저는 누가 봐도 나쁜 사람이었습니다. 그런데 성경은 전혀 다르게 이야기합니다. 내가 죄를 지었지만 그리스도 예수 안에 있는 구속으로 말미암아 '의롭다' 하심을 얻은 자가 되었다고 합니다. 제가 의롭게 되었다는 것입니다. 내 생각으로 보면, 저는 거짓말하고 도둑질하고, 죄인이 맞습니다. 그런데 성경은 의롭다고 말합니다. 그리스도께서 대속하셨기 때문입니다. 그 사실을 믿은 뒤로는 다시 죄를 안 지었느냐? 지었습니다. 그래도 의롭다는 것입니다. 예수님이 언제까지의 죄만 씻어 주신 것이 아니라 영원히 씻어 주셨기 때문입니다. 정말 놀라운 사실이어서 믿기 어렵습니다. 그러나 성경이 이야기하는 것이 맞습니다.

20년을 술에 빠져 산 사람이 온전한가?

한번은 제가 합천이라는 도시에 있는 교회에 가서 말씀을 전했습니다. 말씀을 마치자 한 부인이 울면서 말했습니다.

"목사님, 저는 이제 남편하고 도저히 살 수가 없어요."

왜 그런지 물어보았습니다.

"제가 결혼한 지 22년이 되었는데, 남편은 결혼하기 전부터 예수님을 믿었어요. 결혼하고 2년 동안은 남편이 괜찮았지만 그 후로 지금까지 20년 동안 술만 마시고 살아요."

한국에 소주라는 독한 술이 있어서 작은 컵에 따라서 마십니다. 그런데 그 자매님의 남편은 소주 두 병을 큰 사발에 부어서 마시고 하루 일과를 시작했습니다. 소주를 하루에 10병까지 마셨다고 합니다. 자매님이 직장에 갔다 와서 제일 고통스러운 것이 소주병을 치우는 일이었습니다. 안방에도 있고 부엌에도 있고, 여기저기 널려 있는 소주병을 치우면서 너무 괴로웠다고 합니다. 그동안 참고 견뎠지만 이제는 남편과 같이 살 수가 없다고 했습니다.

제가 자매님에게 이야기했습니다.

"울지 말고 내일 아침에 남편과 같이 오세요."

이튿날 아침에 남편이 교회에 왔습니다. 남편도 교회에 다니는데, 벌써 소주 두 병을 마셔서 술 냄새가 풀풀 났습니다. 제가 성경 히브리서 10장 14절을 펴서 읽어 주었습니다. 거기에서 뭐라고 하는지 아십니까?

"저가 한 제물로 거룩하게 된 자들을 영원히 온전케 하셨느니라." (히 10:14)

여기에서 '저'는 예수님입니다. 예수님이 당신의 몸을 드려서 우리를 영원히 온전케 하셨다고 했습니다. 제가 이 말씀을 읽어준 뒤 물었습니다.

"형제, 온전해?"

"온전하지 않습니다."

"여기 성경을 읽어 봐."

형제가 히브리서 10장 14절을 읽었습니다.

"저가 한 제물로 거룩하게 된 자들을 영원히 온전케 하셨느니라."

"이 성경에 예수님이 형제를 영원히 온전케 하셨다고 되어 있지 않아?"

"예, 그렇게 되어 있습니다."

"그럼 형제가 온전해?"

"온전하지 않습니다."

"성경은 온전하다고 하고 형제는 온전하지 않다고 하고. 그러면 성경 말씀이 옳아, 형제가 옳아?"

"성경이 맞습니다."

"성경에서는 형제를 온전케 하셨다고 했잖아. 그러면 온전해?"

"안 온전합니다."

이 형제는 20년을 술에 빠져 살았습니다. 이런 사람이 온전합니까? 그래서 성경에는 온전하다고 되어 있지만 자신이 볼 때에는 온전하다는 생각이 절대로 안 드는 것입니다. 그러나 성경은 거짓말이 아닙니다. 성경에서는 분명히, 예수님이 한 제물로 거룩하게 된 자들을 영원히 온전케 하셨다고 했습니다. 우리가 어떤 사람이든지 예수님이 십자가에 못 박혀 죽으심으로 우리 죄를 다 씻었습니다. 그래서 우리를 거룩하게 하셨고, 온전하게 하셨다고 성경은 말합니다. 성경 말씀대로 예수님이 자신을 제물로 드려서 거룩하게 된 자들을 영원히 온전케 하셨습니다.

제가 그 형제에게 다시 이야기했습니다.

"예수님이 십자가에 못 박히심으로 형제의 모든 죄가 씻어져서 형제가 거룩하게 되었어. 예수님이 우리 죄를 어느 순간이 아니라 영원히 씻었기 때문에 우리가 영원히 온전해. 이것은 박옥수 목사가 말하는 게 아니야. 하나님의 말씀이야."

이렇게 이야기하고 다시 물었습니다.

"형제 생각이 옳아, 하나님의 말씀이 옳아?"

"하나님의 말씀이 옳습니다."

"그렇지. 그러면 하나님의 말씀에서 온전하다면 형제가 온전한 거 아니야?"

"그렇지만 저는 술에 빠져 사는데 어떻게 온전합니까?"

"하나님이 형제가 술 마시는 것 다 아셔. 그런데 형제가 행하는 모든 잘못에 대한 벌을 예수님이 십자가에서 다 받으셨어. 그래서 형제 행동에 대해 더 이상 말씀하시지 않아. 이미 거룩하게 되었다고 하셨어."

히브리서 10장 17절에서 **"저희 죄와 저희 불법을 내가 다시 기억지 아니하리라."** 하였습니다. 하나님이 우리 죄를 다시는 기억하지 않는다고 하셨습니다. 그리고 18절에서는 **"다시 죄를 위하여 제사드릴 것이 없느니라."** 하였습니다. 죄를 위하여 다시 제사드릴 것이 없도록 죄를 영원히 깨끗이 씻어놓았다는 것입니다.

"형제가 술을 마치고 방탕하게 살았어. 그런데 예수님이 우리 죄를 큰 죄건 작은 죄건 온전히 씻으셨어. 예수님이 형제를 온전케 하신 거야."

제가 같은 내용을 가지고 형제와 20분 정도 이야기했습니다.

"예, 온전합니다."

우리가 하나님을 믿으면, 하나님의 말씀에서 우리를 보고 온전하다고 했으면 '아, 온전하구나' 하고 믿어야 합니다. 예수님이 자신의 몸을 제물로 드리셨습니다. 구약 시대에 양을 잡고 소를 잡아 드린 속죄제사는 그 순간의 죄만 씻었습니다. 그런데 예수님은 십자가에 못 박혀 흘리신 피를 땅에 있는 성전에 뿌리신 것이 아니라 하늘나라에 있는 성전에 뿌리셨습니다. 하늘나라는 영원합니다. 우리가 이 땅에서 가지고 있는 이 몸으로는 하늘나라에 가지 못합니다. 영원한 몸을 입어야 합니다. 하늘나라에서는 모든 것이 영원하기 때문입니다. 예수님이 십자가에서 흘리신 피를 하늘나라 성전에 뿌렸기 때문에 그 속죄도 영원합니다. 그래서 히브리서 10장 14절에서 '거룩하게 된 자들을 영원히 온전케 했다'고 하였습니다.

형제와 이야기를 시작한 지 20분 정도 지나 다시 물었습니다.

"형제, 온전해?"

"예, 온전합니다."

"그래, 성경이 그렇게 말하지? 성경이 옳지?"

"예, 성경이 맞습니다."

"그래, 그렇게 믿는 거야."

우리는 늘 죄를 짓기 때문에 자신이 죄인이라고 생각합니다. 예수님도 우리가 늘 죄를 짓는 것을 아시기 때문에 우리 죄를 온전히 씻지 않고 얼마만큼 씻어서는 소용이 없습니다. 그래서 예수님은 우리 죄를 영원히 씻어서 우리를 영원히 온전케 하셨습니다. 영원히 거룩하게 하셨습니다.

형제가 허허허 웃었습니다.

"내가 거룩하네. 내가 온전하네."

그 뒤 무슨 일이 일어났는지 아십니까? 일어나면 소주 두 병을 사발에 부어서 마신 뒤 하루를 시작하고 종일 술을 마시던 사람이 다음 날부터 술 생각이 나지 않았답니다. 그 다음에 어떻게 되었는지 아십니까? 술에 빠져 살던 그 형제가 훌륭한 전도사가 되었습니다. 지금 정말 은혜롭게 목회를 하고 있습니다.

내 생각을 믿느냐, 하나님의 말씀을 믿느냐?

하나님의 생각과 우리 생각은 다릅니다. 하나님은 우리를 보고 의롭다고 하시는데 우리 눈에는 자신이 죄인처럼 보입니다. 이때 내 생각이 옳습니까, 하나님의 말씀이 옳습니까? 하나님의 말씀이 옳습니다. 내 생각을 따르지 말고 하나님의 말씀을 따라야 합니다. 우리는 자신이 죄인인 것처럼 느껴집니다. 죄를 지었고 많은 악을 행했기 때문입니다. 어느 모로 보아도 우리는 죄인입니다. 그러나 하나님은 그 모든 죄를 씻었기 때문에 의롭다고 하십니다. 우리가 마지막으로 결정해야 할 것이 있습니다. '내 생각을 믿느냐, 하나님의 말씀을 믿느냐?'입니다.

앞에 이야기한 형제가 하나님의 말씀을 그대로 믿은 때부터 놀랍게 변했습니다. 매일 소주를 10병씩 마시던 사람이 술 생각이 나지 않았습니다. 중간에 실망할 일이 생겨 고향으로 돌아가서 속이 상해 술을 마신 적이 있었습니다. 그런 일이 한두 번 있었지만 지금은 술이 완전히 떠나갔습니다. 옛날에는 몸이 말랐었는데 지금은 살이 쪄서 보기에도 좋습니다. 얼마나 은혜로운 시간을 보내고 있는지 모릅니다.

중요한 것은, 우리 생각은 하나님의 생각과 다릅니다. 내가 보기에는 내가 죄를 지었기 때문에 죄인이 맞습니다. 예수님은 그렇게 말씀하시지 않습니다. 예수님이 우리 모든 죄를 영원히 씻었기 때문에 우리가 거룩해지고 영원히 온전케 되었다고 하십니다.

"저가 한 제물로 거룩하게 된 자들을 영원히 온전케 하셨느니라." (히 10:14)

우리는 자신이 죄를 지은 것은 직접 경험해서 잘 알고 있습니다. 그런데 예수님이 죄를 씻으신 것은 보지 못하고 들었습니다. 그러나 성경이 그 사실을 분명하게 이야기해주고 있습니다. 내가 죄인처럼 느껴질 때가 있습니다. 그렇게 느껴지지만 예수님이 내 죄를 온전히 씻으신 것은 사실입니다. 저도 이 말씀을 믿었습니다. 그러자 삶에 하나님으로 말미암은 변화가 일어났습니다. 우리가 믿을 때 하나님의 능력이 역사합니다. 하나님이 역사하신 것을 보고 믿으려고 하면 그렇게 되지 않습니다. 하나님은 믿음을 보고 역사하시기 때문입니다.

저도 옛날에는 내가 죄를 지었으니까 죄인인 줄 알았습니다. 매일 교회에 가서 죄를 용서해 달라고 기도했습니다. "제가 악을 행했습니다. 죄를 지었습니다. 제가 더럽습니다." 기도하면서 그렇게 말했습니다. 그런데 성경은 내가 의롭다는 것입니다. 거룩하다는 것입니다.

하나님이 잘 모르고 실수로 그런 말을 하셨겠습니까? 그렇지 않습니다. 완벽하게 알고 말씀하셨습니다. 우리가 의롭게 된 이야기가 성경에 수없이 많습니다. 사람들이 고정관념을 가지고 있으니까 성경을 읽어도 죄인이라는 것만 보이고 죄가 사해졌다는 이야기는 안 보이는 것입니다.

우리가 죄 사함을 받고 나면 그때부터 성경에서 죄가 사해졌다는 말씀들이 보이기 시작합니다. 로마서 3장 23절에서는 우리가 죄인이라고 되어 있습니다. 그런데 바로 옆에 있는 24절에서는 우리가 '의롭다' 하심을 얻은 자가 되었다고 했습니다. 하나님이 우리를 보고 의롭다고 하십니다. 하나님이 의롭다 하시면 우리 마음에 맞든 안 맞든 의롭습니다.

자기 생각을 믿지 말고 하나님의 말씀을 믿으십시오. 자기 생각을 믿으면 하나님과 반대가 됩니다. 내 생각이 어떠하든지 하나님의 말씀을 믿을 때 여러분의 마음이 하나님의 마음과 하나가 됩니다. 그때부터 하나님이 여러분 속에 일하시기 시작합니다.

예수님이 갈릴리 가나 혼인 잔칫집에 계실 때 마리아가 하인들에게 뭐라고 말했습니까? "무슨 말씀을 하시든지 그대로 하라." 하인들에게 '네 생각을 무시하고 예수님의 말씀을 들어라'고 한 것입니다. 마리아는 예수님을 믿었고, 하인들도 그렇게 했습니다. 예수님이 말씀하신 대로 물을 떠다 항아리에 부었고, 그 물을 연회장에게 가져다 주었습니다. 놀랍게도 그 사이에 물이 포도주가 되었습니다.

먼저 믿을 때 역사가 일어납니다. 하나님의 말씀을 믿으면 여러분 속에 놀라운 역사가 시작됩니다. 자신의 생각을 믿지 말고 하나님의 말씀을 믿으시길 바랍니다. 그러면 여러분의 마음이 하나님과 같은 마음이 되고, 하나님이 여러분 속에 살아 일하실 것입니다.

Pastor Ock Soo Park's Lectures on

THE GOSPEL OF JOHN

04

예수님의 말씀을 배척한 니고데모

◦ 자기 테두리 안에서 받아들이려고 한 니고데모
◦ 이해의 폭을 넘어서 믿은 사마리아 여자
◦ 참외 줄기를 호박 뿌리에 연결시킨 농부
◦ 거듭남, 자기 마음을 끊고 예수님의 마음에 연결
◦ 내가 곧 죽을 것 같은데 죄가 있습니다

예수님의 말씀을 배척한 니고데모

우리가 요한복음의 줄거리도 알아야 하지만 요한복음이 담고 있는 하나님의 말씀과 우리 마음의 차이를 알아야 합니다. 사람들은 열심히 기도하고, 성경 읽고, 착한 일 하고, 말씀에 순종하면 신앙생활을 잘하는 것이라고 생각합니다. 그런데 실제로 신앙생활에서 중요한 것은 무엇을 행하는 것이 아니라 마음입니다. 우리 마음이 얼마나 예수님과 같이 가느냐입니다. 우리가 자신의 생각을 버려야 예수님의 마음 안에 들어갈 수 있습니다. 성경은 우리에게 그러한 사실을 가르치며, 요한복음에도 여러 곳에 그런 이야기들이 있습니다.

자기 테두리 안에서 받아들이려고 한 니고데모

지난 시간에 이야기한 것처럼, 가나 혼인 잔칫집의 하인들은 자기 생각을 버리고 예수님이 말씀하신 그대로 했습니다. 예수님이 "항아리에 물을 채워라." 하시자 우물에 가서 길어 온 물을 부어 항아리를 채웠습니다. 예수님이 "이젠 떠서 연회장에게 가져다주어라." 하셨습니다. '연회장에게 포도주를 가져다줘야지 맹물을 가져다주면 안 되잖아.' 이것은 하인들의 생각입니다. 그들의 생각은 이랬지만 자신들의 생각을 꺾고 예수님의 말씀을 따라 물을 떠서 가져다주었습니다. 그러자 물이 정말 좋은 포도주로 변했습니다.

요한복음 3장에는 니고데모가 나옵니다. 그는 유대 관원이었고 성경을 많이 아는 사람이었습니다. 니고데모가 어느 날 밤에 예수님을 찾아와 말합니다.

"당신은 하나님께로서 오신 선생인 줄 압니다. 하나님이 함께하시지 않으면 당신이 행하시는 표적을 아무라도 할 수 없습니다."

니고데모는 예수님이 하나님께로부터 오신 분인지 알았습니다. 예수님이 하나님께로부터 오신 분이라면 자기 마음에 맞든 맞지 않든 그 말씀을 따라야 합니다. 예수님이 니고데모에게 "사람이 거듭나지 아니하면 하나님 나라를 볼 수 없느니라." 하셨습니다. 그러면 그가 "아, 거듭나지 않으면 하늘나라를 볼 수 없습니까?" 하고 받아들여야 합니다. 그런데 니고데모는 받아들이지 못했습니다. "사람이 늙으면 어떻게 날 수 있습니까? 어머니 배 속에 두 번째 들어갔다가 날 수 있습니까?"라고 했습니다. 예수님이 말이 안 되는 이야기를 하고 있다는 것입니다.

그렇습니다. 예수님은 인간이 아니라 하나님이시기 때문에 우리가 생각하지 못하는 세계를 생각하시고, 우리가 알지 못하는 지혜를 가지고 계십니다. 요한복음 8장에서 서기관들과 바리새인들이 간음하다 잡힌 여자를 예수님 앞에 끌고 와서 예수님께 물었습니다.

“선생이여, 이 여자가 간음하다가 현장에서 잡혔나이다. 모세는 율법에 이러한 여자를 돌로 치라 명하였거니와 선생은 어떻게 말하겠나이까?”

예수님은 우리가 상상할 수 없는 지혜로운 말을 하셨습니다.

“너희 가운데 죄 없는 자가 먼저 이 여자를 돌로 쳐라.”

거기에 죄 없는 사람이 누가 있습니까? 아무도 여자를 돌로 칠 수 없었습니다. 다 돌을 내려놓고 떠나갔습니다. 어느 누구도 살릴 수 없는 여자를 예수님은 지혜로 살리셨습니다. 어느 누구도 예수님이 그렇게 대답하실 줄 몰랐을 것입니다. 성경을 읽으면 읽을수록 예수님이 얼마나 거룩하신지, 얼마나 지혜로우신지, 얼마나 사랑이 크고 깊은지 감탄하지 않을 수 없습니다.

그 예수님을 인간의 눈으로 평가한다는 것 자체가 너무 어리석습니다. 그런데 니고데모는 자신이 무엇을 안다고 생각했기 때문에 예수님의 이야기를 판단했습니다. 자기 생각 안에서는 거듭나야 한다는 이야기가 이해되지 않았습니다. 예수님이 하신 말씀을 우리가 다 이해하지 못하는 것은 사실이지만, 한 가지 아는 것은 예수님이 거듭나지 않으면 하늘나라에 가지 못한다고 말씀하셨으면 그 말이 맞다는 것입니다.

예수님은 니고데모가 당신의 말씀을 받아들이지 않는 부분에 대해 말씀하셨습니다.

“진실로 진실로 네게 이르노니, 우리 아는 것을 말하고 본 것을 증거하노라. 그러나 너희가 우리 증거를 받지 아니하는도다.”

니고데모는 예수님의 말씀을 받아들이지 않았습니다. 자기 지혜의 테두리 안에서 받아들이려고 했기 때문입니다. 니고데모의 지혜가 주먹만 하다면 예수님의 지혜는 우주보다 큰데, 예수님이 하신 말씀이 니고데모의 지혜로 어떻게 다 이해가 되겠습니까? 우리가 예수님을 믿지만 예수님이 하시는 말씀이 이해가지 않을 때가 있습니다. 그러나 믿습니다. 그분은 하나님이시기 때문입니다. 안타깝게도 니고데모는 거듭나야 한다는 예수님의 말씀을 받아들이지 못했습니다.

우리가 지금 입고 있는 몸 가지고는 하늘나라에 갈 수 없습니다. 이 몸은 금방 늙고 금방 죽기 때문에 영원한 세계에서 쓸 수 없습니다. 그 나라는 영원한 몸을 가지고 가야 합니다. 우리가 가지고 있는 짧은 지혜로는 하나님의 세계를 다 이해하지 못합니다. 그래서 예수님이 하신 이야기가 이해될 때도 있지만 이해되지 않을 때도 있습니다. 우리가 예수님을 믿는다면, 이해되는 것만 믿어야 하는 것이 아니라 이해되지 않는 것도 믿어야 합니다.

이해의 폭을 넘어서 믿은 사마리아 여자

요한복음 4장에서 사마리아 여자가 예수님을 만났습니다. 예수님이 여자에게 뭐라고 하셨습니까?

"이 물을 먹는 자마다 다시 목마르려니와 내가 주는 물을 먹는 자는 영원히 목마르지 아니하리니, 나의 주는 물은 그 속에서 영생하도록 솟아나는 샘물이 되리라."

우리가 이해하기로는 말이 안 되는 이야기 같습니다. '무슨 물이 한 번 마시면 영원히 목이 마르지 않아? 그런 물이 어디 있어?' 그런데 사마리아 여자는 뭐라고 했습니까?

"주여, 이런 물을 내게 주사 목마르지도 않고 또 여기 물 길러 오지도 않게 하옵소서."

자기 이해의 폭을 넘어서 믿어버린 것입니다. 이처럼 자신의 이해와 판단을 버리고 믿어야만 예수님을 믿는 믿음의 세계로 들어갈 수 있습니다.

참외 줄기를 호박 뿌리에 연결시킨 농부

제가 아는 한 장로님은 경북 성주라는 곳에서 참외 농사를 짓습니다. 성주에는 참외 농사를 짓는 사람들이 많고, 그분들이 한국의 참외 시장을 주도하고 있습니다. 전에는 참외 껍질이 개구리처럼 얼룩덜룩해서 이름 붙여진 '개구리참외'의 인기가 최고였습니다. 지금은 성주 참외가 그 자리를 차지했습니다. 성주 참외를 이끌어 가는 분이 제가 아는 장로님입니다.

한번은 어느 겨울에 날씨가 너무 추워 성주에서 재배하던 참외들이 대부분 얼어 죽었습니다. 농부들이 참외밭을 보면서 한숨을 쉬었습니다. 그런데 한 농장에서 재배하는 참외는 전혀 얼어 죽지 않고 싱싱했습니다. 주위의 농부들이 다 그 참외밭에 모였습니다. 제가 아는 손 장로님의 참외밭이었습니다. 사람들이 장로님에게 물었습니다.

"손 형, 다른 참외밭의 참외들은 다 얼어 죽었는데 왜 손 형이 재배하는 참외는 얼어 죽지 않습니까?"

이분이 이렇게 대답했습니다.

"올 겨울에 우리나라에 유난히 큰 한파가 찾아온다는 사실을 알고 참외들에게 추위를 이기는 비료를 줬지요."

추위를 이기는 비료는 다른 농부들은 생각도 못한 것이었습니다. 손 장로님은 죄 사함을 받고 우리 교회에 나오면서 자신의 마음을 꺾는 법을 배워서 생각이 다른 사람보다 훨씬 앞서갔습니다.

"아니, 추위를 이기는 비료가 있어요?"

"생각해 보세요. 아프리카나 더운 나라에 가면 사람들이 과일이나 채소 같은 것을 많이 먹고, 추운 지방에 사는 사람들은 돼지비계 같은 기름기가 많은 음식을 많이 먹잖아요. 참외도 추울 때는 그 추위를 이길 수 있도록 기름기가 많은 비료를 줘야지요."

이 장로님은 지방 신문에 참외에 대한 글도 한 달에 한 번씩 기고해 성주에서는 유명합니다. 사람들은 좋은 참외 재배법을 발견하면 대부분 혼자만 알고 지내는데, 이분은 농장에 참외 교실을 만들어놓고 참외 농사를 배우려고 찾아오는 사람들에게 공짜로 기술을 가르쳐 줍니다.

이분에게 참외 재배에 대한 이야기를 들은 적이 있습니다. 참외를 심으면 1차 꽃이 피고 열매가 맺힙니다. 참외가 조금 쉬었다가 2차 꽃을 피우고 다시 열매를 맺습니다. 또 조금 쉬었다가 3차 꽃을 피우고 열매를 맺습니다. 참외 줄기에 열매가 세 번 달리고 시들어버립니다. 이분이 생각이 되었습니다. '참외야, 햇빛도 아직 많고 춥지도 않은데 왜 벌써 시드냐?' 참외하고 대화가 안 되니까 이유를 생각해 보았습니다.

참외밭 옆에서 키우는 호박은 줄기도 튼튼하고 열매도 컸습니다. '호박은 오랫동안 시들지 않고 열매를 맺고 열매도 저렇게 큰데 이유가 뭐지?' 여러 부분을 살펴본 결과 뿌리에 차이가 있다는 사실을 알았습니다. 참외는 뿌리가 가늘고 호박은 뿌리가 두꺼웠습니다. 호박은 두꺼운 뿌리가 땅속으로 깊이 파고 들어가 영양분을 많이 공급해 주기 때문에 줄기가 시들지 않고 열매도 크다는 사실을 알았습니다.

그때부터 참외밭에 뿌리를 튼튼하게 하는 비료를 자주 주었습니다. 확실히 뿌리가 튼튼해지는 것을 볼 수 있었습니다. 하지만 호박 뿌리와는 여전히 비교가 되지 않았습니다. '참외는 뿌리가 약해서 문제야. 어떻게 하면 뿌리를 튼튼하게 할 수 있지?' 그래서 호박 뿌리에 참외 순을 접붙이기로 했습니다. 참외밭에 한 줄은 참외를 심고 한 줄은 호박을 심고, 참외와 호박을 섞어서 심었습니다. 참외와 호박의 순들이 10cm쯤 자랐을 때 참외와 호박 순을 대각선으로 자른 뒤, 자른 참외 순을 호박 줄기에 접붙이고 집게로 꽉 집어 놓았습니다.

이제 참외 줄기가 호박 뿌리에 연결된 것입니다. 굵고 튼튼한 호박 뿌리가 땅속에 뿌리를 깊이 박고 영양분을 빨아들여 공급하니까 참외가 확실히 달라졌습니다. 전에는 세 번 꽃이 피고 세 번 열매를 맺었는데 네 번째 꽃이 피고 열매를 맺고, 다섯 번째 꽃이 피고 열매를 맺었습니다. 어떤 참외 줄기는 여섯 번까지 꽃이 피고 열매를 맺었습니다. 이전보다 더 좋은 참외를 두 배나 수확할 수 있었습니다.

거듭남, 자기 마음을 끊고 예수님의 마음에 연결

제가 이 이야기를 듣고 '신앙도 그렇다. 약한 참외 뿌리를 끊고 참외 줄기를 호박 뿌리에 연결하듯, 우리 마음도 그렇게 해야 한다'는 생각이 들었습니다. 우리 생각이 자기 마음에 연결되어 있으면 추한 생각, 음란한 생각, 거짓된 생각, 악한 생각이 솟아납니다. 생각이 자기 마음과 연결된 것을 잘라낸 뒤 예수님의 마음에 연결하는 것입니다. 그것을 성경에서는 '거듭난다'고 말합니다.

우리가 우리 마음으로 자신을 보면 죄인이 맞습니다. 그런데 예수님의 마음으로 보면 죄인이 아닙니다. 이제 우리 마음과 연결된 생각을 잘라버리고 예수님의 마음에 내 생각을 연결시키는 것입니다. 그러면 예수님과 한마음이 되어 예수님과 같은 생각이 우리 안에서 일어납니다.

저는 도둑질도 많이 했고 거짓말도 많이 했습니다. 아무리 보아도 제 마음으로는 내가 죄인이 틀림없습니다. 그런데 성경 말씀에는 내가 죄인이 아니라고 합니다. 의롭고 거룩하다고 합니다. '예수님이 한 제물로 거룩하게 된 자들을 영원히 온전케 했다'고 했습니다. 놀라운 사실입니다. 저는 그 말씀을 믿었습니다. 죄를 안 지은 것이 아닙니다. 죄를 지었지만, 예수님이 십자가에서 흘리신 피로 죄를 씻는 것이 '몇년 몇월 몇일까지'로 제한된 것이 아니라 영원히 죄를 속하기 때문에 제가 의롭게 되었습니다.

내 죄가 씻어진 것이 아주 분명합니다. 내 눈으로 보면 내가 죄인인 것 같은데 성경을 보면 의롭고 거룩하고 깨끗하게 되었습니다. 성경이 의롭다면 의로운 것입니다. 성경이 깨끗하다면 깨끗한 것입니다. 저는 제 생각을 지우고 성경 말씀을 믿었습니다. '내가 의롭고 거룩하고 깨끗하다!'

저는 분명히 죄를 지었습니다. 어릴 때 남의 집 밭에 들어가서 감자도 캐먹고 땅콩도 캐먹었습니다. 도둑질은 분명히 죄입니다. 거짓말도 했습니다. 죄를 지었습니다. 그런데 예수님이 나를 보고 의롭다, 죄가 없다 하셨습니다. '죄를 지었는데 왜 죄가 없지?' 우리가 어떻게 의롭게 되었습니까? 예수님이 십자가에서 우리 죄를 다 씻으셨습니다. 저는 내 판단을 믿지 않고 예수님의 말씀을 믿었습니다. 내가 볼 때에는 내가 죄인 같지만, 예수님이 십자가의 피로 내 모든 죄를 씻었기 때문에 예수님의 눈에는 내가 깨끗합니다. 예수님이 보실 때에는 내가 의롭고 거룩합니다.

생각해 보십시오. 내 생각이 옳겠습니까, 예수님의 생각이 옳겠습니까? 말할 것도 없습니다. 예수님의 생각이 옳습니다. 재판장이신 예수님이 의롭고 거룩하다고 하셨으니, 저는 의롭고 거룩합니다.

내가 곧 죽을 것 같은데 죄가 있습니다

제가 2012년에 가나에 갔습니다. 그때 가나 대통령 영부인께서 우리가 개최한 행사에 와서 축하 메시지를 전해 주셨습니다. 행사가 끝날 때까지 영부인께서 자리를 뜨지 않았고, 저를 만나려고 늦게까지 기다리셨습니다. 제가 영부인과 만나 죄 사함 받는 이야기를 했습니다. 영부인께서 굉장히 기뻐하며 말씀을 받아들이셨습니다. 그리고 가나 대통령께서 병이 위중해 곧 돌아가실 것 같으니 대통령 궁에 와서 기도해 달라고 부탁하셨습니다.

그라시아스합창단 단원들과 함께 대통령 궁에 가서 단원들이 가나 노래 두 곡을 불렀습니다. 존 아타 밀스 대통령께서 노래를 들은 뒤 저에게 말씀하셨습니다.

"내가 어릴 때부터 교회에 다녔고 열심히 하나님을 믿었습니다. 이제 내가 곧 죽을 것 같은데 저에게 고민이 있습니다."

“뭡니까?”

“내가 죄가 있습니다.”

“각하가 죄인인 것을 어떻게 아셨습니까?”

“내가 죄를 지었으니 죄인 아닙니까?”

“그렇지 않습니다.”

제가 이렇게 말하자 대통령께서 깜짝 놀라셨습니다.

“예수님이 우리 죄를 위해 죽으셨지 않습니까? 예수님의 피가 각하의 죄를 다 씻었습니다. 각하는 거룩합니다. 의롭습니다.”

성경에서 그렇게 이야기한 말씀들을 제가 성경을 펴서 보여 드렸습니다. 제가 많은 대통령을 만났고 항상 이 말씀을 전했는데, 그날 가나 대통령께서 정말 기뻐하셨습니다. 그리고 네 시간 뒤에 하늘나라로 가셨습니다. 죄 사함을 받고 기뻐하고 감사하며 이 땅을 떠나셨습니다. 저는 그처럼 귀한 대통령을 처음 보았습니다. 제가 잊을 수 없는 분입니다.

하나님은 우리를 깊이 사랑하십니다. 그래서 우리의 모든 죄를 눈처럼 희게 씻으셨습니다. 우리가 볼 때에는 죄를 지어서 죄인인 것 같지만, 예수님은 “내가 십자가에서 네 죄의 벌을 다 받았어. 네 죄를 다 씻었어.” 하십니다. 우리가 그 사실을 믿는 것입니다. 죄를 지어서 죄인같이 보여도 예수님이 의롭다면 의로운 것입니다. 예수님이 죄를 씻었다면 씻은 것입니다. 거룩하다면 거룩한 것입니다. 이렇게 믿는 것이 예수님을 믿는 것입니다. 그런 믿음을 가질 때 우리가 예수님과 하나가 되고, 하나님의 한없는 은혜와 축복을 받을 줄 믿습니다.

Pastor Ock Soo Park's Lectures on

THE GOSPEL OF JOHN

05

어떻게 거듭나는가?

◦ 썩지 않는 씨인 하나님의 말씀으로
◦ 말씀이 들어오면 새로운 세계를 만들고
◦ 내 죄에 대한 하나님의 판결문이 있습니까?
◦ 예수 그리스도의 구속으로 말미암아
◦ 말씀이 들어온 뒤 의인이 되었다

어떻게
거듭나는가?

하나님의 말씀이 기록된 것은 하나님이 우리에게 하시고 싶은 이야기가 있다는 것입니다. 우리가 알고 있는 세계 말고 하나님의 세계를 이야기하는 것입니다. 우리는 인간 세상에 살고 있기 때문에 하나님의 말씀을 읽어도 그것을 인간 세상으로 이해하기 쉽습니다. 인간은 인간 나름대로의 세계를 구축해가고 있습니다. 경제나 교육이나 아니면 신앙에서 인간 방법으로 무엇인가를 하고 있습니다.

썩지 않는 씨인 하나님의 말씀으로

똑같은 음식이라도 사람이 먹는 방법과 소가 먹는 방법이 다르듯이 똑같은 하나님의 말씀이라도 인간적인 시각으로 생각하면 전혀 다른 방향으로 이해될 수 있습니다. 요한복음 3장에 나오는 니고데모는 예수님이 하나님께서 보내신 분인 줄 알았습니다. 예수님이 행하신 일들이 하나님으로 말미암아 이루어진다는 사실도 알고 있었습니다.

인간 니고데모가 예수님을 알고 있는 것이었습니다.

예수님은 니고데모에게 거듭남에 대해 이야기하셨습니다. 사람이 거듭나지 않으면 하늘나라를 볼 수 없다고 하셨습니다. 니고데모는 거듭난다는 사실을 모르고 있었습니다. 그래서 예수님이 하신 말씀을 자신의 시각으로 이해했습니다. 오늘날 신앙생활을 하는 사람들 가운데에도 거듭남에 대해 몰라서 '어떻게 거듭나지? 내가 예수님을 믿고 술을 끊고 담배를 끊었으면 거듭난 것이 아닌가?'라고 생각하기도 합니다.

똑같은 성경이어도 인간이 생각하는 차원과 하나님이 생각하시는 차원은 다릅니다. 그래서 성경을 한 쪽만 보지 않고 전체를 보면 성경 전체가 연결되어 거듭나는 부분에 대해 자세히 설명합니다.

예수님은 니고데모에게 거듭나야 한다고 말씀하셨습니다. "육으로 난 것은 육이요 성령으로 난 것은 영이니, 내가 네게 거듭나야 한다고 한 말을 기이히 여기지 말라." 하셨습니다. 예수님이 거듭나야 한다고 하셨을 때 육신이 다시 태어나야 한다는 이야기가 아니라는 말입니다. 육으로 태어났기 때문에 영으로 다시 한 번 태어나야 한다는 말입니다.

성경을 읽다 보면 다른 곳에서 거듭남에 대해 이야기한 것을 볼 수 있습니다. 베드로전서 1장 23절에서 거듭남에 대해 놀랍게 이야기하고 있습니다. **"너희가 거듭난 것이 썩어질 씨로 된 것이 아니요"**라고 말합니다. 그리고 **"썩지 아니할 씨로 된 것이니, 하나님의 살아 있고 항상 있는 말씀으로 되었느니라."**라고 했습니다. 하나님의 말씀으로 거듭난다는 것입니다.

우리가 이 세상에 어떻게 태어났습니까? 남자와 여자가 결혼하고, 여자가 남자의 씨를 받아들여 아이가 만들어집니다. 우리가 거듭나는 것은 육신이 태어나는 것이 아니라 영이 태어나는 것입니다. 그래서 베드로전서 1장 23절에서 너희가 거듭난 것이 썩어질 씨로 된 것이 아니라고 했습니다. 그리고 썩지 않는 씨인, 살아 있고 항상 있는 하나님의 말씀으로 되었다고 했습니다.

우리 안에 하나님의 말씀이 들어올 때 어떤 일이 일어납니까? 창세기 1장에서 땅이 혼돈하고 공허하며 흑암이 깊음 위에 있을 때 땅이 혼돈이나 공허를 내쫓지 못하고 어두움을 몰아내지 못했습니다. 그 땅에 하나님의 말씀이 임했습니다. "빛이 있으라." 빛이 생기면서 어두움을 다 쫓아냈습니다. 하나님이 "땅은 풀과 씨 맺는 채소와 각기 종류대로 씨 가진 열매 맺는 과목을 내라." 하시자, 그 말씀이 씨가 되어서 땅에 아름다운 꽃이 피고 열매를 맺는 과목이 나고 풀과 채소들이 났습니다.

이와 마찬가지로 우리 마음에 하나님의 말씀이 들어올 때 다른 어떤 것으로는 만들 수 없는 새로운 생명이 만들어집니다. 하나님의 말씀이 우리 안에 들어와서 새로운 세계를 만듭니다. 성경이 전부 그렇게 되어 있습니다. 나사로가 죽었습니다. 그런데 예수님의 입에서 말씀이 나옵니다.

"나사로야, 나오너라."

그 말씀이 나사로에게 들어가, 여자가 남자의 씨를 받아 자연스럽게 아기가 만들어지듯, 죽어서 썩어 있던 나사로가 일어나 무덤에서 나왔습니다. 말씀이 들어가서 새로운 나사로를 만든 것입니다. 죽어 있던 나사로를 살아 있는 나사로로 만들었습니다. 저는 이런 경험들을 아주 많이 했습니다. 제가 사는 동안 하나님의 말씀이 내 안에 들어와서 전에 없었던 마음이 내 안에 만들어졌습니다.

말씀이 들어오면 새로운 세계를 만들고

사마리아 여자가 예수님의 말씀을 들었습니다.

"이 물을 먹는 자마다 다시 목마르려니와 내가 주는 물을 먹는 자는 영원히 목마르지 아니하리니"

사마리아 여자는 그런 물을 본 적도 없고 영원히 목마르지 않는 것을 경험해 본 적도 없는데 이렇게 말했습니다.

"주여, 이런 물을 내게 주사 목마르지도 않고 또 여기 물 길러 오지도 않게 하옵소서."

사마리아 여자만 그렇게 한 것이 아닙니다. 38년 된 병자는 걸을 힘이 없었습니다. 예수님이 그에게 말씀하셨습니다.

"일어나 네 자리를 들고 걸어가라."

제가 병원에 가서 환자들에게 "일어나 네 자리를 들고 걸어가라." 하면 사람들이 웃습니다. 그런데 38년 된 병자는 그 말씀을 받아들여 일어나 걸어갔습니다. 마음에 예수님의 말씀이 들어가면 우리 속에 없던 새로운 세계를 만듭니다. 우리가 거듭납니다.

저는 오랫동안 교회에 다녔지만 늘 죄인인 줄 알았습니다. 저는 거짓말을 많이 하고 도둑질도 많이 했습니다. 죽으면 분명히 지옥에 갈 거라고 알았습니다. 그런데 어느 날 말씀이 내 마음에 들어와서 전에 갖지 못했던 마음을 만들었습니다. 제가 열아홉 살 때, 지은 죄 때문에 "주님, 죄인입니다." 하며 주님 앞에서 부끄러웠고 고통스러웠습니다. 죄에서 벗어나 착하게 살려고 아무리 애를 써도 안 되었습니다. 그런데 성경 말씀이 내 마음에 들어왔습니다.

"… 내가 그들의 죄악을 사하고 다시는 그 죄를 기억지 아니하리라. 여호와의 말이니라."(렘 31:34)

"모든 사람이 죄를 범하였으매 하나님의 영광에 이르지 못하더니, 그리스도 예수 안에 있는 구속으로 말미암아 하나님의 은혜로 값 없이 의롭다 하심을 얻은 자 되었느니라."(롬 3:23~24)

하나님은 재판장이신데, 하나님이 저를 보고 의롭다고 하셨습니다.

내 죄에 대한 하나님의 판결문이 있습니까?

지난 시간에 이야기한 것처럼 제가 가나 대통령을 만났습니다. 그분은 죽음 앞에 서 있었습니다. 그동안 교회에 열심히 다녔지만 "목사님, 내가 곧 죽을 것 같은데 죄를 씻지 못했습니다. 내가 죄가 있습니다."라고 하셨습니다.

"각하, 각하가 죄인인 것을 어떻게 아셨습니까?"

"내가 죄를 지었으니 죄인 아닙니까?"

"각하, 그렇지 않습니다. 어느 나라에서 죄를 지은 사람이 자기 죄를 정합니까? 죄를 지은 사람이 자기 죄를 정하는 나라는 없습니다. 누가 죄를 정합니까? 재판관이 합니다. 하나님은 공의로운 재판장이십니다. 각하의 죄에 대한 하나님의 판결문을 보신 적이 있습니까?"

대통령께서 깜짝 놀라셨습니다.

"내 죄에 대한 하나님의 판결문이 있습니까?"

"예, 있습니다."

"어디에 있습니까?"

"성경에 있습니다. 보고 싶습니까?"

"보고 싶습니다."

제가 성경을 펴서 로마서 3장 23절과 24절을 읽어 드렸습니다.

"모든 사람이 죄를 범하였으매 하나님의 영광에 이르지 못하더니, 그리스도 예수 안에 있는 구속으로 말미암아 하나님의 은혜로 값 없이 의롭다 하심을 얻은 자 되었느니라."(롬 3:23~24)

제가 이 말씀이 판결문이라는 사실을 알게 된 사연이 있습니다. 한번은 어떤 변호사에게 죄 사함에 관하여 이야기하면서 로마서 3장 23절과 24절을 읽어 주었습니다. 그러자 그분이 깜짝 놀라면서 "목사님, 이건 판결문입니다."라고 했습니다. 두 구절이 판결문 형식으로 되어 있다는 것입니다. 재판할 때 보통 죄를 지은 사실과 그에 따른 결과를 먼저 이야기하고, 이어서 형량을 말한다는 것입니다.

제가 교도소에서 한 살인수를 만났는데 자신이 재판받은 이야기를 자세히 했습니다. 그는 판사의 판결문을 외우고 있었습니다.

"피고 아무개는 사람을 죽였다. 그래서 중벌을 받아 마땅하다. 그런데 죽은 사람이 평소 아는 사람이 아니기 때문에 고의성이 있다고 보기 어렵고, 뉘우치는 빛이 있어서 징역 10년에 처한다."

로마서 3장 23~24절 말씀이 이와 같은 형식으로 되어 있다는 것입니다.

"모든 사람이 죄를 범했다. 그래서 하나님의 영광에 이르지 못한다. 그런데 죄로 인해 저주와 영원한 멸망을 받아야 하는 인간을 위해 예수 그리스도가 십자가에 못 박혀 죽었다. 그 십자가에서 인간의 죄가 다 씻어졌기 때문에 이제 의롭다."

제가 로마서 3장 23~24절을 읽고 대통령께 그 내용을 설명해 드렸습니다. 대통령께서 너무 놀라워하셨습니다. 이어서 고린도전서 6장 10절과 11절을 읽어 드렸습니다.

"도적이나 탐람하는 자나 술 취하는 자나 후욕하는 자나 토색하는 자들은 하나님의 나라를 유업으로 받지 못하리라. 너희 중에 이와 같은 자들이 있더니, 주 예수 그리스도의 이름과 우리 하나님의 성령 안에서 씻음과 거룩함과 의롭다 하심을 얻었느니라."(고전 6:10~11)

대통령께서 감격스러워하며 이렇게 말씀하셨습니다.

"나는 씻어졌습니다. 나는 거룩합니다. 나는 의롭습니다."

그리고 다시 말씀하셨습니다.

"이 말씀이 너무 감사합니다. 내가 너무 피곤해서 이제 좀 쉬고 싶습니다."

영부인을 불러 주치의로 하여금 대통령을 돌보게 한 뒤 우리는 IYF 월드캠프 장소로 돌아왔습니다. 4시간쯤 지나 영부인께서 저에게 전화를 하셨습니다. "대통령께서 영원한 안식을 얻기 위해 지금 주님의 부르심을 입었습니다." 짧은 시간이지만 제가 죽음 앞에 선 대통령을 만나 복음을 전할 수 있어서 너무 놀랍고 정말 감사했습니다.

예수 그리스도의 구속으로 말미암아

하나님의 말씀이 땅에 임하면서 혼돈과 공허와 흑암이 물러갔습니다.

하나님이 “빛이 있으라.” 하시매 빛이 있었고, 그 빛이 어둠을 물리쳤습니다. 우리 마음이 죄악으로, 어둠으로 가득 차 있다가 하나님의 말씀이 마음에 들어오면 우리가 새로운 사람으로 변합니다. 그리스도 예수 안에 있는 구속으로 말미암아 우리가 의롭게 됩니다. “내 죄가 씻어졌어! 내가 거룩해졌어! 내가 의로워졌어!”

저도 열아홉 살이 되기까지 죄를 많이 지었습니다. 남의 집 과일도 따먹고, 밀이삭도 꺾어서 구워 먹고…. 도둑질도 하고 거짓말도 많이 했습니다. 그래서 늘 죄 때문에 지옥에 간다고 생각했습니다. 나를 죄에서, 지옥에서, 멸망에서 구원할 길이 없었습니다. 그런데 말씀 한 마디가 마음에 들어왔습니다.

“그리스도 예수 안에 있는 구속으로 말미암아 하나님의 은혜로 값없이 의롭다 하심을 얻은 자 되었느니라.”(롬 3:24)

하나님이 나를 의롭다고 하셨습니다. 하나님이 나를 거룩하다고 하셨습니다. 하나님이 내 죄를 기억하지 않는다고 하셨습니다. 이것은 어느 목사님의 이야기도 아니고, 유명한 철학자나 정치가의 이야기도 아닙니다. 전능하신 하나님의 이야기입니다. 하나님이 의롭다고 하시면 의로운 것이고, 하나님이 거룩하다고 하시면 거룩한 것입니다. 하나님은 거짓말하시지 않는 분이기 때문입니다. 제가 이 말씀을 믿어서 의로워졌습니다. 조금 전까지만 해도 더러운 죄인이었는데 의로운 사람으로 거듭났습니다.

말씀이 내 마음에 들어와서 저를 거듭나게 했습니다. 베드로전서 1장 23절이 말하는 것이 바로 이것입니다.

“너희가 거듭난 것이 썩어질 씨로 된 것이 아니요 썩지 아니할 씨

로 된 것이니, 하나님의 살아 있고 항상 있는 말씀으로 되었느니라."

38년 된 병자가 전혀 걷지 못했지만 예수님의 말씀이 마음에 들어가니까 걸어갔습니다. 땅이 혼돈하고 공허하며 흑암 속에 있다가 하나님의 말씀이 들어가자 어둠이 물러가고 꽃이 피고 열매가 맺는 아름다운 세상으로 변했습니다. 이 땅은 인간을 가리킵니다. 인간 속에 하나님의 말씀이 들어오면 변합니다. 여자 혼자서는 아이를 낳을 수 없지만 결혼해서 남편의 씨를 받아들이면 자연스럽게 아기가 만들어지듯이, 우리가 살아 있고 항상 있는 하나님의 말씀을 받아들이면 새 사람이 됩니다.

모든 사람이 죄를 범해 하나님의 영광에 이르지 못했지만, 그리스도 예수 안에 있는 구속으로 말미암아 우리가 의롭게 되었습니다. 이 말씀을 마음에 받아들여 내가 의롭게 되었습니다. 거룩하게 되었습니다. 전에는 내 마음에 죄악이 가득 찼고, 근심과 두려움이 가득했습니다. 그런데 말씀이 마음에 들어온 뒤 새로운 마음이 만들어졌습니다. 그 새 마음이 저를 이끌어 갑니다.

'내 죄가 씻어졌어! 내가 의로워! 하나님이 그렇게 말씀하셨어. 하나님이 의롭다고 하셨으면 내가 의로운 거야! 하나님은 거짓말하시지 않아!'

저에게 정말 감격스러운 날들이었습니다.

말씀이 들어온 뒤 의인이 되었다

오늘날 많은 사람들이 교회에 다니지만 죄에서 벗어나지 못하고 괴로워하는 사람들이 많습니다. 그래서 제가 생각했습니다. '예수님, 제가 무엇을 하면 주님이 가장 기쁘시겠습니까?' 예수님이 우리 죄를 위해 십자가에 못 박혀 피를 흘리고 죽으셨는데도 우리가 여전히 죄인이라고 하면 주님이 얼마나 가슴이 아프시겠습니까? 그래서 이 사실을 증거하기로 마음을 먹었습니다. 그렇게 하려고 성경을 읽고, 읽고, 읽었습니다.

성경에는 하나님이 우리를 구원하신 이야기가 정확히 나옵니다. 베드로전서 1장 23절은 너무 좋은 말씀 아닙니까?

"너희가 거듭난 것이 썩어질 씨로 된 것이 아니요 썩지 아니할 씨로 된 것이니, 하나님의 살아 있고 항상 있는 말씀으로 되었느니라."

우리가 더러운 죄에서 건져지는 것은 눈물을 흘리거나 회개한다고 되는 것이 아닙니다. 용서를 빌어서 되는 것이 아닙니다. 예수님의 피가 우리 죄를 씻었습니다. 성경에 정확히 그렇게 기록되어 있습니다. 제가 그 말씀을 마음에 받아들였을 때 말씀이 내 안에 들어와서 내가 죄인이라는 생각을 내쫓았습니다. 옛날에는 죄인이라고 생각하니까 매일 죄를 짓고 살았는데 그날부터 내 삶이 전혀 달라지기 시작했습니다. '나는 거룩한 하나님의 사람이야. 난 거룩해.' 그러니까 거룩한 삶이 이어질 수밖에 없었습니다.

제가 어머니 배 속에서 태어나 몸을 가지고 있고, 몸으로 지은 죄 속에 내 마음이 머물러 있었습니다. 그러다가 하나님의 말씀이 마음에 들어왔습니다. 말씀은 예수님이 십자가에서 흘리신 피로 내 죄가 다 씻어졌다고 했습니다. 만일 십자가의 피가 내 죄를 못 씻었다면 예수님이 실패한 것밖에 안 됩니다. 예수님은 실패하지 않고 우리 죄를 확실히 씻으셨습니다. 성경이 그렇게 말합니다.

“그리스도 예수 안에 있는 구속으로 말미암아 하나님의 은혜로 값없이 의롭다 하심을 얻은 자 되었느니라.”(롬 3:24)

똑같은 ‘나’지만 전에는 죄인이었습니다. 더럽고 추하고 악한 마음을 가진 나였습니다. 그런데 하나님의 말씀이 마음에 들어온 뒤에는 죄인이 아니라 의인이 되었습니다. 하나님이 나와 함께 계시고 성령이 내 안에 계시니까 옛날의 나와 전혀 다른 사람이 되었습니다. 저녁마다 친구들과 모여 남의 과수원에서 사과를 따먹던 삶이 끝나버렸습니다.

그 후로 저는 성경을 읽었습니다. 나중에 친구들을 만났을 때 친구들이 물었습니다. “옥수야, 그때 너 어디 갔다 왔냐?” 제가 친구들을 만나지 않고 성경을 읽었기 때문입니다. 전에는 친구들과 어울리면 죄를 짓기 때문에 그곳에 가지 않으려고 해도 늘 갔는데, 예수님의 말씀이 마음에 들어온 뒤로는 매일 집에서 성경을 읽었습니다. 제가 달라진 것을 아버지가 제일 먼저 아셨습니다.

제가 노력해서 달라진 것이 아니라 말씀 한 마디가 내 안에 들어왔습니다. 예수님의 피로 내 모든 죄가 씻어졌습니다. 그것이 하나님의 말씀입니다. 그 말씀이 내 마음에 들어와서 내가 죄인이라는 생각을 이겼고, 내 안에 새로운 마음을 만들었습니다. ‘나는 의로워! 나는 거룩해! 하나님이 그렇게 말씀하셨어!’ 그때부터 내 삶에 참된 평안이 찾아오고 기쁨이 찾아왔습니다. 하나님이 내 속에 살아 일하셨습니다.

이것이 거듭나는 것입니다. 거듭나는 것은 우리 노력이나 수고로 되는 것이 아닙니다. 우리가 태어날 때 내 노력 없이 태어났듯이, 우리가 하나님의 은혜로 값 없이 의롭다 하심을 얻었습니다. 그래서 이 소식을 여러분 모두에게 전합니다. 여러분 모두 이 귀한 은혜를 받으시길 바랍니다.

Pastor Ock Soo Park's Lectures on

THE GOSPEL OF JOHN

06

지금도 살아 있는 하나님의 말씀

◦ 마르다와 마리아가 돌문을 열었을 때
◦ 김치를 먹으면 위장이 터져서 죽을 것 같았지만
◦ 말씀을 받아들인 마음은 놀라운 역사의 현장
◦ 말씀을 믿은 사람들과 그 역사들

지금도 살아 있는 하나님의 말씀

요한복음에서 예수님이 사람을 만나 나누는 이야기들이 정말 신비롭고 아름답습니다. 예수님이 만난 사람들은 두 부류로 나누어집니다. 한 부류는 예수님의 말씀을 거부한 사람들이고, 한 부류는 예수님의 말씀을 받아들인 사람들입니다. 예수님이 하신 어떤 이야기들은 받아들이기 정말 어렵지만, 받아들이는 사람들이 있었습니다.

마르다와 마리아가 돌문을 열었을 때

나사로가 죽은 지 나흘이 되었을 때 예수님이 나사로가 사는 베다니로 가셨습니다. 나사로의 여동생 마르다와 마리아는 나사로가 죽었다고 슬퍼하고 있었습니다. 그런데 예수님이 "네 오라비가 살리라."라고 말씀하셨습니다. 마르다와 마리아는 그 말을 받아들일 수 없었습니다. 썩어서 냄새가 나는 사람이 어떻게 삽니까?

"내 말이, 네가 믿으면 하나님의 영광을 보리라 하지 아니하였느냐?"

예수님은 죽은 나사로를 살리기 전에 마르다와 마리아의 마음 안에서 죽어 있는 나사로를 살리려고 하셨습니다. 그래서 계속 "네 오빠가 살 거야. 네가 믿으면 하나님의 영광을 볼 거야."라고 이야기하셨습니다. 마르다와 마리아의 마음에 예수님의 말씀이 들어가기 시작했습니다. '아, 예수님이 하시면 우리 오빠가 살겠구나.' 이 마음이 만들어졌습니다. 그래서 무덤을 막아놓은 돌문을 열었습니다. 그들은 돌문을 여는 일만 했는데 예수님이 나사로에게 말씀하셨습니다.

"나사로야, 나오너라!"

예수님은 만왕의 왕이요 우주의 왕이시기 때문에 "빛이 있으라." 하시면 그대로 되었습니다. "바람아 고요해라. 바다야 잔잔해라." 하시면 바다가 순종했습니다. 세상의 모든 만물이 그리스도의 말씀 안에서 움직입니다.

김치를 먹으면 위장이 터져서 죽을 것 같았지만

저도 구원받은 후 하나님의 말씀을 계속 받아들였습니다. 1987년에 저는 위장이 굉장히 안 좋았습니다. 저는 어릴 때부터 위장이 약한 편이었는데, 1987년에는 위궤양으로 굉장히 고생했습니다. 밥을 전혀 먹을 수 없었을 뿐 아니라 무엇을 먹어도 설사를 했습니다. 병원에 가서 약을 받아 먹었습니다. 약을 먹으니까 처음에는 속이 정말 편했습니다. 그런데 일주일이 지나자 약을 먹어도 효과가 전혀 없었습니다. 죽을 먹어도 설사가 났습니다. 의사는 밥을 한 숟가락 떠서 입에 넣고 100번을 씹으라고 했습니다. 배가 너무 아프니까 그 말을 들을 수밖에 없었습니다. 그렇게 먹어도 설사가 났습니다.

당시 제 몸무게가 70kg이었는데 3개월 동안 7kg이 줄었습니다. 바지도 헐렁하고 양복도 헐렁했습니다. 제가 인도하는 집회들은 보통 5~6개월 전에 정해지기 때문에 약속한 집회에 가지 않을 수 없었습니다. 집회에 가면 강사라고 음식을 잘 차려주는데 먹을 수가 없었습니다.

7월이 다가오면서 마음에 부담이 컸습니다. 여름에는 수양회도 있고 방학을 맞은 중고등학생들 캠프도 있어서 한 달 동안 굉장히 바쁘게 지내야 했습니다. 내 몸 상태로 그 일들을 도저히 감당해낼 수 없을 것 같았습니다. 하루는 새벽에 일어나 하나님께 기도를 드렸습니다.

"하나님, 배가 너무 아픕니다. 이 몸 가지고는 다가오는 여름 행사를 감당할 수 없습니다. 하나님, 배를 낫게 해주십시오."

기도를 마쳤는데 마치 하나님이 내게 말씀하시는 것처럼 성경 말씀 한 구절이 떠올랐습니다. 마가복음 11장 24절이었습니다.

"그러므로 내가 너희에게 말하노니, 무엇이든지 기도하고 구하는 것은 받은 줄로 믿으라. 그리하면 너희에게 그대로 되리라."(막 11:24)

깜짝 놀랐습니다. '야, 너무 쉽네. 기도하고 구하고, 그것을 받은 줄로 믿기만 하면 배가 낫네.' 그래서 다시 기도했습니다.

"하나님, 내 배를 낫게 해주십시오."

간곡히 기도했습니다.

"예수님의 이름으로 기도드렸습니다. 아멘."

기도를 마쳤습니다. 이제 기도한 대로 이루어졌다고 믿으면 됩니다. '내가 기도했으니 내 배가 다 나았다.' 이렇게 믿으면 낫는다고 했습니다. '예수님은 거짓말하시지 않으니 낫겠다.'

그런데 문제가 생겼습니다. 곧 아침 식사 시간이 되면 밥을 먹으러 가야 했습니다. 한국 사람들은 김치를 정말 좋아합니다. 배추를 소금에 절여 물기를 빼내고 거기에 고춧가루와 마늘 등 양념을 듬뿍 넣은 뒤 숙성시키면 김치만의 독특한 맛이 나는데, 한국 사람은 그 맛을 굉장히 좋아합니다. 한국에 아내 없이 사는 사람은 있어도 김치 없이 사는 사람은 없습니다. 제가 기도한 대로 배가 다 나았다고 믿는다면 식사 시간에 김치를 먹어야 했습니다. 죽만 먹어도 설사가 나는데 맛이 강하고 매운 김치를 먹으면 배가 견딜 수 없을 것 같았습니다. 그 전에 의사가 저에게 이렇게 말했습니다.

"목사님, 조심해야 합니다. 목사님 위장은 물에 젖은 종이와 같습니다. 언제든지 터질 수 있습니다. 위장이 터지면 24시간 안에 죽습니다."

김치를 먹으면 위장이 터져서 죽을 것 같았습니다. 그 부분을 다시 생각했습니다. '내가 김치를 못 먹는 것은 배가 아프기 때문이다. 다 나았다고 믿는다면 김치를 먹어야 한다.' 그런데 김치를 먹으면 안 될 것 같았습니다. '아니, 목사인 내가 왜 이런 생각을 하지? 예수님이 말씀하셨으면 그대로 되는 거지.' 마음에서 내 배가 나았다고 확실히 믿었습니다. 배가 나았기 때문에 김치를 먹어도 괜찮다고 생각했습니다.

아침 식사 시간이 되어 식탁에 갔습니다. 그날 우리 집에 손님이 여러 분 오셔서 식탁에 밥과 음식이 많이 놓여 있었습니다. 그리고 식탁 끝에 제 아내가 저 먹으라고 가져다놓은 죽이 조금 놓여 있었습니다. 제가 죽을 밀어내고 밥 한 그릇을 제 앞에 가져다놓았습니다. 3개월 만에 처음으로 밥을 먹었습니다. 김치도 먹고, 된장찌개도 먹었습니다. 아내가 지나가다가 저를 보고 깜짝 놀랐습니다.

"당신, 어쩌려고 그래요?"

"다 나았으니 걱정하지 마요."

아내가 아무 소리 하지 않고 갔습니다.

밥을 다 먹었는데 설사가 나서 견딜 수 없었습니다. 함께 식사하던 분들에게 미안하다고 하고 화장실로 달려갔습니다. 설사가 쫙쫙 나왔습니다. '아이고 배야. 아이고 배야.' 배가 너무 아팠습니다. 속에서 소리가 들렸습니다.

'네가 무슨 믿음이 있다고 김치를 먹어? 잘못되면 죽을 거야.'

제가 다시 생각했습니다.

'예수님이 기도하고 받은 줄로 믿으면 그대로 된다고 말씀하셨어. 믿으면 낫는다고 하셨고 나는 믿었으니까 내 배는 다 나았어. 나는 다 나았어.'

'다 나았으면 배가 안 아파야지. 지금 설사하고 있잖아. 지금 배가 아프잖아. 그러면 나은 게 아니잖아.'

'그럼 안 나은 건가? 아니야, 믿으면 낫는다고 예수님이 말씀하셨으니까 나은 건데….'

그때 한 생각이 들었습니다. 예수님이 회당장 야이로의 집에 가셨을 때 야이로의 딸이 죽어 사람들이 울고 있었습니다. 그때 예수님이 "울지 마라. 이 아이가 죽은 것이 아니라 잔다." 하셨습니다. 그 일이 떠올랐습니다. 사람들 눈으로 볼 때에는 야이로의 딸이 죽었지만 예수님의 눈에는 자는 것이었습니다. 예수님이 그 아이에게 "달리다굼." 하셨습니다. "내가 네게 말하노니, 일어나라."라는 말입니다. 그러자 야이로의 딸이 일어나 걸었습니다.

'그렇지. 내가 볼 때에는 배가 아프지만 예수님이 보실 때에는 내 배가 나았다. 아프지만 나았다!'

아침을 먹고 설사를 했지만 '그렇지만 내 배는 다 나았다'라고 믿었습니다. 점심에도 김치와 함께 밥 한 그릇을 다 먹었습니다. 그러고는 다시 화장실로 달려가 '아이고 배야' 하며 또 설사를 했습니다.

'내 배가 아프긴 하지만 그래도 나은 거야. 예수님이 약속하셨으니 나았어.'

그날 저녁에는 외식을 했습니다. 제가 외식하는 걸 별로 안 좋아하는데 그날은 거절할 수 없는 분이 식사를 꼭 함께 하자고 해서 갔습니다. 그때 하얏트호텔 뷔페식당이 굉장히 유명했는데 거기서 저녁을 먹기로 했습니다. 식당에 들어가면서 나는 배가 아프니까 죽만 조금 먹어야겠다고 생각했다가, '아니지, 내 배가 다 나았지'라는 생각이 다시 들었습니다. 그래서 맛있는 음식들을 잔뜩 먹었습니다. 그날 저녁에는 설사를 하지 않았습니다. 배가 불룩해진 채 차를 몰고 집에 돌아와서 잠이 들었습니다.

이튿날 아침에 일어났을 때 내 배가 깨끗이 나았다는 것을 느낄 수 있었습니다. 석 달 동안 그렇게 아프던 배가 24시간 만에 깨끗이 나았습니다. 그리고 전에는 밀가루 음식을 먹으면 소화가 안 되어 꺽꺽거렸는데 그날 후로는 밀가루 음식을 먹어도 아무렇지 않았습니다.

위장이 아주 좋아졌습니다.

하나님의 말씀은 수 천 년이 지난 지금도 살아 있습니다. 보리씨나 밀씨를 가마니에 넣어 창고에 놔두면 죽은 것처럼 보입니다. 그런데 농부가 그 씨를 땅에 묻고 씨에 수분이 공급되면, 씨가 놀라운 일을 합니다. 무거운 땅을 젖히고 싹이 나고 자라서 열매를 맺습니다. 하나님의 말씀인 성경을 덮어놓으면 아무것도 아닌 것처럼 보이지만, 그 말씀을 읽고 마음에 받아들이면 그때부터 말씀이 우리 안에서 일을 합니다.

제가 위장이 좋아진 뒤 바로 여름 수양회가 시작되어, 수양회에 참석한 몇 천 명 앞에서 이 간증을 했습니다. 그때 제가 한 간증을 듣고 병이 나은 사람이 굉장히 많았습니다. 대략 계산해 보니 250명가량 되었습니다.

하나님의 말씀은 살아 있습니다. 마가복음 11장 24절 말씀이 제 마음에서 떠올라 그 말씀을 믿게 했습니다. 말씀이 마음에 들어오자 그 말씀이 제 배가 아픈 상태인데도 김치를 먹게 했습니다. 말씀을 받아들이면 말씀이 우리 마음에서 놀라운 역사를 일으킵니다. 놀라운 하나님의 능력이 나타납니다.

말씀을 받아들인 마음은 놀라운 역사의 현장

하나님의 말씀이 믿어져 우리 속에 들어오면 어떤 사람이든지 변합니다. 죄를 얼마나 지었든지 예수님의 피가 우리 죄를 씻었다는 것을 믿으면, 그때부터 그 사람 속에 성령이 역사하기 시작합니다.

여자가 남자의 씨를 받아들이면 아이가 생깁니다. 간혹 여자가 강

간을 당해서, 아이를 갖고 싶지 않았지만 씨가 들어와 아이가 만들어지는 경우가 있습니다. 여자의 몸에서 난자와 정자가 만나 자궁에 착상하면 세포 분열을 하면서 예쁜 아이가 만들어집니다.

그와 마찬가지로 하나님의 말씀을 우리 마음에 받아들이면, 하나님의 말씀이 우리 마음에 들어와서 우리 마음과 하나님의 말씀이 하나가 되면, 우리 마음은 하나님이 일하시는 놀라운 역사의 현장이 됩니다. 하나님의 말씀이 내 마음에 들어왔을 때, 그 말씀이 내가 지은 수많은 죄를 다 이기고 '내가 의롭다'고 말할 수 있게 했습니다. 얼마나 놀라운 사실입니까!

하나님의 말씀은 살았습니다. 성경을 보면, 사마리아 여자는 예수님의 말씀을 그냥 받아들이기만 했습니다. "이 물을 먹는 자마다 다시 목마르려니와 내가 주는 물을 먹는 자는 영원히 목마르지 아니하리니" 예수님이 하신 이 말씀을 그냥 받아들였습니다. 그러자 여자가 변했습니다. 여자를 통해 동네 사람들이 예수님을 믿고 은혜를 입는 놀라운 역사가 일어났습니다.

베드로가 믿었을 때 역사했던 그 말씀, 사도 바울이 믿었을 때 역사했던 그 말씀…. 우리가 믿는 하나님의 말씀도 똑같은 말씀입니다. 보리는 어떤 밭에 뿌려져도 싹을 틔웁니다. 하나님의 말씀은 어떤 사람의 마음에 들어가도 그의 인생을 바꾸는 놀라운 능력이 됩니다.

우리가 무엇을 열심히 해야 하거나 노력해야 하는 것이 아닙니다. 믿음은 행위나 노력을 말하는 것이 아닙니다. 하나님의 말씀을 믿었을 때 그 말씀이 우리 안에 역사하는 것입니다. 전기는 전선만 연결되면 냉장고도 돌리고 세탁기도 돌리고 텔레비전도 켜고 집을 따뜻하게도 합니다. 시키는 대로 다 일합니다. 하나님의 말씀도 여러 말씀이 있는데, 병자에게 하는 말씀을 그대로 받아들이면 병이 낫습니다. 그때 우리 생각을 보태면 안 됩니다. 우리 생각이 어떻든지 상관하지 말고 하나님의 말씀을 믿는 것입니다.

눈먼 소경이 예수님을 만났을 때, 예수님이 그에게 실로암 못에 가서 씻으라고 하셨습니다. 그는 그 말씀대로 실로암 못에 가서 씻었습니다. 그러자 눈이 밝아졌습니다. 전에는 아무리 보려고 해도 보이지 않았던 어머니의 얼굴이, 예쁜 장미꽃이, 아름다운 산이, 바다의 잔잔한 물결이, 밤하늘의 아름다운 별들이 보였습니다. 빛이 그것들을 담아다 그의 눈 안에 넣어줘 그가 새로운 세계를 볼 수 있었습니다.

소경이었던 사람이 특별한 무엇을 한 것이 아닙니다. 예수님이 진흙을 이겨 그의 눈에 바른 뒤 실로암 못에 가서 씻으라고 하셨습니다. 그 말씀이 그의 마음에 들어왔습니다. 이 사람은 구걸해서 사는 사람이었습니다. 누가 구걸하던 그를 실로암으로 보냈습니까? 예수님의 말씀이 그렇게 했습니다.

"여보세요. 죄송한데 실로암이 여기서 얼마나 멀어요? 가는 길에 험한 곳은 없나요? 개울은 없어요?"

소경은 자신이 판단하고 결정할 만한 아무 힘이 없었습니다. 보이지 않기 때문에 누가 무슨 말을 하든지 따라야 했습니다. 어떤 나쁜 사람이 소경을 놀리기 위해 잘못된 길을 가르쳐 줘도 어떻게 할 수 없었습니다. 어려움을 겪어야 했습니다. 그런데 예수님의 말씀을 들었을 때, 볼 수 있는 사람보다 소경이 더 유리합니다. 보는 사람은 많은 판단을 갖습니다. '이렇게 해서 되겠나?' 소경은 판단할 수 없으니까 예수님의 말씀대로 그냥 실로암 못으로 갔습니다.

말씀을 믿은 사람들과 그 역사들

요한복음에 기록된 이야기들은 전부 이런 이야기입니다.

"태초에 말씀이 계시니라. 이 말씀이 하나님과 함께 계셨으니 이 말씀은 곧 하나님이시니라."(요 1:1)

"말씀이 육신이 되어 우리 가운데 거하시매 우리가 그 영광을 보니 아버지의 독생자의 영광이요 은혜와 진리가 충만하더라."(요 1:14)

요한복음에 등장하는 사람들이 있습니다. 그가 눈먼 소경이든지 간음하다 잡힌 여자든지, 말씀을 듣고 그냥 가는 사람이 있고 말씀을 믿은 사람이 있습니다. 요한복음 2장에서, 예수님이 항아리에 부은 물을 떠서 연회장에게 갖다주라고 하셨을 때 하인들이 그 말씀대로 하자 물이 포도주로 변했습니다.

"일어나 네 자리를 들고 걸어가라."

"나사로야, 나오너라."

예수님이 무슨 말씀을 하시든지 그 말씀을 믿고 마음에 받아들였을 때 그것은 그냥 말이 아니라 하나님의 말씀이 되어 우리 안에서 놀라운 일을 이룹니다.

저는 거의 매일 성경을 읽습니다. 성경에서 한 마디 한 마디 믿음으로 마음에 받아들이면 그때부터 그 말씀이 내 안에서 놀랍게 일하는 것을 봅니다. 저는 그런 경험을 굉장히 많이 했습니다.

제가 배가 아파서 기도했을 때 마가복음 11장 24절 말씀이 떠올랐습니다.

"그러므로 내가 너희에게 말하노니, 무엇이든지 기도하고 구하는 것은 받은 줄로 믿으라. 그리하면 너희에게 그대로 되리라."(막 11:24)

이 말씀대로 차례차례 했습니다.

"저는 배가 아픕니다. 이 배 가지고 이번 여름 행사를 도저히 할 수 없습니다. 배를 낫게 해주십시오."

기도했습니다. 그리고 내 배가 나았다고 믿었습니다. '내가 나았으니까 김치도 먹자. 된장도 먹자.' 음식들을 먹었습니다. 그때 배가 아프고 설사가 나는 것 같았지만 24시간 만에 깨끗이 나았습니다. 그 뒤로는 못 먹는 음식이 없습니다. 아프리카에 갔을 때 누가 어떤 음식을 먹을 줄 아느냐고 묻기에 그게 음식이냐고 제가 되물었습니다. 음식이라고 하기에 "그러면 먹습니다."라고 했습니다. 어떤 음식이든지 먹을 수 있게 해주신 하나님이 너무 감사합니다. 위장이 좋아지니 몸도 건강해졌습니다. 제 심장도 어릴 때부터 나빴는데 그 또한 하나님이 깨끗이 고쳐 주셨습니다.

하나님은 여러분 속에 놀라운 은혜 베풀길 정말 원하십니다. 여러분에게 역사하길 원하십니다. 여러분이 도둑질을 했습니까? 거짓말을 했습니까? 죄를 지었습니까? 그것 상관하지 말고 말씀을 듣고, 믿으십시오. 그러면 하나님이 능력으로 일하십니다. 여러분의 마음은 하나님이 일하시는 일터가 됩니다. 이제 하나님이 여러분에게 말씀하시고 여러분이 그 말씀을 받아들여 말씀이 그대로 이루어져 나타나면, 하나님이 영광을 받으실 줄 믿습니다.

제가 열아홉 살이던 1962년 어느 날, 저는 죄 속에서 고통하다가 성경 말씀을 믿었습니다. '모든 사람이 죄를 범했다. 그런데 예수 그리스도의 구속으로 내가 의롭게 되었다.' 그날부터 저는 의롭다고 말했습니다. 하나님이 나에게 역사하셨습니다. 여러분 모두에게도 하나님이 살아 일하시길 바랍니다.

Pastor Ock Soo Park's Lectures on

THE GOSPEL OF JOHN

07

예수님의 의가 우리 의가 되는 거듭남

- 인간의 모든 것에 한계를 두신 하나님
- 예수님과 한마음이 되면 암이 아무 문제가 안 돼
- 제 몸 어디에도 암 세포가 없다고 합니다
- 구주의 의를 힘입어 어엿이 서리라

예수님의 의가 우리 의가 되는 거듭남

예수님은 니고데모에게 하시고 싶은 이야기가 많았습니다. 니고데모에게 거듭나야 한다고 말씀하셨습니다. 거듭난다는 것은, 우리가 가지고 있는 세계 말고 새로운 힘이 필요하다는 것입니다. 신앙생활을 신실하게 하는 것도 중요하지만, 우리 힘이 아닌 다른 힘이 우리 속에 들어와서 일해야 한다는 이야기입니다. 아무리 착하고 진실한 사람이라도 사람은 한계가 있기 때문에 그 한계 너머의 어떤 힘이 필요합니다. 예수님은 그 힘을 가지고 우리를 이끌어가길 원하십니다.

인간의 모든 것에 한계를 두신 하나님

니고데모는 자기 생각 안에만 머물러서 거듭나야 한다는 예수님의 말씀을 받아들이지 못했습니다.

"사람이 늙으면 어떻게 다시 날 수 있습니까? 어머니 배 속에 다시 들어갔다가 날 수 있습니까?"

예수님이 말씀하셨습니다.

"육으로 난 것은 육이요 영으로 난 것은 영이니…."

사람은 다 어머니 배 속에서 육으로 태어났습니다. 태어난 몸이 다시 어머니 배 속으로 들어갔다가 나온다는 것은 불가능한 일이고, 그럴 필요도 없습니다. 예수님은 니고데모에게 영이 거듭나야 한다는 이야기라고 다시 말씀해 주셨습니다. 육신 안에서만 생각하는 것과 전혀 다른 세계로, 우리 속에 예수 그리스도의 영을 받아들이는 것을 말합니다. 예수님의 영을 받아들이는 것은 단순하게 말해서 예수님의 마음, 예수님의 말씀을 받아들이는 것입니다.

요한복음 8장에서 어떤 여자가 간음하다 잡혔습니다. 서기관들과 바리새인들이 여자를 돌로 때려 죽이려고 하다가 예수님께로 데려와 물었습니다.

"선생이여, 이 여자가 간음하다가 현장에서 잡혔나이다. 모세는 율법에 이러한 여자를 돌로 치라 명하였거니와 선생은 어떻게 말하겠나이까?"

그들은 예수님을 고소할 조건을 얻으려고 이렇게 물었습니다. 예수님은 그 질문의 의미를 다 알고 계셨습니다. 예수님이 질문을 받고 손가락으로 땅에 글씨를 쓰셨습니다. 그리고 일어나 말씀하셨습니다.

"너희 중에 죄 없는 자가 먼저 이 여자를 돌로 쳐라."

그들이 깜짝 놀랐습니다. 그들은 예수님이 '돌로 쳐라, 치지 마라' 하실 줄로 생각했는데, 예수님이 생각지 못한 제 3의 대답을 하신 것입니다. 예수님은 그들의 질문에 대답하셨을 뿐 아니라 그렇게 물은 그들의 마음에 대답하신 것입니다. 예수님의 말씀을 듣고 그들이 부끄러움을 느끼고 양심에 가책을 받았습니다. 죄를 짓지 않은 사람은 아무도 없지 않습니까. 아무도 여자를 돌로 치지 못했습니다.

만약 제가 간음한 여자가 되어 그 자리에 있었다면 깜짝 놀랐을 것입니다. 예수님의 대답이 나를 죽이려고 한 모든 사람을 내쫓았기 때문입니다. 우리가 갖지 못한 지혜, 우리가 상상할 수 없는 지혜와 능력이 예수님께 있습니다.

사도행전에 보면, 사도 바울이 전도하면서 '하나님이 인류가 거주할 곳을 제한했다'고 말했습니다. 하나님은 인간을 무한대로 창조하시지 않고 모든 것을 제한하셨습니다. 키가 크다고 해서 10m나 20m씩 크지는 않습니다. 인간이 거할 수 있는 곳도 한계가 있고, 능력도 지혜도 한계를 주셨습니다. 그래서 인간이 가진 지혜로는 사탄을 이길 수 없습니다. 그렇기 때문에 우리가 거듭나야 합니다. 우리 마음에 예수 그리스도를 받아들여서 예수님이 우리 안에 살아 일하셔야 합니다. 예수님이 우리 삶에 능력을 나타내시면 우리가 죄를 이길 수 있고, 어둠을 이기고 빛을 나타낼 수 있습니다.

인간은 모든 것이 제한되어 있어서 인간이 아무리 선을 행한다 해도 인간 한계 안의 선이고, 인간이 아무리 거룩하다 해도 인간 한계 안의 거룩이고, 인간이 아무리 지혜롭다 해도 인간 한계 안의 지혜입니다. 만일 우리가 예수님의 지혜를 받아들이고 예수님의 거룩함, 예수님의 의, 예수님의 능력을 받아들인다면 우리가 상상할 수 없는 은혜를 입고 상상할 수 없는 능력을 경험할 수 있습니다. 그래서 예수님은 죄에 빠진 우리에게 예수님의 사랑을 주길 원하시고, 예수님의 의와 거룩함을 주길 원하시고, 예수님의 능력을 주길 원하셨습니다.

예수님과 한마음이 되면 암이 아무 문제가 안 돼

땅이 혼돈하고 공허하고 흑암 속에 있을 때 하나님이 말씀을 땅에 보내시면서 땅에 흑암이 끝나고 빛이 비취기 시작했습니다. 하나님의 말씀이 땅에 전달되었을 때 땅에 새로운 역사가 일어나 생명이 살아 움직이기 시작했습니다. 땅을 보고 "빛이 있으라." 말씀하신 하나님, "과목을 내라." 하신 하나님이 우리에게 말씀하시면, 우리가 그 말씀을 믿음으로 받아들이면 우리에게 하나님의 능력이 나타납니다. 말씀 안에는 의가 있고, 거룩함이 있고, 능력이 있습니다. 인간은 다 더럽고 추하지만 하나님의 의를 받아들인다면 어떻게 되겠습니까? 우리가 의롭고 거룩해집니다.

38년 된 병자는 병을 이길 힘이 없어서 병에 매여 있었습니다. 그가 예수님의 말씀을 받아들이면서 달라지기 시작했습니다. 일어나서 걷는 놀라운 일이 일어나고 삶이 새로워졌습니다. 저는 그런 예수님의 능력을 자주 경험합니다.

한번은 제가 집에 있는데 전화가 왔습니다.

"여보세요."

"목사님, 여기 전주인데요. 김충환 형제가 암으로 병원에 오래 입원해 있었는데 앞으로 얼마 살지 못할 것 같습니다."

마침 우리 교회의 목사님 한 분이 전주에 있어서, 전화해 전북대병원에 입원해 있는 김충환 형제를 보고 오라고 했습니다. 그 목사님이 병원에 다녀와서 저에게 전화로 말했습니다.

"목사님, 병원에 가서 보니 이틀을 넘기기 어려울 것 같습니다. 의사가 곧 죽는다고 했습니다."

다음날 주일 오전 예배를 마치고 제가 광주에 가서 말씀을 전하려고 했습니다. 아내와 아들과 함께 가는데, 제가 아내에게 말했습니다.

"여보, 광주로 가는 길에 전북대병원에 들러서 김충환 형제를 만나고 싶으니 한 시간 일찍 출발합시다."

우리가 한 시간 일찍 출발해 전북대병원에 도착해서 김충환 형제가 입원해 있는 병실을 찾아갔습니다. 제가 병실 문을 열고 안으로 들어가자 죽음의 그림자가 가득 드리워져 있었습니다. 형제의 아내는 병실 한쪽에서 고개를 푹 숙이고 있다가 제가 들어가니까 힘없이 고개를 들어 저를 쳐다보더니 다시 고개를 숙였습니다. 형제의 어머니는 침대 옆에서 눈물만 줄줄 흘리고 있었습니다. 형제가 아직 죽지 않았지만 가족들의 마음에서는 이미 죽은 것과 다름이 없었습니다.

침대에 누워 있는 형제는 죽었는지 살았는지 아무 움직임이 없었습니다. 그때 죽음의 분위기가 제 마음에도 엄습해 들어왔습니다. '아, 형제가 죽는구나.' 그런데 그때 제가 '이 병실 문을 열고 들어온 분이 내가 아니라 예수님이라면 어떤 일이 일어났을까?'라는 생각을 했습니다. 예수님이 반드시 형제를 고치실 거라는 마음이 들었습니다. 이어서 '내 안에도 예수님이 계시는데, 내 안에 계시는 예수님이 형제를 능히 고치시겠다'는 마음이 들었습니다.

제가 마음에서 주님을 의지하고 싶었습니다. 그래서 김충환 형제에게 소리를 질렀습니다.

"어이, 김 형제! 눈 좀 떠봐! 날 좀 쳐다봐!"

"예... 목사님..."

김 형제가 겨우 대답했습니다.

"김 형제, 내 이야기 잘 들어. 의사는 자네가 이삼 일 더 못 산대. 그런데 이건 형편이야. 예수님이 역사하시면 이거 아무 문제도 안 돼. 예수님이 형제에게 어떻게 역사하시는지 알아? 전기는 전선을 통해 흘러. 전선만 연결하면 전기는 어느 집에든지 가. 악한 사람 집에도 가고 착한 사람 집에도 가고, 부잣집에도 가고 가난한 사람 집에도 가고, 전선만 연결되어 있으면 전기는 어느 집에든지 가서 일을 해. 전기는 전선을 통해 흐르고, 수돗물은 파이프를 통해 흐르고, 하나님의 능력은 마음을 통해 흘러. 자네 마음이 예수님의 마음과 연결되어서 하나가 되면 예수님이 자네 마음 안에서 일을 하실 수 있어. 내 말 알겠어?"

"예... 목사님..."

"이제 자네가 어떻게 하면 예수님과 마음이 하나가 되는지, 그 길을 이야기해 줄게. 나는 성경을 여러 번 읽었어. 마태, 마가, 누가, 요한 복음에서 예수님이 수많은 병자를 고치셨어. 그런데 예수님은 한 번도 병자를 못 본 체하시지 않았어. 소경이든 문둥병자든 중풍병자든 다 고치셨어. 예수님은 어제나 오늘이나 영원토록 동일하시기 때문에 2천 년 전에 역사하신 예수님은 지금도 똑같아. 만일 예수님이 이 자리에 오셨다면 죽어가는 자네를 못 본 척하시지 않아. 바쁘다며 잘 있으라고 하고 그냥 가시지 않아. 반드시 자네를 고치실 거야.

그러면 자네 마음이 어떻게 예수님의 마음과 하나가 되는지 알아? 예수님은 자네를 고치길 원하셔. 자네도 그렇게 믿으면 돼. '아, 예수님이 나를 고치길 원하시는구나. 그러면 예수님이 나를 고치시겠다. 2천 년 전에 계신 예수님이 오늘 이 자리에도 계시고, 의사는 내가 죽는다고 했지만 죽은 나사로도 살리신 예수님이 나를 살리시겠다.' 이렇게 믿는 거야. 그러면 자네 마음이 예수님의 마음과 하나가 돼. 예수님과 한마음이 되면 자네가 암으로 죽어가는 것이 아무 문제가 안 돼. 나는 성경을 믿어. 그리고 성경에 있는 이 방법으로 어떤 병에 걸린 사람이든지 낫는 것을 여러 번 보았어. 자네 내 말 알겠어?"

"예... 목사님..."

"다시 이야기해 볼게. 첫째로 자네가 예수님의 마음을 알아야 돼. 예수님은 어떤 병자든지 고치길 원하셔. 누구에게도 긍휼을 베풀길 원하셔. 문제는 우리는 그렇게 생각하지 않는다는 거야. 그렇기 때문에 우리가 예수님을 향해 마음을 열고 예수님과 같은 마음을 갖는 거야.

'예수님이 나를 고치시겠네. 문둥병자를 고치고 소경을 고치고 죽은 나사로를 살리신 예수님은 나를 고치실 능력도 있지만 나를 고치기 원하는 마음도 가지고 계시는구나. 그러면 내가 낫겠다.'

이 마음을 가지면 자네를 고치기 원하시는 예수님의 마음과 자네 마음이 한마음이 되는 거야. 우리 마음이 예수님의 마음과 다른 세계에 있다가 예수님의 마음과 연결되는 거야. 그러면 예수님의 능력이 자네에게로 흘러. 예수님의 능력이 들어오면 암 그거 아무것도 아냐.

예수님이 병자를 고치실 때 자주 뭐라고 말씀하셨느냐면, "네가 믿느냐? 네 믿음대로 되리라." 하셨어. 믿으면 믿음대로 된다고 하셨어. 우리 눈에 안 보이지만 예수님이 여기 계셔. 그 예수님이 자네를 고치길 원하셔. 예수님은 고치실 능력도 있고, 고치길 원하는 마음도 가지고 계셔. 자네가 '내가 암으로 죽겠구나' 하면 예수님과 마음이 달라. '문둥병자를 깨끗케 하시고 38년 된 병자를 걷게 하시고 죽은 나사로를 살리신 예수님이 나도 살리시겠구나.' 이 마음을 갖는 거야. 형제, 이해가 가?"

"예... 목사님..."

"바로 그렇게 믿는 거야."

제가 형제 머리에 손을 얹고 기도했습니다.

"하나님 아버지, 감사합니다. 예수님은 우리를 사랑하십니다. 형제를 고치길 원하십니다. 형제의 연약한 마음에 믿음을 더해 주시옵소서. 낫게 해주시길 바랍니다."

기도를 마치고 병실에서 나와 광주로 갔습니다.

제 몸 어디에도 암 세포가 없다고 합니다

일주일쯤 지난 어느 날 아침에 전화가 왔습니다.

"여보세요."

"목사님, 저 김충환 형제입니다."

"아, 김 형제! 잘 있었어?"

"예, 목사님. 저 잘 있습니다."

병실에서 만났을 때에는 다 죽어가고 있었는데 목소리에 힘이 있었습니다. 정말 감사했습니다.

"그래, 자네 지금 어때?"

"예, 어제 병원에서 검사했는데 제 몸 어디에도 암 세포가 하나도 없다고 합니다."

"아멘, 할렐루야!"

"목사님, 저 오늘 퇴원합니다. 너무 감사해서 목사님께 전화를 드렸습니다."

형제가 건강해졌습니다. 뛰고, 공도 차고…. 한번은 우리 교회에 왔습니다. 주일 오전 예배에 형제 자매들이 많이 모였는데 형제가 간증을 했습니다. 죽음 앞에서 어떻게 나았는지 자세히 간증했습니다. 아무 길이 없어 죽을 수밖에 없었는데, 의사는 이삼 일밖에 살지 못한다고 했는데, 아무것도 한 것이 없고 '예수님이 나를 고치길 원하시는구나.' 그것을 믿은 것밖에 없다고 했습니다.

구주의 의를 힘입어 어엿이 서리라

사람들이 '열심히 기도하고 착한 일을 하고 무엇을 해야 복을 받고 은혜를 입는다'고 생각합니다. 그렇게 해야 죄가 사해진다고 생각합니다. 그러나 예수님은 우리 죄를 사하실 때 은혜로 사하셨습니다. 은혜는 아무 대가 없이 주는 것을 말합니다. 예수님은 우리가 잘한 것을 보고 일하시지 않습니다. 우리는 더럽고 추하고 악하고 거짓된 인간입니다. 그런데 예수님이 우리를 씻어 정결케 하기를 원하십니다. 그 일을 이루시기 위해 십자가에 못 박혀 피 흘려 죽으심으로 우리를 깨끗케 하셨습니다.

예수님이 거듭나야 한다고 하셨습니다. '네가 몸을 입고 인간으로 완벽하게 태어났지만 네 노력이나 수고나 생각으로는 부족해. 하나님의 지혜가 필요하고 능력이 필요해'라고 말씀하신 것입니다. 우리가 예수님의 말씀을 받아들일 때 그 말씀은 곧 예수님의 마음입니다. 예수님은 마음에 없는 이야기를 절대로 못 하시기 때문입니다. 그래서 예수님의 말씀을 들으면 예수님의 마음을 알 수 있습니다. 우리가 예수님의 마음을 안 뒤 예수님과 같은 마음을 가지면, 서로 마음이 흐르면서 예수님에게 있는 능력이 우리에게 흘러들어옵니다. 예수님 안에 있는 거룩함이, 의가 우리에게로 흘러옵니다.

바라던 천국 올라가 하나님 전에 뵈올 때
구주의 의를 힘입어 어엿이 앞에 서리라

우리가 예수님과 하나가 되면 예수님의 의가 우리 의가 됩니다. 예수님의 거룩함이 우리 거룩함이 됩니다. 거듭난다는 것은, 우리가 예수님을 받아들여 예수님의 사랑과 의와 거룩함과 지혜가 우리 것이 되어서 우리가 놀라운 사람으로 변하는 것입니다.

하나님이 김충환 형제에게 일하신 것처럼 우리 모두에게 일하길 원하십니다. 하나님을 믿으십시오. 하나님을 의지하십시오. 하나님이 우리를 깨끗하게 하신 것을 믿으십시오. 죄를 씻으려고 애쓰지 말고 예수님이 우리 죄를 씻으신 것을 믿으십시오. 우리 노력으로 안 되기 때문에 예수님이 죄를 사하셨다는 것을 믿으십시오. 예수님이 우리를 의롭고 거룩하게 하셨습니다.

"너희는 하나님께로부터 나서 그리스도 예수 안에 있고 예수는 하나님께로서 나와서 우리에게 지혜와 의로움과 거룩함과 구속함이 되셨으니"(고전 1:30)

예수님의 지혜, 예수님의 의로움, 예수님의 거룩함이 우리 것입니다. 그래서 우리가 예수님처럼 복되게 살 수 있습니다.

Pastor Ock Soo Park's Lectures on

THE GOSPEL OF JOHN

08

사마리아 여자와 영원히 목마르지 않는 물

◦ 우물가에서 신부를 만나는 성경 이야기들
◦ 주여, 영원히 목마르지 않는 물을 내게 주사
◦ 뎅기피버에 걸렸지만, 남 목사 안 죽어요
◦ 자신이 해결하려 하지 말고 하나님과 이야기하면
◦ 죄 안에서 사는 사람과 죄에서 벗어난 사람

사마리아 여자와 영원히 목마르지 않는 물

성경을 처음 읽으면 굉장히 딱딱하고 이해가 안 가고 어렵습니다. 그런데 한 번 읽고, 두 번 읽고, 세 번 읽다 보면 성경이 성경을 해석하고 풀이해 주는 부분들이 많습니다.

요한복음에는 예수님이 사람을 만나는 이야기가 많습니다. 2장에서는 가나 혼인 잔칫집에서 하인들과 이야기합니다. 3장에서는 니고데모와 이야기하고, 4장에서는 사마리아 여자와 이야기하고, 5장에서는 38년 된 병자와 이야기합니다. 그들이 어떤 사람이든지 예수님의 말씀을 받아들였을 때 그들에게 새로운 역사가 일어났습니다.

우물가에서 신부를 만나는 성경 이야기들

성경을 읽다 보면 재미있는 대목들이 있습니다. 그 가운데 하나가 우물가에서 사람을 만나는 이야기입니다.

창세기에서 나이 많은 아브라함이 아들 이삭을 장가보내기 위해 늙은 종을 자기 고향 메소포타미아로 보내며 이삭의 아내가 될 신부를 구해 오라고 합니다. 아브라함의 늙은 종이 메소포타미아로 가서 저녁 무렵 우물가에 앉아 있었습니다. 그때 리브가가 물을 길러 와, 늙은 종이 리브가에게 물을 좀 달라고 합니다. 리브가가 물을 떠서 그에게 주면서 약대들에게도 물을 주겠다고 합니다. 늙은 종은 이삭의 아내가 될 사람을 그렇게 만납니다. 그 대목을 읽을 때 '아, 우물가에서 리브가를 만나 리브가가 이삭의 아내가 됐구나' 하고 별 생각 없이 넘어갑니다.

그 뒤 창세기 27장에 야곱과 에서가 나옵니다. 야곱이 형 에서와 아버지를 속이고 축복을 받았습니다. 그 일로 에서가 야곱을 죽이려고 해 리브가가 야곱을 외가가 있는 밧단 아람으로 보냅니다. 야곱이 밧단 아람에 가서 우물가에서 라헬을 만나고, 그 뒤 두 사람이 결혼하는 이야기가 나옵니다.

출애굽기에서는 모세의 부모가 아이를 갈 상자에 담아 나일강 갈대 사이에 두는데, 바로 왕의 공주가 목욕하러 왔다가 그 상자를 보고 안에 있는 모세를 데려다 길렀습니다. 모세가 공주의 아들로 자라다 어느 날 애굽 사람을 죽입니다. 바로 왕이 화가 나서 모세를 죽이려고 찾자 모세가 미디안으로 도망갑니다. 그때도 우물가에서 아내가 될 십보라를 만납니다.

성경을 보면 우물가에서 신부를 만나는 이야기가 많습니다. 저도 총각 때 결혼하고 싶어서 우물가에 종종 갔습니다. 그런데 저는 제 아내를 우물가가 아니라 어느 선교사님의 소개로 부천역에서 만났습니다.

주여, 영원히 목마르지 않는 물을 내게 주사

신약 성경에서 예수님은 수가 성의 우물가에서 사마리아 여자를 만나 대화했습니다. 처음에는 예수님과 여자 사이에 차이가 있었습니다. 여자는 예수님에게 "당신은 유대인으로서 어찌하여 사마리아 여자인 나에게 물을 달라 하나이까?"라고 했고, 예수님은 "이 물을 먹는 자마다 다시 목마르려니와 내가 주는 물을 먹는 자는 영원히 목마르지 아니하리니"라고 하셨습니다.

여자가 예수님이 하신 이야기를 들었습니다. 우리가 볼 때 말도 안 되는 이야기 같습니다. 무슨 물이 한 번 마시면 영원히 목마르지 않습니까? 그런 물이 어디 있습니까? 그런데 사마리아 여자는 예수님이 하신 말씀을 믿었습니다. 여자가 예수님에게 이렇게 말했습니다.

"주여, 이런 물을 내게 주사 목마르지도 않고 또 여기 물 길러 오지도 않게 하옵소서."

이 이야기에서 여자가 예수님의 말씀을 받아들인 것을 봅니다. 예수님이 하시는 이야기가 여자의 생각과 같은 말이 아니었기 때문에 여자는 생각했을 것입니다. 그가 왜 우물가에 왔습니까? 물동이를 가지고 물을 길러 왔습니다. 물을 한번 마시면 다시 목마르지 않다면 물동이를 들고 우물에 올 필요가 없습니다. 그런데 물을 마시고 나면 또 목마르기 때문에, 물동이에 물을 채워 집으로 가지고 가서 목이 마를 때마다 마시려고 물동이를 들고 왔습니다. 목마름이 반복되는 게 일상인데 예수님은 다르게 말씀하셨습니다.

"이 물을 먹는 자마다 다시 목마르려니와 내가 주는 물을 먹는 자는 영원히 목마르지 아니하리니"

여자가 난생처음 듣는 이야기지만 마음에 받아들였습니다.

"주여, 이런 물을 내게 주사 목마르지도 않고 또 여기 물 길러 오지도 않게 하옵소서."

이해가 가지 않는 이야기지만 여자는 예수님의 말씀을 믿었습니다. 여자가 예수님과 대화를 마쳤을 때 물동이를 버려두고 동네로 뛰어가 말했습니다. "내가 이런 물을 마셨다. 한번 와봐라." 동네 사람들이 다 예수님께로 왔습니다. 놀라운 일이 일어났습니다. 사람들이 예수님에게 마을에 머물다 가시라고 부탁해, 예수님이 그들과 같이 먹고 마시며 이틀을 더 있다가 다른 사람들을 위해 떠나셨습니다.

사마리아 여자는 행복을 꿈꾸며 결혼했지만 남편이 마음에 들지 않아 고통스러웠습니다. 그래서 남편을 한 번 바꾸고, 두 번 바꾸고…. 예수님을 만났을 때 여자는 여섯 번째 남편과 살고 있었지만 그 남편 또한 여자의 목마름을 채워주지 못했습니다. 여자가 일곱 번째 만난 분이 예수님으로, 예수님은 그 여자에게 육신의 남편이 아니라 영혼의 남편이 되어 주셨습니다. 여자가 듣고 받아들인 예수님의 말씀이 그의 마음에서 생수가 되어 여자는 더 이상 목마르지 않았습니다. 죄 때문에 다시 고통해야 할 이유가 없었습니다. 마음에 다른 것이 필요하지 않은, 예수님은 정말 만족스런 분이 되셨습니다.

예수님은 떠나가셨지만 여자의 마음에는 말씀이 가득 차 있었습니다. 예수님이 하신 말씀이 여자의 마음에 들어와서 모든 죄를 씻어 깨끗하게 했습니다. 예수님은 사마리아 여자에게 새 생명을 주고 새 힘을 주셨습니다.

예수님은 우리 속에 이런 일을 하시는 분입니다. 우리 속에 없는 평안, 기쁨, 행복을 주십니다. 여자가 남자의 씨를 받아 생명이 잉태되듯이, 예수님은 사마리아 여자의 마음에 말씀을 주셨습니다. 여자가 예수님의 말씀을 받아들여서 이제 그 마음 안에서 예수님의 말씀이, 예수님의 마음이 살아 일하기 시작했습니다. 예수님의 말씀은 곧 예수님의 마음입니다. 예수님의 말씀을 받아들이면 예수님의 마음을 받아들인 것입니다.

뎅기피버에 걸렸지만, 남 목사 안 죽어요

예수님의 말씀을, 예수님의 마음을 받아들일 때 더러운 죄인이 거룩하고 의로운 사람이 됩니다. 병든 자가 병을 이깁니다. 삶에 하나님의 능력이 나타납니다. 그런 역사들이 저는 너무나 놀랍습니다.

한번은 제가 필리핀에 있는 남경현 선교사님에게 전화를 했더니 아들이 받았습니다.

"아버지 좀 바꾸거라."

"아버지 병원에 입원하셨어요."

"왜?"

"뎅기피버에 걸리셨어요."

뎅기피버는 치사율이 굉장히 높은 위험한 병입니다.

"어느 병원이냐?"

"필리핀 메디컬센터요."

제가 필리핀 메디컬센터에 전화를 했습니다. 응급실을 연결해 달라고 해서 응급실이 나와, 한국인 선교사 남경현을 바꿔 달라고 했습니다.

그 일이 있기 얼마 전에 남경현 선교사님이 숲속에 있는 마을에 찾아가 복음을 전했습니다. 그런데 다녀와서 하룻밤 자고 나니 얼굴색이 까매졌습니다. 뎅기피버로 피가 시커메진 것인데, 필리핀 교회 형제들은 "선교사님, 우리하고 색깔이 비슷해졌네요. 이제 전도하기 좋겠어요." 하며 좋아했습니다. 하지만 열이 나기 시작해 급히 병원으로 갔습니다. 검사 결과 뎅기피버였습니다. 남 선교사님이 필리핀 말을 잘 아는데, 의사들이 모르는 줄 알고 필리핀 말로 "이 한국 사람은 오늘 죽는다."라고 했습니다.

제가 전화했을 때는 선교사님이 말도 못 하고 죽어가고 있었습니다. 그런데 들을 수 있는 귀는 열려 있었습니다. 사람이 죽기 전에 제일 끝까지 살아 있는 게 귀라고 합니다. 죽기 전에 복음을 들을 수 있도록 하나님이 그렇게 하신 것 같습니다.

제가 응급실 직원에게 한국인 선교사 남경현을 바꿔 달라고 하자, 선교사님이 말을 못 하니까 아내인 사모님이 전화를 받았습니다.

"여보세요."

사모님이 제 목소리를 알아듣고 깜짝 놀라더니 갑자기 엉엉 울기 시작했습니다.

"목사님, 이제 우린 어떻게 해야 돼요? 우린 어떻게 해야 돼요?"

제가 울지 말라고 해도 사모님이 계속 울었습니다.

"왜 울어요? 남 목사 안 죽어요. 울면 진짜 울 일 생겨요. 진짜 울 일 생기면 좋겠어요?"

제 이야기를 듣고 사모님이 울음을 그쳤습니다.

"남 목사 안 죽어요."

"그럴까요?"

"그럴까요가 뭐예요?"

제가 이야기했습니다.

"누가 남경현 목사를 필리핀에 보냈어요? 굿뉴스미션이 보냈어요? 박옥수 목사가 보냈어요? 아니에요. 하나님이 보내셨어요. 남 목사가 필리핀에 복음 전하는 일이 다 끝났어요? 아니에요. 이제 시작이에요. 남경현 목사가 필리핀에서 할 일이 끝나기 전에는 하나님이 안 부르세요."

제가 분명하게 이야기했습니다. 사모님이 제 이야기를 듣고 마음이 바뀌었습니다. '아, 우리 남편이 안 죽겠구나. 뎅기피버에 걸렸고, 뎅기피버의 치사율이 높은 건 사실이지만 우리 남편이 안 죽겠구나.' 저하고 통화를 마치고 응급실에 있는 남편에게 가서 귀에 대고 이야기했습니다.

"여보, 한국 박옥수 목사님한테서 전화가 왔어. 목사님이 당신 안 죽는다고 말씀하셨어."

사모님이 저에게 들은 이야기를 남 목사님에게 자세히 했습니다. 남 목사님은 죽어가고 있고 말은 하지 못하지만 아내가 하는 이야기는 들렸습니다. 사모님이 전해준 이야기가 남 목사님 마음에 들어가기 시작했습니다. 남 목사님이 그 이야기를 믿었습니다. 무슨 일이 일어난 줄 압니까? 그때부터 열이 내리기 시작했습니다.

자신이 해결하려 하지 말고 하나님과 이야기하면

형편보다 마음이 굉장히 중요합니다. 어떤 어려움이나 문제 속에 있다 해도 그 어려움이나 문제를 자신이 해결하려고 하지 말고 하나님과 같이 이야기를 나누어 보십시오.

사도행전 16장에서도 놀라운 일이 일어납니다. 사도 바울이 빌립보에 가서 복음을 전하다가 귀신 들린 여자에게서 귀신을 내쫓아 주었습니다. 이 여자는 자기 안에 있는 귀신의 힘으로 점을 쳐서 돈을 많이 벌어, 여자의 주인이 수입을 많이 얻었습니다. 그런데 귀신이 나가 더 이상 점을 치지 못해 돈을 벌 수 없게 되자 주인이 바울과 실라를 관원들에게 끌고 가 이상한 풍속을 전한다고 고소했고, 관원들이 두 사람의 옷을 찢고 매로 많이 치게 한 뒤 감옥에 가두었습니다.

바울과 실라가 매를 많이 맞고 깊은 감옥에 갇혔고, 발은 착고에 채워져 있었습니다. 그런데 밤중쯤 되어 바울과 실라가 기도하고 하나님을 찬미했습니다. 바울이 낮에 잡혀서 매를 맞고 감옥에 들어간 때가 여섯 시였는지 일곱 시였는지는 모르지만, 감옥에 들어가자마자 기도하고 하나님을 찬미한 것이 아니었습니다. 밤중쯤 되어 그렇게 했다고 했습니다. 그 동안 바울이 무얼 했겠습니까? 매에 맞은 곳이 쓰라려 고통스럽고, '우리가 복음을 전하는데 왜 이런 일을 겪어야 하나?' 하며 원망스럽고, '감옥에서는 언제 나가지?' 하며 근심스러웠을 것입니다. 물론 성경에 있는 이야기는 아닙니다.

바울이 어떤 마음을 가졌는지는 분명히 모르지만 밤중쯤 되어 바울의 생각이 달라졌습니다. 바울이 가만히 하나님을 생각했습니다. '우리가 감옥에서 어떻게 나가지? 하나님이 우리와 함께 계시면 그게 무슨 문제야. 하나님은 항상 우릴 도우셨어!' 마음이 바뀌니까 기도하고 하나님을 찬미했습니다. 기뻐하고 감사했습니다. 그러자 지진이 일어나 옥문이 다 열렸습니다.

언제 이 놀라운 일이 일어났습니까? 바울과 실라가 찬송했을 때입니다. 그들이 절망 속에 잡혀 있었다면 어떻게 하나님을 찬송할 수 있었겠습니까? 마음에서 예수님이 기억나니까, 예수님이 두 사람 마음에 살아 계시니까 감사하고 찬양하고 기뻐할 수 있었습니다. 그때 지진이 일어나 옥문이 열리고 죄수들을 묶었던 것이 다 벗겨졌습니다.

간수가 꾸벅꾸벅 졸다가 지진이 일어나 깨어 보니 옥문들이 다 열려 있었습니다. '아, 죄수들이 다 도망갔구나. 내가 어떻게 해야 하지?' 너무 고통스러웠습니다. '차라리 죽자!' 하고 칼을 빼서 자결하려고 하는데 바울이 "네 몸을 상하지 마라! 우리가 다 여기 있노라!" 라고 소리쳤습니다. 간수가 등불을 가지고 가서 보니 사람들이 다 그대로 있었습니다. 간수가 바울과 실라에게 말했습니다.

"선생들아, 내가 어떻게 하여야 구원을 얻으리이까?"

"주 예수를 믿으라. 그리하면 너와 네 집이 구원을 얻으리라."

그 밤에 바울이 간수와 그 집에 있는 모든 사람에게 복음을 전해 사람들이 다 구원을 받았습니다. 간수가 바울과 실라를 데려다가 맞은 자리를 씻기고 음식을 차려 주었습니다. 그리고 이튿날 아침에 감옥에서 나왔습니다. 하나님이 그렇게 우리 속에 살아서 능력으로 일하십니다.

죄 안에서 사는 사람과 죄에서 벗어난 사람

여러분이 절망 속에 있으면 하나님이 여러분 속에 일하시지 않습니다. 하나님이 여러분 속에 일하시려면 여러분의 기억 안에 하나님이 계셔야 합니다. 예수님을 생각해야 합니다. 예수님을 믿어야 합니다. 예수님이 십자가에 못 박혀 피를 흘리고 죽어서 우리 죄를 다 씻으셨지만, 믿지 않으면 나와 아무 상관이 없습니다. 그 사실을 마음에 받아들일 때, 예수님이 내 죄를 씻으신 것이 마음에 믿어졌을 때 우리 마음이 죄에서 해방을 받습니다.

물론 예수님이 모든 사람을 위해 십자가에 못 박혀 죽으셨습니다. 그러나 그 사실을 믿지 않는 사람은 마음이 죄 안에서 삽니다. 반대로 믿는 사람은 마음이 죄에서 벗어나 예수님과 함께 밝은 삶을 살게 됩니다. 예수님은 세상 모든 사람을 위해 피를 흘리셨습니다. 사람들의 모든 죄를 짊어지셨습니다. 이 사실을 믿는 사람은 마음이 죄에서 벗어나고, 믿지 못하는 사람은 죄에서 벗어나지 못합니다. 자신이 죄인이라고 생각하는 사람에게는 예수님이 아무것도 하실 수 없습니다.

우리는 예수님이 우리 죄를 씻으신 것을 믿습니다. 예수님이 죄를 대충 씻지 않고 모든 죄를 영원히 온전하게 씻으신 것을 믿습니다. 그래서 주의 이름을 찬양하고 영광을 돌리며 하나님께 감사를 드립니다.

예수님이 우리 죄를 씻으신 것을 믿을 때 여러분 마음이 죄에서 벗어나고, 믿지 못하면 여전히 죄 속에 머물러 있습니다. 오늘날 얼마나 많은 사람들이 예수님이 우리 죄를 다 씻으셨는데도 죄 속에서 살고 있는지 모릅니다. 이제 예수님이 우리 죄를 사하신 것을 믿어야 합니다. 우리를 거룩하게 하신 것을 믿으시기 바랍니다.

Pastor Ock Soo Park's Lectures on

THE GOSPEL OF JOHN

09

38년 된 병자의 선택

◦ 연못물에 들어가는 것을 포기한 병자
◦ 걷지 못하는데 자리를 들고 걸어가라고?
◦ 원함 때문에 터무니없는 생각에 빠지는 사람들
◦ 완벽한 실패에 이를 때 자기를 부인할 수 있다
◦ 온전히 실패해 예수님을 바라보는 진정한 신앙

38년 된 병자의 선택

성경에서 신앙의 기본을 발견하는 것은 굉장히 중요한 일입니다. 특별히 요한복음 5장에서 예수님을 신뢰하는 마음에 대해 성경은 정확히 이야기하고 있습니다.

연못물에 들어가는 것을 포기한 병자

니고데모는 자기 기준을 가지고 있었기 때문에 예수님의 말씀이 자기 기준에 맞지 않아 받아들일 수 없었습니다. 그래서 예수님께 "사람이 늙으면 어떻게 날 수 있습니까? 어머니 배 속에 다시 들어갔다가 날 수 있습니까?"라고 물었습니다. 38년 된 병자는 니고데모와 달랐습니다. 그가 병 속에서 38년 동안 어떻게 지냈는지는 모르지만, 그에게는 남은 것이 없었습니다. 아마 가족들도 다 죽었거나 그를 떠났을 것입니다. 그렇게 지내다가 38년 된 병자가 어떤 소문을 듣습니다.

"베데스다 연못에 가면 천사가 물을 동動하는데, 그때 먼저 들어가면 어떤 병이든지 나아.”

병자는 거기에 기대를 두었습니다. 베데스다 연못에 가기 전까지는 막연하게 ‘내가 연못에 가면 천사가 물을 동할 때 어떻게든 먼저 들어가면 나을 수 있겠다’는 생각을 했을 것입니다. 그래서 사람들에게 “나를 베데스다 연못까지 좀 데려다주세요.”라고 부탁했습니다. 누가 그를 베데스다 연못까지 데려다주었는지는 모르지만, 어떤 사람이 그를 수레에 실어서 연못으로 데려다주었을 것입니다.

베데스다 연못에 가서 보니 가기 전에 생각했던 것과 상황이 전혀 달랐습니다. 가기 전에는 ‘내가 먼저 들어갈 기회가 있을지 몰라’ 했지만, 가서 보니 연못 가까이에는 병자들이 빙 둘러앉아 있었습니다. 연못가에 앉아 가족들과 함께 음식을 먹으면서 발만 들이밀면 바로 들어갈 수 있을 정도로 연못 가까이에 있었습니다. 38년 된 병자는 움직이지 못하니 누가 자기를 넣어주지 않으면 연못에 들어갈 수 없었습니다. 베데스다 연못에 가면 병이 나을 수도 있다고 기대했던 것이, 연못에 오자마자 불가능하다는 사실을 알았습니다.

병자는 연못물이 동할 때 먼저 들어가서 낫는 것을 포기했습니다. 그래서 지나가는 사람들에게 구걸하기 좋은 위치에 있었습니다. 나중에 그가 예수님을 만나 병이 나아서 걸어가는 동안 아무도 모를 정도로 떨어져 있었습니다.

나는 걷지 못하는데 자리를 들고 걸어가라고?

예수님이 38년 된 병자에게 찾아가 물으셨습니다.

“네가 낫고자 하느냐?”

병자가 말했습니다.

“물이 동할 때에 나를 못에 넣어 줄 사람이 없어 내가 가는 동안에 다른 사람이 먼저 내려가나이다.”

병자의 이야기에는 ‘누군가 나를 연못에 넣어주면 좋겠다’는 바람이 담겨 있는 것 같습니다. 예수님이 “그래, 내가 네 곁에 있다가 천사가 물을 동할 때 너를 넣어 줄게.”라고 하길 바랐는지 모르겠습니다. 하지만 그날이 정해져 있지 않기 때문에 그의 곁에 계속 같이 있지 않으면 안 되는 일이니, 결국은 말이 안 되는 이야기였습니다.

예수님이 38년 된 병자에게 말씀하셨습니다.

“일어나 네 자리를 들고 걸어가라.”

병자가 깜짝 놀랐습니다. ‘이게 무슨 소리야? 나보고 일어나서 자리를 들고 걸어가라고? 내가 어떻게 걸어가? 말이 안 돼. 그렇게 걷고 싶어서 발버둥쳐도 안 됐는데….’ 병자가 어떻게 예수님의 말씀대로 자리를 들고 걸어갈 수 있었는지, 저는 병자의 마음을 알고 싶었습니다. 제가 병자는 아니지만 마음으로 병자가 되어 보았습니다. 돌봐 주는 가족도 없고 친척도 없이 나 혼자인데, 화장실에 갈 힘도 없어서 자리에 누워 사람들에게 손을 내밀어 빵 조각을 주면 그것을 먹고 하루하루 보내고 있는데, 어떤 사람이 와서 자리를 들고 걸어가라고 한 것입니다.

‘나를 보고 자리를 들고 걸어가라고? 저분이 농담하는 것 같지는 않고, 나를 비웃는 것 같지도 않은데, 나는 걷지 못하는데 왜 자리를 들고 걸어가라고 하시지?’

제가 그렇게 38년 된 병자의 마음을 헤아려보려 하지만 잘 헤아릴 수 없었습니다. 병자가 자리를 들고 걸어갔으니까, 제 마음을 일어나서 자리를 들고 걸어가는 쪽으로 기울여야 했습니다. '과연 이 병자는 어떻게 예수님의 말씀을 따라 자리를 들고 걸어갈 수 있었을까? 그 속에 어떤 마음이 들어와서 자리를 들고 걸어가게 했을까?' 그때까지 38년 된 병자를 보고 자리를 들고 걸어가라고 한 사람은 아무도 없었고, 관심을 두는 사람도 없었습니다. 예수님이 찾아와서 이야기하는 것 자체만으로도 병자는 고마웠을 것입니다. 병자 마음에서 가졌을 법한 생각들을 해보았습니다. 그에게는 다른 길이 없었기 때문에 그는 단순한 마음을 가진 사람이었을 것 같습니다.

그도 일어나 걷고 싶었지만 불가능한 일이었다는 것은 정확한 사실입니다. 그런데 예수님이 다가와서 일어나 자리를 들고 걸어가라고 하셨습니다. 병자는 처음으로 자기 생각과 다른 이야기에 마음이 끌리기 시작했습니다.

'나에게 이렇게 이야기한 사람은 아무도 없었어. 나에게 관심을 가진 사람도 없었어. 이분이 나에게 관심을 가지고 이야기하는 것을 보니 농담하는 건 아닌 것 같은데….'

사실 병자는 예수님이 누군지 전혀 몰랐습니다. 나중에 그가 자리를 들고 걸어갔을 때 주위에서 이 사람을 말렸습니다.

"안식일인데 왜 자리를 들고 걸어가?"

"나를 낫게 한 분이 자리를 들고 걸어가라고 했어."

"그가 누군데?"

"나도 몰라."

이처럼 병자는 예수님이 누군지도 몰랐습니다. 다만 예수님이 하신 말씀을 듣고 병자 마음에서 두 가지 생각이 강하게 부딪쳤습니다. 자기 생각은 걸어갈 수 없다는 것이고, 예수님이 하신 말씀은 자리를 들고 걸어가라는 것이었습니다.

"자리를 들고 걸어가라."

'난 걷지 못해.'

병자 안에서 두 마음이 소용돌이치며 싸웠습니다. '내가 어느 것을 선택해야 되지?' 병자는 생각해 보았습니다.

'내 생각대로 있어 봐야 평생 이렇게 사는 거잖아. 그런데 저분은 자리를 들고 걸어가라고 하잖아. 나보다 나은 분이고, 나에게 그렇게 말씀하신 데에는 무슨 뜻이 있겠지. 내 생각을 가지고 있어 보았자 아무 유익이 없으니 저분 말을 따라서 자리를 들고 한번 걸어가 보자.'

성경에 기록된 이야기는 아니고, 제가 38년 된 병자가 되어 그 마음을 추측해 생각해본 것입니다.

'내가 걸을 수 없다는 사실은 아무리 알아 봐야 유익되는 게 없고, 자리를 들고 걸어가라고 하시는 저분 말대로 하면 어떤 일이 일어날까? 못 걸어가면 그냥 웃고 말지 뭐. 그런데 저분은 그냥 하는 소리가 아니라 내가 걸어갈 수 있다고 하시는 것 같아. 내가 걸어갈 수 없는 것을 알고도 그렇게 말씀하신 것을 보면 저분은 나와 다른 것 같아. 내 생각은 아무리 해봐야 절망뿐이고 저분 말씀대로 된다면 소망스럽잖아. 내가 자리를 들고 걸어갈 수 있다면 얼마나 좋을까. 꿈에라도 걸어보고 싶었는데 한번 일어나서 걸어보고 싶다. 걷다가 넘어지더라도 한번 걸어보고 싶다. 그런데 저분은 자리를 들고 걸어가라고 하시잖아. 걸어갈 수 있다는 이야기잖아.'

짧은 시간이지만 병자의 마음에 많은 생각이 왔다갔다 했습니다.

'내 생각을 가지고 있으면 변할 조건이 전혀 없지만 저분 말대로 된다면 내가 걸을 수 있겠구나. 저분은 나와 다른 분이야. 뭔가 힘이 있는 것 같아. 분명히 말씀하셨잖아.'

병자가 생각해 보니, 자기 생각을 믿는 것보다 예수님의 말씀을 따르는 것이 좋았습니다. 자기보다는 예수님이 옳다고 여겨졌습니다.

'나는 걸을 수 없고 나에게 걸으라고 한 사람도 없었는데 저분은 걸어가라고 하시니 한번 걸어 보자!'

38년 된 병자는 두 손으로 땅을 짚고 상체를 일으켰습니다. 그리고 한쪽 발을 몸 쪽으로 당긴 후 굽혀진 다리를 펴보았습니다. 다리가 펴지고 몸이 일어나고 있었습니다. '내가 지금 일어나고 있잖아! 내가 일어나고 있어! 이게 꿈이 아니길. 저분 말씀대로 되네.' 놀라운 일이 일어났습니다.

원함 때문에 터무니없는 생각에 빠지는 사람들

우리가 알아야 하는 것은, 우리 생각은 하나님의 생각과 다르고 예수님의 생각과 다릅니다. 이사야 성경에서 '여호와의 말씀에 내 생각은 너희 생각과 다르다, 내 길은 너희 길과 다르다'고 했습니다. 하나님은 늘 그렇게 말씀하십니다. 내 생각이 하나님의 생각과 다르기 때문에 예수님의 말씀을 들으면 항상 우리 안에서 내 생각과 예수님의 생각이 싸웁니다.

제가 교도소에서 재소자들을 가르치면서 많은 재소자들과 이야기를 나누었습니다. 사람이 죄를 짓는 것도 마음에서 시작됩니다. 그들이 죄를 지을 때 완전 범죄를 꿈꿉니다. '이렇게 하면 안 잡힐 거야.' 그 확신이 있는 사람이 죄를 짓습니다. 잡힐 것 같으면 누가 죄를 짓겠습니까?

요한복음 8장에 나오는 간음하다 잡힌 여자가 왜 간음을 했습니까? 음란한 마음이 일어나서요? 그렇지 않습니다. 그 당시에는 간음하다 잡히면 돌에 맞아 죽는데 음란한 마음이 일어난다고 간음을 하겠습니까? 간음하는 사람은 음란한 마음이 일어나서가 아니라 자기를 신뢰하기 때문에 그렇게 합니다. '내가 이렇게 간음하면 아무도 모를 거야. 안 잡힐 거야.' 그 마음이 있기 때문에 간음합니다.

도박하는 사람도 그렇습니다. '이번에는 돈을 딸 거야'라고 생각합니다. 돈을 잃으려고 도박하는 사람은 아무도 없기 때문에 돈을 딸 거라는 자기 생각을 믿는 것입니다. 사람들이 돈에 대한 욕망을 가지고 있어서 도박을 하고, 돈을 잃습니다. 돈을 잃으면 잃은 돈을 찾고 싶어서 도박을 더 하고 싶습니다. 하고 싶으니까 이번에는 딸 것 같다는 생각이 듭니다. 조금만 더 생각해 보면 다른 사실을 알 수 있습니다. '지난번에도 딸 것 같았지만 잃었어. 이번에는 딸 것 같은 마음이 들지만 이 마음은 정확한 사실이 아니야. 이번에도 잃을 수 있겠다.' 이 생각이 들면 도박을 하지 않을 것입니다. 그런데 단순히 이번에는 딸 것 같은 생각에 마음이 빠져버립니다.

대부분의 사람들이 정확하지 않은 자기 생각을 옳다고 말합니다. 말도 안 되는 소리를 하면서 자신이 옳다고 주장하는 사람들도 종종 있습니다. 사람들이 왜 그렇게 합니까? 자신이 그것을 원하기 때문입니다. 원하니까 그게 맞다는 생각에 빠지는 것입니다.

완벽한 실패에 이를 때 자기를 부인할 수 있다

38년 된 병자는 걷는 것이 소원이었습니다. 수없이 걸으려고 했지만 안 되었습니다. 이제 걷는 것이 불가능했습니다. 그 사실이 그의 마음에 자리 잡았습니다. 그것은 그에게 아주 분명한 사실이었습니다. 마음에서 확실하게 굳어졌습니다. 그런데 예수님은 일어나서 자리를 들고 걸어가라고 하셨습니다. 예수님의 말씀을 들었을 때 병자의 마음에 당연히 '나는 못 걸어'라는 생각이 있었습니다. 그런데 그가 걸었습니다. 어떻게 걸었겠습니까? 그는 자기 생각을 불신하고 예수님의 말씀을 믿은 것입니다.

사람들이 신앙생활을 잘하는 방법들을 나름대로 가지고 있습니다. '내가 열심히 기도하면 되겠다.' '성경을 읽으면 되겠다.' '금식하면 되겠다.' '율법을 지키면 되겠다.' 그렇게 해보지만 매번 실패합니다. 그 실패가 완벽한 실패가 되어서 '난 해도 안 돼!'라는 결론이 났을 때 자기를 부인할 수 있습니다. 그런데 완벽한 실패에 이르지 않으면, 안 되지만 다시 자기 방법을 따라갑니다.

38년 된 병자는 걸을 수 있는 길이 자신에게는 없었습니다. 그것이 예수님의 말씀을 받아들일 수 있었던 가장 근본 원인이었습니다. 병자가 살면서 경험한 가장 중요한 사실은 자신의 한계를 아는 것이었습니다.

'나는 못 걸어. 나에겐 길이 없어. 방법이 없어. 병원에도 가보고 운동도 하고 다른 노력도 하고 해볼 만큼 해보았지만 안 됐어.'

이제 자신에게 더 이상 기대를 가질 수 없었습니다. 만약 한 번 실패했다면 다시 해보고 싶었을 것입니다. 열 번 실패했어도 '그래도 이번엔 될지 몰라'라고 생각했을 것입니다. 백 번 실패했다면 '마지막으로 한 번만 더 해보면 될지 몰라'라고 생각할 수 있었을 것입니다. 하지만 병자는 38년 동안 수없이 시도해 다 실패했습니다. 그가 가지고 있는 방법은 다 실패로 돌아갔습니다. 이제 그에게는 방법이 없었습니다. 걸을 수 있는 길이 전혀 없었습니다. 현실에서는 불가능하니 잘 때나마 다리가 나아 뛰어다니면서 예쁜 아가씨와 결혼해 행복하게 사는 꿈을 꾸길 바랄 뿐이었습니다. 그에게 길이 없었기 때문에 그는 예수님의 길을 받아들일 수 있었습니다.

온전히 실패해 예수님을 바라보는 진정한 신앙

니고데모는 나름대로 성실하게 살았고, 신앙생활을 잘하고 있다고 생각했습니다. 예수님은 그런 니고데모에게 '그렇게 해서는 안 돼. 거듭나지 않으면 하늘나라를 볼 수 없어'라고 말씀하셨습니다. 니고데모는 예수님의 말씀을 받아들일 수 없었습니다. 자신이 성실하게 살고 있고, 완벽하진 않지만 신앙생활을 잘 해가고 있었기 때문에 자기 생각과 다른 예수님의 말씀을 받아들이기 어려웠습니다.

신앙생활은 우리가 율법을 지키고 기도하고 충성하고 성실하게 살아야 하는 것이 아닙니다. 그것에 실패해야 우리 방법과 다른 예수님의 방법을 받아들일 수 있습니다. 실제로 우리가 하는 모든 것이 우리 죄를 씻는 데 있어서는 무익합니다. 그런데 잘 모르기 때문에 좀 더 열심히 하면 죄에서 벗어날 수 있을 거라고 생각합니다. 그래서 율법을 잘 지키려고 애를 쓰고 있습니다. 그것은 자기 방법으로 행하는 것입니다. 성경은 창세기부터 요한계시록까지 이야기의 중심이 예수님입니다.

우리 죄를 씻는 것은 우리 열심이나 노력으로 되지 않습니다. 예수 그리스도의 피로 씻어집니다. 그런데 사람들이 자신의 선행이나 노력이나 열심이나 충성한 것 때문에 예수님이 십자가에서 흘리신 피로 우리 죄를 씻은 것을 외면합니다. 자기가 무엇을 해서 죄를 사함 받으려고 노력합니다. 사탄이 간교한 방법으로 인간을 속이고 있는 것입니다. 그러나 우리가 아무리 성실하게 율법을 지킨다 해도 우리는 이미 죄를 지은 사람들입니다. 그렇기 때문에 율법을 지켜서는 구원받을 수 없습니다.

스스로 자신을 구원할 수 있는 방법은 없습니다. 우리를 구원할 수 있는 길은 100퍼센트 예수 그리스도로 말미암습니다. 그렇기 때문에 우리가 예수님이 십자가에 못 박혀 흘리신 피 외에는 다른 아무것도 기대해서는 안 됩니다. 오늘날 많은 사람들이 예수님의 피가 아닌 자신이 헌금한 것, 성실한 것, 율법을 지킨 것에 기대를 가지고 있습니다. 그것은 예수님을 무시하는 것입니다.

진정한 신앙은, 38년 된 병자처럼 우리가 온전히 실패했을 때 예수님을 바라보게 됩니다. 내 길이 없어졌을 그때 예수님이 우리 안에 일할 수 있도록 우리가 예수님을 향할 수 있습니다.

예수님 당시에 서기관들이나 바리새인들은 다 자기 길을 갔습니다. 반대로 자신이 다 무너진 사람들은 예수님의 은혜를 입었습니다. 오늘 여러분은 무너지고 예수님이 서서 예수님의 방법으로 여러분을 구원하시게 되길 바랍니다.

Pastor Ock Soo Park's Lectures on

THE GOSPEL OF JOHN

10

죄인이 의인이 되는 과정

◦ 의인이 없는 상태에서 어떻게 의인이 되는가?
◦ 의로우신 하나님이 우리를 의롭다 하시려고
◦ 누가 송사하리요, 의롭다 하신 이는 하나님이시니
◦ 예수 그리스도의 피로 이룬 영원한 속죄

죄인이 의인이 되는 과정

우리는 요한복음을 통해서 하나님의 마음 앞으로, 하나님의 세계 속으로 점점 깊이 들어가고 있습니다. 하나님의 마음속으로 들어가다 보면 우리가 전혀 생각하지 못했던 새롭고 신비로운 세계를 만날 수 있습니다. 그러나 성경을 전체적으로 알지 못하고 한쪽 부분만 알면 성경을 잘못 이해할 수 있습니다.

의인이 없는 상태에서 어떻게 의인이 되는가?

성경에서 '의인'에 관하여 찾아보면 로마서 3장 10절에는 **"의인은 없나니 하나도 없으며"**라고 되어 있습니다. 창세기 6장에 보면 **"노아는 의인이요"**라고 했습니다. 로마서 1장 17절에는 **"의인은 믿음으로 말미암아 살리라."**라고 되어 있고, 야고보서 5장 16절에는 **"의인의 간구는 역사하는 힘이 많으니라."**라고 되어 있습니다. 그러니까 의인이 없다는 말씀이 있고, 의인이라는 말씀이 있습니다. 재미있는 것은, 세 번째로 죄인이 의인이 되는 과정이 있습니다.

성경에서 의인이 없다는 부분만 아는 사람은, 누가 의인이라고 하면 '이상한 소리 하고 있네. 죄 안 지은 사람이 어디 있어? 의인은 없고 다 죄인인데…' 하고 지나가버립니다. 성경에 의인은 없다고 분명히 기록되어 있는데 노아는 의인이라고 되어 있습니다. 의인은 믿음으로 산다고 했습니다. 의인의 간구는 역사하는 힘이 많다고 했습니다. 그러니까 의인은 하나도 없다는 말씀만 알아서는 안 됩니다. 그것만 알면 어떤 사람이 "나는 의인이다." 하면 문제가 되고, 의인이 없다고 다투게 됩니다.

성경에 첫 번째는 의인은 하나도 없다고 되어 있고, 두 번째로 의인이 나옵니다. 중요한 것은 세 번째입니다. 세 번째는 의인이 되는 과정을 이야기합니다. 세 번째 이야기를 알면, 의인이 하나도 없는 상태에서 우리가 어떻게 의인이 되는지를 알게 됩니다. 이어서 의인의 간구는 역사하는 힘이 많다는 말씀대로 믿음으로 말미암은 역사들이 일어납니다.

성경은 전체를 통해서 죄가 있는 우리가 어떻게 의롭게 되는지 그 과정을 이야기하고 있습니다. 그런데 의인은 하나도 없다는 말씀만 아는 사람은 의인이라고 하는 사람을 보면 '거짓말하고 있네' 하며 이상하게 보이고, 이단이라고 여기기도 합니다. 그러나 성경에는 죄인, 의인, 의롭게 되는 과정, 세 가지 말씀이 다 있습니다.

성경대로 이야기하면 우리는 모두 죄인이었습니다. 그리고 의인이 되는 과정이 있습니다. 그 과정을 통과하면 우리가 의인이 됩니다. 노아는 죄를 짓지 않았습니까? 노아가 실수한 적이 없습니까? 노아도 실수한 부분이 있습니다. 그런데 노아가 어떻게 의인이 되었습니까? 태어날 때부터 의인이 아니라 믿음으로 의롭게 되었습니다. 노아는 아담의 자손으로 태어났기 때문에 죄 아래서 탄생했습니다. 그런데 의롭게 되었습니다.

만일 예수님을 믿는데 10년이 지나도 죄인, 20년이 지나도 죄인이라면 문제가 됩니다. 예수님이 십자가에 못 박히셨는데도 우리가 죄인이라면 예수님의 십자가가 의미가 없다는 것으로, 예수님이 실패했다는 이야기밖에 안 됩니다. 우리가 죄인인 것은 확실했습니다. 그런 우리를 죄에서 건지기 위해 예수님이 우리 죄를 짊어지고 십자가에 못 박혀 죽으셨습니다. 예수님이 십자가에 못 박힐 때 우리 죄의 값을 지불하기 위해 못 박히셨기 때문에, 우리가 죄인이 아니라 의롭게 된 것이 분명합니다.

그런데 의인은 없나니 하나도 없다는 말씀만 알고 있는 사람은 의롭다는 이야기를 받아들이지 못합니다. 오히려 "저 사람은 교만하고 거만하다. 죄 없는 사람이 어디 있냐? 죄를 지어놓고 의롭다고 한다."라고 말합니다.

의로우신 하나님이 우리를 의롭다 하시려고

우리가 죄를 지은 것은 사실인데 성경은 우리가 어떻게 의롭게 되는지 이야기하고 있습니다. 대부분 아는 로마서 3장 23~24절입니다.

"모든 사람이 죄를 범하였으매 하나님의 영광에 이르지 못하더니, 그리스도 예수 안에 있는 구속으로 말미암아 하나님의 은혜로 값 없이 의롭다 하심을 얻은 자 되었느니라."

로마서 3장 23절에는 분명히 우리가 죄인이라고 되어 있습니다. 모든 사람이 죄를 범했고, 그로 인해 하나님의 영광에 이르지 못한다고 했습니다. 그런데 24절에서는 뭐라고 말합니까? 우리가 의롭게 되었다고 말합니다. 어떻게 의롭게 되었습니까? 예수 그리스도께서 우리를 구속하셨기 때문입니다.

로마서 3장을 조금 더 읽어 내려가면 26절에 **"곧 이때에 자기의 의로우심을 나타내사 자기도 의로우시며 또한 예수 믿는 자를 의롭다 하려 하심이니라."**라고 했습니다. 하나님도 의롭고 우리도 의로워야 하는데, 하나님은 의롭고 거룩한 분이지만 우리는 죄를 지어서 죄인이었습니다. 하나님이 죄를 지은 우리를 의롭다고 하시면 하나님은 공의로운 재판장이라고 할 수 없습니다. 그래서 그냥 의롭다고 하신 것이 아니라 우리 죄를 전부 예수님에게 넘기셨습니다. 예수님이 우리 죄를 지고 십자가에 못 박혀 죽으셨습니다. 그렇게 함으로써 우리가 의롭게 되었습니다.

예수님의 피로 우리 죄가 씻어진 뒤에 하나님이 우리를 보고 의롭다고 하시면, 그것은 확실히 의롭습니다. 하나님은 공의롭기 때문에 예수님이 십자가에 못 박혀 죽지도 않았는데 우리를 의롭다고 하실 수 없습니다. 죄인을 보고 의롭다고 하면 공의로운 재판장이 될 수 없습니다. 로마서 3장은 '하나님도 의로우시고, 예수 믿는 우리도 하나님이 의롭다고 하신다'고 했습니다.

우리가 죄인으로 있을 때 하나님이 의롭다고 말씀하시면 안 됩니다. 예수님이 우리 죄를 다 넘겨받고 십자가에 못 박혀서 우리가 지은 죄의 형벌을 받으신 뒤, 모든 죄에 대한 형벌이 끝났기 때문에 의롭다고 하십니다. 이제는 하나님이 우리를 의롭다고 하셔도 공의롭고 의롭습니다. 만일 우리가 죄가 있는 상태에서 하나님이 우리를 의롭다고 하시면 하나님이 죄인이 됩니다. 그러나 예수님을 세상에 보내 예수님이 십자가에 못 박혀 우리 죄를 다 씻은 뒤에 우리를 의롭다고 하시면, 하나님도 의롭고 우리도 의롭습니다.

하나님은 우리를 의롭다고 하시기 전에 예수님을 세상에 보내셨습니다. 예수님이 십자가에 못 박혀 우리 모든 죄의 형벌을 받으셨습니다. 우리의 모든 죄가 예수님에게 건너갔고, 예수님이 그 죄의 벌을 다 받았기 때문에 우리 모든 죄가 눈처럼 희게 씻어졌습니다. 영원히 씻어졌습니다. 이제 하나님이 우리를 보실 때 의롭기 때문에 의롭다고 말씀하신다는 것입니다.

예수님이 십자가에서 우리 모든 죄에 대한 형벌을 받으셨기 때문에 우리 죄가 눈처럼 희게 씻어진 것이 확실합니다. 그렇기 때문에 하나님이 우리를 의롭다고 하신 것입니다.

"그리스도 예수 안에 있는 구속으로 말미암아 하나님의 은혜로 값없이 의롭다 하심을 얻은 자 되었느니라."(롬 3:24)

이제 우리가 무엇을 믿어야 합니까? 우리 생각으로는, 우리가 매일 죄를 짓기 때문에 죄인이 맞습니다. 그러나 하나님은 우리를 구원하시기 위하여 예수님을 보내셨습니다. 우리의 모든 죄를 예수님에게 넘기셨습니다.

"우리는 다 양 같아서 그릇 행하여 각기 제 길로 갔거늘 여호와께서는 우리 무리의 죄악을 그에게 담당시키셨도다."(사 53:6)

아멘, 할렐루야! 우리 죄가 전부 예수님에게로 건너갔습니다. 예수님이 죄가 있어서 십자가에 못 박히신 것이 아닙니다. 예수님은 죄를 짓지 않은, 하나님이십니다. 예수님이 왜 죽으셨습니까? 우리가 범한 죄의 형벌을 대신 받으신 것입니다. 그래서 성경은 예수님이 우리 범죄함을 위해 내어줌이 되고, 우리를 의롭다 하심을 위해 다시 살아나셨다고 했습니다.

"예수는 우리 범죄함을 위하여 내어줌이 되고 또한 우리를 의롭다 하심을 위하여 살아나셨느니라."(롬 4:25)

예수님이 그냥 십자가에 못 박히신 것이 아니라 우리가 범한 죄에 대한 벌을 다 받으신 것입니다. 예수님이 십자가에 못 박히심으로 우리 죄에 대한 형벌이 끝났고, 놀랍게도 우리의 모든 죄가 눈처럼 희게 씻어졌습니다.

누가 송사하리요, 의롭다 하신 이는 하나님이시니

창세기에 아담이 범죄한 이야기가 나오고, 그 죄를 씻기 위해 예수님이 이 세상에 오셔서 십자가에 못 박혀 죽는 과정을 성경은 이야기합니다. 예수님이 우리 죄에 대한 심판을 대신 받아 죽으심으로 우리 죄에 대한 심판이 끝났습니다. 그리고 예수님이 흘리신 피를 하늘나라에 있는 제단에 뿌려서 영원한 속죄를 이루셨습니다.

예수님이 우리 죄를 위해 십자가에 못 박히셨다는 것을 사람들이 다 압니다. 그런데 예수님이 우리 죄를 위해 죽었다고 말하면서 자신이 죄인이라고 하는 사람들이 정말 많습니다. 내가 죄인이라면 예수님이 십자가에 못 박혀서 내 죄를 못 씻었다는 이야기입니다. 얼마나 잘못된 이야기입니까? 예수님은 실패하시지 않았습니다. 십자가에 못 박혀 우리 죄를 씻는 일을 온전히 이루셨습니다.

하나님은 우리를 의롭다고 하길 원하셨습니다. 그런데 우리가 죄를 지었습니다. 하나님이 우리를 의롭다고 하시고 싶어도, 우리 죄가 사해지지 않은 상태에서 의롭다고 하시면 그것은 거짓말이 됩니다. 그렇게 하시면 하나님도 의롭지 않습니다. 하나님은 우리를 의롭다고 하시려고 예수님을 세상에 보내셨습니다. 예수님이 우리 죄를 다 씻으셨습니다. 그렇게 한 뒤 하나님이 우리를 의롭다고 하셨습니다.

"그런즉 이 일에 대하여 우리가 무슨 말 하리요. 만일 하나님이 우리를 위하시면 누가 우리를 대적하리요. 자기 아들을 아끼지 아니하시고 우리 모든 사람을 위하여 내어주신 이가 어찌 그 아들과 함께 모든 것을 우리에게 은사로 주지 아니하시겠느뇨. 누가 능히 하나님의 택하신 자들을 송사하리요, 의롭다 하신 이는 하나님이시니. 누가 정죄하리요, 죽으실 뿐 아니라 다시 살아나신 이는 그리스도 예수시니. 그는 하나님 우편에 계신 자요 우리를 위하여 간구하시는 자시니라." (롬 8:31~34)

만일 하나님이 우리를 위하시면 누가 우리를 대적하겠느냐고 했습니다. 그리고 33절에서 **"누가 능히 하나님의 택하신 자들을 송사하리요, 의롭다 하신 이는 하나님이시니."**라고 했습니다. 여기 보면, 하나님이 우리를 의롭다고 말씀하십니다. 하나님이 박옥수 목사를 보고 의롭다고 하시고, 여러분을 보고 의롭다고 하십니다. 우리가 착하고 잘하는 것을 보고 의롭다고 하시는 것이 아닙니다. 죄를 안 지어서 의롭다고 하시는 것도 아닙니다. 죄를 지었지만 모든 죄가 십자가에서 씻어졌습니다. 우리가 보기에는 어떨지 모르지만, 하나님이 보실 때에는 우리가 의롭게 되었습니다. 하나님이 우리를 의롭게 하셨습니다. 하나님이 우리를 깨끗하게 하셨습니다.

누가 의롭게 된 우리를 정죄하겠습니까? 우리 죄를 위해 죽으시고 우리를 의롭다 하시기 위해 살아나신 분이 그리스도 예수입니다. 예수님이 우리를 죄에서 온전히 건지셨습니다.

성경의 어떤 부분을 보면 우리가 죄인인 것처럼 보입니다. 옛날엔 우리가 죄인이었습니다. 죄를 지었으니 죄인이었습니다. 그런데 의롭게 되었습니다. 예수님이 십자가에서 죄 값을 지불해 우리 죄를 다 씻으셨습니다. 십자가는 실패하지 않았습니다. 십자가에서 우리 모든 죄가 눈처럼 완벽하게 씻어졌습니다. 우리를 깨끗하고 거룩하게 했습니다. 이것이 성경이 이야기하는 바입니다.

우리가 죄인이라면 예수님이 죽으신 것은 아무 의미가 없습니다. 우리는 자신이 선을 행해서 의로워지는 것 말고, 더러운 우리를 예수 그리스도의 피가 깨끗하게 한 것을 믿어야 합니다. 성경이 그것을 이야기합니다.

"누가 능히 하나님의 택하신 자들을 송사하리요, 의롭다 하신 이는 하나님이시니."(롬 8:33)

우리를 보고 의롭다고 한 분은 어느 재판관이 아닙니다. 어느 대통령도 아니고 어느 목사님도 아닙니다. 하나님이 의롭다고 하셨습니다. 하나님이 의롭다면 의롭습니다.

예수 그리스도의 피로 이룬 영원한 속죄

성경에 죄인이 있습니다. 의인은 없나니 하나도 없다고 했습니다. 그 다음에 의인이 있습니다. 노아는 의인이었습니다. 의인은 믿음으로 말미암아 산다고 했습니다. 의인의 간구는 역사하는 힘이 크다고 했습니다. 그 다음에 죄인이 의인이 되는 과정이 있습니다. 예수님이 우리를 의롭게 하셨습니다. 우리가 죄가 아무리 많아도 예수님이 십자가에 못 박혀 죽으심으로 우리 죄를 다 씻었습니다.

예수님이 우리 죄를 씻었다고 하면 "그것을 믿은 뒤에 또 죄를 안 짓냐?"라고 묻는 사람이 있습니다. 하나님은 우리 죄를 일정한 기간의 죄만 사하신 것이 아니라 영원히 사하셨습니다. 그래서 우리가 영원히 의롭습니다.

"염소와 송아지의 피로 아니하고 오직 자기 피로 영원한 속죄를 이루사 단번에 성소에 들어가셨느니라."(히 9:12)

구약 시대에는 염소와 송아지의 피로 죄를 씻었습니다. 죄를 씻은 뒤 다시 죄를 지으면 또 죄인이 되었습니다. 그래서 양을 잡고 소를 잡고, 끝없이 제물이 죽어야 했습니다. 예수님은 염소와 송아지의 피가 아닌 당신의 피로 영원한 속죄를 이루셨습니다.

이 땅은 시간계여서 시간이 계속 흘러갑니다. 죄를 지은 뒤 속죄제사를 드려 죄를 씻어도, 시간이 흐르면 그 속죄제사가 과거로 흘러갑니다. 그래서 현재 죄를 지으면 다시 제사를 드려야 했습니다. 예수님이 그런 방법으로 우리 죄를 씻으려면 천번 만번 죽어도 다 씻지 못합니다. 예수님은 십자가에 단 한번 못 박혀 죽으십니다. 우리 죄를 영원히 속했기 때문입니다.

"염소와 송아지의 피로 아니하고 오직 자기 피로 영원한 속죄를 이루사 단번에 성소에 들어 가셨느니라."(히 9:12)

할렐루야! 예수님이 우리의 모든 죄를 영원히 씻으셨습니다. 이제 하나님이 우리를 보실 때 우리가 죄인이 아니라 의인입니다. 그래서 하나님이 우리를 깨끗하다고 하셨습니다. 의롭다고 하셨습니다. 거룩하다고 하셨습니다. 하나님이 의롭다면 의로운 것이고, 거룩하다면 거룩한 것입니다.

저는 내 생각을 믿지 않고 이 말씀을 믿었습니다. **"의롭다 하신 이는 하나님이시니."** 하나님이 나를 보고 의롭다고 하셨습니다. 내가 무슨 죄를 지었든지 재판관이 의롭다고 하면 의로운 것입니다. 하나님은 공의로운 재판장이십니다. 우리를 그냥 의롭다고 하시지 않고 예수님의 피를 보고 의롭다고 하십니다. 지금도 자신이 죄인이라고 하는 사람이 있습니다. 또 의인이라고 하는 사람이 있습니다. 예수님의 피로 죄를 씻으면 죄인이 의인이 됩니다. 예수님이 영원한 속죄를 이루셔서 우리가 영원히 의로워졌습니다.

생각하면 얼마나 감사한지 모릅니다. 이 사실을 몰랐을 때에는 죄를 씻으려고 울고, 회개하고, 발버둥쳤습니다. 그래도 손톱만 한 죄 하나 씻지 못했습니다. 그런데 예수님이 달리신 십자가는 모든 죄를 눈처럼 희게 씻었습니다. 예수님의 십자가로 말미암아 내 죄가 씻어졌습니다. 영원히! 그래서 우리가 하나님 앞에서 복된 삶을 삽니다.

Pastor Ock Soo Park's Lectures on

THE GOSPEL OF JOHN

11

내 말을 듣고 믿는 자는 영생을 얻었고

◦ 예수님의 말씀을 받아들이면 예수님을 닮아간다
◦ 정말 걷고 싶어도 안 되었지만 저분 말을 들어보자
◦ 죽음 앞에 서 있을 때 심장을 고치신 하나님
◦ 내 말을 듣고 또 나 보내신 이를 믿는 자는

내 말을 듣고 믿는 자는 영생을 얻었고

성경은 하나님의 말씀입니다. 하나님은 한 번도 우리에게 거짓말을 하시거나 사실이 아닌 것을 이야기하신 적이 없습니다. 그 하나님의 말씀을 마음에 믿음으로 받아들이면 우리 마음이 하나님의 마음과 하나가 됩니다. 하나님은 인간을 만드실 때 마음을 만드셨고, 어떤 사람이든지 불문하고 하나님의 말씀을 받아들이면 그 마음이 하나님의 마음과 같아지기 시작합니다.

우리 마음이 하나님의 마음과 같아지려고 무엇을 고쳐야 하는 것이 아닙니다. 하나님의 말씀을 받아들이기만 하면 우리 마음이 하나님의 마음과 하나가 됩니다. 그때부터 하나님의 마음이 우리 안에 들어와서 일하기 때문에 우리에게서 전에 없던 지혜가 생기고, 하나님의 능력이 우리 안에 역사합니다. 하나님 안에 있는 의가 우리 안에 임하고 하나님의 사랑이 우리 속에 역사합니다.

예수님의 말씀을 받아들이면 예수님을 닮아간다

요한복음 5장에서 예수님이 38년 된 병자를 고치셨습니다. 병자가 나아서 자리를 들고 걸어가자 사람들이 안식일에 왜 자리를 들고 걸어가느냐고 뭐라고 했습니다. 이 사람이 "나를 낫게 한 사람이 자리를 들고 걸어가라고 하더라."라고 대답했습니다. 사람들이 그가 누구냐고 다시 물었는데, 이 사람이 예수님이 걸어가라고 해서 그냥 걸어간 것뿐이지 예수님이 누구인지 몰랐습니다. 나중에 성전에서 예수님이 그와 만나 다시 말씀하셨습니다.

예수님이 38년 된 병자를 만나셨고, "일어나 네 자리를 들고 걸어가라." 하셨습니다. 성경을 한번 펴서 이 말씀을 보십시오. 그리고 읽으면서 '이것은 예수님이 내게 하신 말씀이야. 내가 이 말씀을 마음에 받아들이면 예수님과 한마음이 돼. 그러면 예수님의 지혜가 내 지혜가 되고, 예수님의 사랑이 내 사랑이 돼.' 하고 말씀을 마음에 받아들이십시오. 그러면 굉장히 지혜로워지기 시작합니다. 이전과 전혀 다른 마음을 갖게 됩니다.

예수님이 38년 된 병자를 보셨습니다. 그는 걷지 못하고 오랫동안 누워 있어야만 했습니다. 예수님이 그에게 말씀하십니다.

"네가 낫고자 하느냐?"

"주여, 물이 동할 때 나를 못에 넣어줄 사람이 없어서 내가 가는 동안에 다른 사람이 먼저 내려갑니다."

예수님이 말씀하셨습니다.

"일어나 네 자리를 들고 걸어가라."

병자가 깜짝 놀랐습니다. '이게 무슨 소리야? 날 보고 자리를 들

고 걸어가라고?'

우리 마음이 늘 일정하진 않습니다. 어떤 때에는 누가 미운 마음이 확 일어나고, 어떤 때에는 평안하고, 어떤 때에는 지겨운 생각이 일어나고, 어떤 때에는 힘들다는 생각이 일어납니다. 많은 생각이 우리 마음을 지나갑니다. 그런데 그 가운데 사탄이 넣어주는 생각들이 많습니다. 사탄이 어떤 사람을 미워하는 마음을 넣어주면 이유 없이 그 사람이 미워집니다. 반대로 하나님이 우리 안에 사랑하는 마음을 넣어주시면 사람을 사랑하게 됩니다.

누구든지 악마의 말을 받아들이면 그 사람은 악마처럼 됩니다. 반대로 예수님의 말씀을 받아들이면 예수님의 마음이 우리 안에 들어와서 우리를 이끌기 때문에 우리가 예수님처럼 닮아갑니다. 이처럼 신앙은 우리가 무엇을 열심히 하려고 하는 것이 아니라 하나님의 말씀을 받아들이는 것입니다.

제가 2007년에 중국 공산청년단의 초청을 받았습니다. 그때는 바빠서 가지 못하고, 2009년 12월에 다시 초청을 받아 북경에 갔습니다. 공청단 간부들과 청소년들 앞에서 이틀 동안 강연을 했습니다. 얼마 뒤 중국의 어느 출판사에서 저에게 연락을 했습니다.

"선생님이 강연한 내용을 우리가 입수했는데 내용이 너무 좋아서 책으로 출판하려고 합니다. 그런데 이틀 동안 한 강연으로는 내용이 짧으니 원고를 좀 더 써서 보내주시면 우리가 책으로 만들어 출판하겠습니다."

제가 책이 되도록 원고를 조금 더 썼습니다. 그리고 그 책을 중국에서 출판하기 전에 한국에서 먼저 출판했습니다. 그 책이 많이 팔려서 교보문고에서 베스트셀러가 되었습니다. 제가 그 책을 보며 종종 생각에 잠깁니다. 제가 그런 일을 할 거라고는 상상도 하지 못했는데, 하나님의 말씀을 읽고 마음에 받아들였을 때 내 마음 안에서 하나님의 마음이 살아 일하는 것을 볼 수 있었습니다.

정말 걷고 싶어도 안 되었지만 저분 말을 들어보자

예수님이 38년 된 병자를 만나 물었습니다.

"네가 낫고 싶으냐?"

"연못물이 움직일 때 나를 넣어줄 사람이 없어서, 내가 가는 동안에 다른 사람이 먼저 내려갑니다."

예수님이 말씀하셨습니다.

"일어나 네 자리를 들고 걸어가라."

병자가 이 말씀을 마음에 받아들여 갑자기 자리를 들고 걸어가기 시작했습니다. 그 사람은 38년 동안 병에 걸려 오랫동안 걷지 못한 사람이었습니다. 여러 번 걸어보려고 했지만 안 되었습니다. 걸으려고 발버둥치다 넘어지고, 발버둥치다 넘어졌습니다. 이제는 걸으려는 기대조차 사라졌습니다. 정말 걷고 싶었지만 걸을 수 없었습니다. 그런데 예수님이 자리를 들고 걸어가라고 하셨습니다.

예수님이 자리를 들고 걸어가라고 하신 것은, 예수님의 마음에서는 그 사람이 걸을 수 있다는 이야기입니다. 병자의 마음에는 걸을 수 없다는 마음이 가득 차 있었습니다. '난 못 걸어. 걸으려고 수없이 발버둥 쳤지만 안 되었어.' 그랬기 때문에 예수님의 말씀을 듣고 병자는 생각해 보았습니다. '난 못 걷는데 저분이 누군지 모르지만 나를

보고 걸으라고 하시네. 내가 지금까지 정말 걷고 싶어도 안 되었지만 저분의 말을 한번 들어보자.'

그는 자신이 걷지 못한다는 것을 분명히 알지만 일어나 걸어보기로 했습니다. 그때까지는 자신이 스스로 걸으려고 했지만 그날은 달랐습니다. 스스로 걸으려고 했을 때에는 '나는 걸을 수 없어!'라는 사실만 마음에 새겨질 뿐이었습니다. 결국 그의 마음에 걸을 수 없다는 생각이 가득 찼습니다. 그가 걷고 싶다는 생각을 가지려고 하면 걸을 수 없다는 생각이 그 생각을 다 이겨버렸습니다. 그래서 걸으려는 생각을 아예 하지 않았습니다. 그런데 이번에는 자신이 마음먹은 것이 아니라 예수님이 말씀하셨습니다.

"일어나 네 자리를 들고 걸어가라."

예수님의 말씀과 그의 생각이 달랐습니다. 병자가 생각했습니다.

'나는 못 걸어. 그렇지만 아직까지 나를 보고 걸어가라고 한 사람은 아무도 없었어. 그런데 저분은 나를 보고 걸어가라고 하시네. 저분이 누군진 모르지만 저분의 말을 한번 받아들여 보자. 한번 걸어 보자.'

이제 이 사람은 자신의 노력이 아니라 예수님의 말씀으로 걸어가려고 했습니다. 예수님은 거짓말하시지 않습니다. 놀라운 사실은, 예수님의 말씀 안에는 그 말씀을 이루는 능력이 들어 있습니다.

제가 군대에 입대해 훈련소에서 수류탄 투척 훈련을 받았습니다. 수류탄에는 손잡이가 있습니다. 손잡이를 잡고 있으면 안전핀을 뽑아도 터지지 않습니다. 안전핀을 뽑고 수류탄을 던지면 손잡이가 떨어져 나가면서 뇌관을 때려 뇌관에 불이 붙습니다. 그 불이 수류탄 안에 들어 있는 화약인 장약까지 가는데 3초가 걸립니다. 3초가 되면 장약에 불이 붙고, 큰 폭발을 일으킵니다. 그러면 장약을 싸고 있던 쇠가 산산조각이 나면서 사방으로 퍼져나가 사람을 죽이는 것입니다.

수류탄에 안전핀이 꽂혀 있는 상태에서는 던져도 그냥 날아갈 뿐 터지지 않습니다. 전투 중에는 다급한 나머지 안전핀을 뽑지 않은 채 수류탄을 던져, 적군이 그 수류탄의 안전핀을 뽑아 다시 던져서 오히려 아군이 피해를 입는 경우가 발생한다고 합니다. 수류탄의 안전핀을 뽑으면 뇌관을 때려서 불이 붙고, 그 불이 도화선을 타고 장약까지 가서 3초가 지나면 강하게 폭발합니다.

하나님의 말씀이 그와 같습니다. 말씀을 성경 안에 덮어두면 아무 일도 없습니다. 말씀이 일하지 않습니다. 성경을 펴서 읽고 말씀을 끄집어내 우리 마음에 받아들이면 굉장히 놀라운 역사가 일어납니다.

죽음 앞에 서 있을 때 심장을 고치신 하나님

제가 가장 좋아하는 성경 구절 가운데 하나가 요한복음 5장 24절입니다.

"내가 진실로 진실로 너희에게 이르노니, 내 말을 듣고 또 나 보내신 이를 믿는 자는 영생을 얻었고 심판에 이르지 아니하나니 사망에서 생명으로 옮겼느니라."

예수님이 '내 말을 듣고 또 나 보내신 이를 믿는 자는 영생을 얻었다'고 했습니다. 38년 된 병자가 예수님의 말을 들었고, 예수님을 믿었습니다. 일어나 자리를 들고 걸어가라는 말을 들었고, 그렇게 말씀하신 예수님을 믿고 그대로 행하려고 했습니다. 그렇게 하면 일어나게 됩니다.

제가 죄 사함을 받고 난 뒤 예수님이 제 삶 속에 많은 일을 하셨습니다. 정말 놀라운 일들이었습니다. 제가 1987년에 위장이 많이 아파서 고생을 굉장히 심하게 했습니다. 그런데 하나님의 말씀을 믿어 깨끗하게 나았습니다. 1999년에는 심장이 아파서 고통을 겪었습니다. 건물 높은 곳에서 일하는 사람을 쳐다보면 심장이 심하게 쿵쾅거려 곧 멎을 것만 같아서 손으로 눈을 가렸습니다. 미국 뉴욕에서 세계 최고의 심장 전문의가 제 심장 상태를 종일 진단한 뒤 고칠 수 있는 길이 없다고 했습니다. 저는 거의 죽음 앞에 서 있었습니다. '내가 2~3개월 더 살겠나?' 싶었습니다.

그 해 여름에 수양회를 하다가, 하루는 밤이 되어 자려고 누워 그날 있었던 일들을 생각해 보았습니다. 그러다가 깜짝 놀랐습니다. 수양회 진행 본부가 있는 텐트에서 주일학교 어린이들이 모이는 장소까지 500미터쯤 떨어져 있는데, 그날 제가 그곳에 네 번을 다녀왔던 것입니다. 한 번 오가는 데 1km쯤 되니까 4km를 걸은 것입니다. 제가 모래 길을 4km나 걸은 것이 믿어지지 않아 다시 생각해 봐도 분명히 네 번을 왔다갔다했습니다.

그날 내 심장이 다 나았다고 믿었습니다. 그래서 다음날 새벽부터 조깅을 시작했습니다. 수양회를 마치고는 우리 교회 옆에 운동장이 좋은 학교가 있어서 새벽마다 가서 조깅을 했습니다. 운동장 한 바퀴가 300미터로, 처음에는 한 바퀴 도니까 숨이 차고 옆구리가 아팠습니다. 매일 계속 뛰다 보니 1km를 뛰고, 2km를 뛰고, 3km를 뛰고, 4km를 뛰었습니다. 땀이 적당히 흘러 기분이 좋았습니다. 그렇게 저는 아무것도 하지 않았는데 하나님이 내 심장을 다 고치셨습니다.

하나님의 말씀이 우리 마음에 들어올 때 놀라운 역사가 일어납니다.

내 말을 듣고 또 나 보내신 이를 믿는 자는

38년 된 병자는 예수님의 말씀을 들었습니다.

"일어나 네 자리를 들고 걸어가라."

예수님의 말씀을 듣고 '에이, 안 돼요. 저도 해봤어요. 안 됐어요' 하면 안 됩니다. 그런데 '저분 말씀대로 일어나서 걸어가 보자' 하면 말씀대로 하나님의 능력이 나타나는 것을 볼 수 있습니다.

"내가 진실로 진실로 너희에게 이르노니, 내 말을 듣고 또 나 보내신 이를 믿는 자는 영생을 얻었고 심판에 이르지 아니하나니 사망에서 생명으로 옮겼느니라."(요 5:24)

영생은 착한 일을 해서 얻는 것이 아닙니다. 내가 노력하거나 기도를 많이 하거나 불쌍한 사람을 돕거나 헌금을 많이 해서 얻는 것이 아닙니다. 하나님의 말씀을 듣고 믿음으로 영생을 얻습니다.

제가 어떤 이야기를 들었을 때 '에이, 거짓말이야' 하면 그 말이 내 마음에 들어오지 않습니다. 반대로 그 이야기를 믿으면 말한 사람과 같은 마음이 내 안에 형성됩니다. 마음이 같아집니다.

하나님은 우리가 죄 지은 것을 잘 아십니다. 그런데 하나님의 말씀을 믿으면 영생을 얻고 심판에 이르지 않는다고 했습니다. 이것이 하나님의 말씀입니다.

'아, 내가 이 말씀을 마음에 받아들이면 되겠구나. 예수님이 십자가에 못 박혀서 내 죄를 다 씻은 사실을 믿으면 되겠구나. 내가 저지른 모든 죄의 벌을 예수님이 십자가에서 대신 받아 심판을 끝내셨구

나. 예수님이 내 죄의 벌을 받으셨으니까 내 죄가 다 씻어졌네. 내가 깨끗해졌네.'

우리가 이렇게 믿는 것입니다. 이것이 다 사실이지만, 믿지 않으면 그 사람과는 아무 상관이 없습니다.

"내가 진실로 진실로 너희에게 이르노니, 내 말을 듣고 또 나 보내신 이를 믿는 자는…"

우리가 누굴 믿습니까? 예수님을 믿습니다. 예수님이 우리 죄를 위해 십자가에 못 박혀서 우리의 모든 죄를 씻으신 것을 믿습니다. '예수님이 내 모든 죄에 대한 심판을 받으셨으면 십자가에서 내 죄에 대한 심판이 끝이 났다. 그러면 나는 깨끗해졌다. 의로워졌다.' 성경이 그렇게 말하고 있습니다.

우리가 헤아릴 수 없이 많은 죄를 지었지만 그 죄의 심판은 십자가에서 다 끝이 났습니다. 우리가 십자가에 달려서 형벌을 받아야 하는데 예수님이 우리 대신 십자가에 못 박혀 죽으셨습니다. 내가 십자가에 못 박혀 저주를 받지 않았지만 예수님의 십자가를 믿을 때 그 십자가는 내 심판을 대신합니다. 그래서 우리가 심판에 이르지 않습니다. 사망에서 생명으로 옮겼습니다.

"내가 진실로 진실로 너희에게 이르노니, 내 말을 듣고 또 나 보내신 이를 믿는 자는 영생을 얻었고 심판에 이르지 아니하나니 사망에서 생명으로 옮겼느니라."(요 5:24)

제 마음이, 내가 죄인이라는 마음에서 예수님의 피로 내 죄가 씻어졌다는 마음으로 옮겨졌습니다. 예수님의 피로 내 죄를 씻지 못했다면 예수님이 실패하셨다는 이야기밖에 안 됩니다. 그런 일은 없습니다. 예수님이 분명히 우리 죄를 씻으셨습니다. 저는 요한복음 5장 24절 말씀을 믿었습니다. 성경은 말하기를, 말씀을 믿은 사람은 영생을 얻었다고 했고 심판에 이르지 않는다고 했습니다. 내가 죄를 많이 지었지만 심판을 받지 않습니다. 예수님이 내 죄의 심판을 받아 내가 의로워졌기 때문입니다. 예수님과 내가 하나가 되어 예수님의 의가 내 의가 되고 예수님의 거룩함이 내 거룩함이 되었습니다. 예수님의 능력이 내 능력이 되어 내 안에서 역사하는 것을 보았습니다.

제가 1962년에 예수님의 말씀을 믿어 죄 사함을 받은 뒤 58년이 지났습니다. 그 동안 예수님이 나와 같이 계시면서 내 모든 문제를 해결해 주셨습니다. 나를 지켜 주셨고, 어둠 속에서 더럽고 추하게 살아야 할 나에게 빛이 되고 생명이 되어 주셨습니다. 예수님은 오늘 여러분에게 이렇게 말씀하십니다.

"내가 진실로 진실로 너희에게 이르노니, 내 말을 듣고 또 나 보내신 이를 믿는 자는 영생을 얻었고 심판에 이르지 아니하나니 사망에서 생명으로 옮겼느니라."(요 5:24)

제가 이 사실을 믿은 날부터 죄 때문에 고민한 적이 없습니다. 예수님의 피가 나를 거룩하고 온전하게 했습니다. 그때부터 예수님이 내 안에 살아 일하셔서 제가 할 수 없는 수많은 일들을 이루셨습니다. 많은 사람들에게 복음을 전하는 은혜를 베푸셨습니다.

예수님의 말씀이 우리 마음에 들어오면 우리가 예수님과 같은 삶을 살 수 있습니다. 그래서 예수님을 찬양하고 하나님께 영광을 돌리게 됩니다. 여러분 모두 이 말씀을 마음으로 믿으시길 바랍니다.

Pastor Ock Soo Park's Lectures on

THE GOSPEL OF JOHN

12

듣는 자는 살아나리라

◦ 나도 모르는 사이에 거짓말이 줄줄 나왔다
◦ 맥주 탱크에서 집까지 파이프를 연결한 사람
◦ 내 생각을 따라 산 삶에는 더러운 죄와 멸망뿐
◦ 아프리카를 떠나기 아쉬워 눈물을 흘리는 대학생들
◦ 십자가에 못 박혀 죽으신 예수님의 마음을 느끼면

듣는 자는 살아나리라

우리가 성경을 펴놓고 이야기할 수 있는 것이 얼마나 감사한지 모릅니다. 요한복음 5장에서 예수님께서 38년 된 병자에게 말씀하셨습니다. "일어나 네 자리를 들고 걸어가라." 우리는 이런 이야기를 들을 때 내 마음하고 이야기한 뒤 타협을 합니다. '내가 걸어갈 수 있을까? 안 될 것 같아.' 그렇게 거부해버립니다. 그러나 하나님을 믿을 땐 좀 달라야 합니다. 우리에게는 걸어갈 힘이 없지만 하나님의 말씀 안에는 그 말씀을 이룰 능력이 함께 갑니다. 그렇기 때문에 하나님의 말씀은 인간의 말과 다릅니다.

나도 모르는 사이에 거짓말이 줄줄 나왔다

인간의 말에는 마음이 담겨 있는 말도 있지만 마음이 전혀 담기지 않은 거짓말도 인간은 잘합니다. 하나님과 우리 차이가 뭐냐면, 인간은 거짓말할 수 있지만 하나님은 거짓말하실 수 없는 분입니다.

저도 거짓말을 많이 했습니다. 제가 예수님을 알기 전에, 제가 너무 못났기 때문에 다른 사람들에게 조금 잘나 보이고 싶었습니다. 그래서 이야기할 때마다 거짓말을 조금씩 보태서 내가 잘난 것처럼 이야기하기 시작했습니다. 그런 거짓말은 남에게 해가 별로 안 되기 때문에 괜찮을 것이라고 생각했는데, 깜짝 놀랐습니다. 거짓말이 얼마나 빠르게 느는지 1년쯤 지나자 제가 무슨 말을 하면 친구들이 "쟤 또 거짓말한다."라고 했습니다. 그때 제가 요한계시록에서 이 말씀을 보았습니다.

"그러나 두려워하는 자들과 믿지 아니하는 자들과 흉악한 자들과 살인자들과 행음자들과 술객들과 우상 숭배자들과 모든 거짓말하는 자들은 불과 유황으로 타는 못에 참예하리니 이것이 둘째 사망이라." (계 21:8)

저는 다른 사람들에게 피해를 주지 않는 거짓말은 살짝살짝 해도 별 문제가 아닐 줄 알았지만, 성경은 모든 거짓말하는 자들은 불과 유황으로 타는 못에 참예한다고 했습니다. 이 성경 구절을 보고 제가 깜짝 놀랐습니다. '아, 난 거짓말한 것 때문에 지옥에 가겠구나. 이제부터는 거짓말하지 말아야지!' 그런데 거짓말하지 않으려고 해도 나도 모르는 사이에 거짓말이 줄줄 나왔습니다. 거짓말이 얼마나 빨리 느는지 거짓말하지 않으려고 애를 써도 안 되었습니다. 거짓말하지 않으려고 아침에는 아예 입을 다물고 지내기도 했지만, 어떤 이유로든 입을 열게 되고 그러면 거짓말이 나왔습니다. 거짓말에서 벗어날 수가 없었습니다.

그렇게 지내다 예수님이 내 죄를 씻으셨다는 말씀을 마음에 받아들였습니다. 예수님의 말씀은 예수님의 마음입니다. 우리는 마음에 없는 거짓말을 할 수 있지만 예수님은 마음에 없는 거짓말을 하실 수 없기에, 예수님이 하시는 모든 말씀은 바로 예수님의 마음입니다. 그렇기 때문에 예수님의 말씀을 마음에 받아들이면 우리 마음이 예수님의 마음과 하나가 됩니다.

맥주 탱크에서 집까지 파이프를 연결한 사람

독일에 맥주를 굉장히 좋아하는 사람이 있었습니다. 그 사람은 회사에서 퇴근해 집에 돌아와서 냉장고에 있는 시원한 맥주를 꺼내서 마시는 것이 삶의 큰 즐거움이었습니다. 하루는 퇴근해서 냉장고 문을 열었는데, 맥주를 정말 먹고 싶었지만 다 떨어지고 없었습니다. 그런 일이 이따금 일어났습니다. 그래서 이 사람이 생각하다가 '맥주 공장에서 우리 집까지 파이프를 연결해서 원할 때마다 바로 맥주를 마실 수 있으면 얼마나 좋을까?'라는 생각을 했습니다. 그것을 이루어야 할 평생 소원으로 삼았습니다.

먼저 맥주 공장 근처로 이사한 뒤, 하루는 맥주 공장에 찾아가 공장장을 만났습니다.

"안녕하세요."

"예, 안녕하세요."

"당신 회사 맥주 진짜 맛이 좋습니다."

"그렇죠. 고맙습니다. 그런데 어떻게 오셨죠?"

"특별한 일이 있어서 왔는데요."

"어떤 일인데요?"

"이 공장에 있는 맥주 탱크에서 우리 집까지 파이프를 연결하고 싶습니다."

"굉장히 좋은 아이디어입니다. 그런데 당신 한 사람에게 맥주를 얼마나 판다고 그 일을 하겠습니까? 안 되는 일입니다."

이 사람이 그날은 그냥 돌아갔습니다. 그리고 며칠 후 다시 맥주 공장을 찾아갔습니다. 또 찾아가고, 또 찾아가고…. 맥주 공장 공장장이 성화를 못 이겨 시공 회사에 연락해 공장에서 그 사람 집까지 파이프를 연결하는 견적을 받았습니다. 그리고 그 사람이 찾아오자 견적서를 보여주며 말했습니다.

"파이프를 연결하는 견적이 이렇게 나왔는데 연결하겠습니까?"

"예, 생각보다 얼마 안 되네요."

"하, 이게 얼마 안 돼요?"

"나는 이 일을 그냥 하는 게 아니고 내 인생 목표로 삼아 하고 있습니다."

"그래요? 그럼 설치 비용을 이 회사로 보내세요. 바로 설치 작업을 할 거예요."

"고맙습니다. 당장 돈을 보내겠습니다."

이 사람이 파이프 설치 비용을 보내자 기술자들이 와서 맥주 공장에서 이 사람의 집까지 파이프를 연결했습니다.

며칠 뒤, 이 사람이 친구들에게 집에서 맥주 파티를 한다고 연락했습니다.

"며칠 뒤가 내 생일인데 그날 우리 집에서 맥주 파티를 열 거야. 꼭 와라."

친구들도 맥주를 좋아하는 사람들이어서 며칠 후 친구들이 다 이 사람 집에 모였습니다. 그런데 집에 맥주잔들만 있고 맥주는 보이지 않았습니다.

"글라스는 있는데 맥주는 없네. 맥주는 어딨어?"

"하하하, 걱정하지 마."

이 사람이 맥주를 마시기 전에 이야기했습니다.

"내가 평생 소원이 있었어. 맥주 사러 가지 않고 집에서 맥주를 먹는 것. 그래서 맥주 공장에서 우리 집까지 파이프를 연결했지. 이렇게 꼭지에 빨갛게 칠해진 것이 다 맥주 파이프야. 꼭지를 틀면 맥주가 나와."

제가 책에서 읽었는데, 누가 인터넷에 그 사진이 올라와 있는 것을 찾아서 보여 주었습니다.

맥주 공장에서 집까지 파이프를 연결하면 그 집에서 꼭지를 틀면 맥주가 나오는 것은 당연한 일입니다.

성경에서 **"내가 진실로 진실로 너희에게 이르노니, 내 말을 듣고 또 나 보내신 이를 믿는 자는…"**(요 5:24)이라고 했습니다. 예수님과 이 사람의 마음의 파이프가 연결되었다는 것입니다. 우리가 예수님처럼 되려고 노력하면 어렵지만, 우리 마음이 예수님과 연결되어 한마음이 되면 예수님 안에 있는 생명이 우리 생명이 됩니다. 예수님 안에 있는 의가 우리 의가 되고, 예수님 안에 있는 거룩함이 우리 거룩함이 됩니다.

"진실로 진실로 너희에게 이르노니, 죽은 자들이 하나님의 아들

의 음성을 들을 때가 오나니 곧 이때라. 듣는 자는 살아나리라."(요 5:25)

우리에게는 생명이 없고 하나님 안에 생명이 있습니다. 우리가 하나님의 마음을 받아들이면 그 안에 있는 생명이 우리 안에 들어옵니다. 그래서 우리가 하나님의 말씀을 받아들이면 우리 모두 예수님처럼 변합니다. 예수님과 우리 마음이 연결되었을 때 어떤 현상이 일어나느냐면, 예수님의 지혜가 우리 지혜가 되고 예수님의 사랑이 우리 사랑이 되고 예수님의 거룩이 우리 거룩이 되고 예수님의 평안이 우리 평안이 됩니다.

내 생각을 따라 산 삶에는 더러운 죄와 멸망뿐

1962년 어느 날, 제가 예수님의 피로 내 죄가 씻어진 것을 믿었습니다. 로마서 3장 23절에서 **"모든 사람이 죄를 범하였으매 하나님의 영광에 이르지 못하더니"**라고 했습니다. 제가 죄 사함을 받기 전에는 로마서 3장 23절만 알았습니다. 그래서 죄인이라고 생각했습니다. 그런데 24절은 전혀 다르게 이야기합니다.

"그리스도 예수 안에 있는 구속으로 말미암아 하나님의 은혜로 값없이 의롭다 하심을 얻은 자 되었느니라."

하나님이 나를 보고 '의롭다' 하셨습니다. 말이 안 되는 이야기입니다. 나는 거짓말쟁이고 도둑질도 많이 했고, 나는 더럽고 악한 사람인데 어떻게 의롭습니까? 그런데 예수님의 말씀은 곧 예수님의 마음이기 때문에 말씀을 받아들이는 것은 예수님의 마음을 받아들이는 것입니다. 예수님은 의롭고 거룩하신 분입니다. 그 의와 거룩함이 말씀을 받아들인 내 안에 들어와서 내가 예수님처럼 의롭고 거룩하게 변하는 것입니다.

말씀을 받아들인 때부터 예수님의 마음이 내 안에 살아 일하기 시작했습니다. 전에는 성경을 읽어도 재미가 없고 잠만 왔는데 그 후로는 성경을 읽을 때 마음이 살아나기 시작했습니다. '아, 하나님이 날 위해 이처럼 놀라운 일을 하셨구나! 하나님이 나를 위해 예수님으로 하여금 십자가에 못 박히게 하셨고, 그때 내 모든 죄가 완전히 씻어졌구나!'

말씀을 믿기 전에 저는 더럽고 추하고 악했습니다. 사탄이 내 마음을 지배하고 있었습니다. 멸망의 자식이었습니다. 어느 날 아무 일도 한 것 없이 예수님의 말씀을 마음에 그냥 받아들였습니다. 그러자 제가 새로워졌습니다. 예수님의 말씀이 내 생각과 맞지 않을 때도 있습니다. 그럴 땐 '내 생각이 틀린 거야. 말씀이 맞아.' 합니다. 전에는 내 생각을 믿고 내 생각을 따랐는데 이제는 내 생각을 버리고 말씀을 따릅니다. 내 생각을 따라 산 삶에는 더러운 죄뿐이었고 멸망밖에 없었습니다.

저는 십자가에서 내 죄가 씻어졌다는 사실이 믿어졌습니다. 전에도 그 사실을 알고 있었습니다. 예수님이 내 죄를 위해 십자가에 못 박혀 죽으셨다는 걸 알았지만 믿질 못했습니다. 그래서 예수님이 죽으셨어도 나는 여전히 죄인이었습니다. 예수님이 우리 죄를 위해 죽으셨다고 말했지만 마음에는 여전히 죄가 있었습니다. 더럽고 악했고 형편없는 삶을 살았습니다. 그런데 내 죄가 씻어졌다는 사실을 믿은 날부터 내 마음이 놀랍게 달라졌습니다. 말씀을 믿었을 때 예수님의 마음이 내 안에 들어와 내 삶을 이끌어 갔습니다.

처음에 가장 달라진 것은, 제가 성경을 읽기 시작했습니다. 그 후로 성경을 수십 번 읽었습니다. 제가 옛날에 소설을 좋아해서 많이 읽었습니다. 소설들 가운데 아주 재미있는 책들이 있었습니다. 책의 내용이나 표현이 너무 좋아서 제 마음을 감동시켰습니다. 그런 책들은 두 번을 읽었습니다. 세 번째는 특별히 재미있는 대목들을 골라서 읽었습니다. 그런데 어느 책도 네 번을 읽은 적은 없었습니다. 성경은 100번 가까이 읽어도 새로웠습니다. 수십 년 동안 성경을 읽었지만 요즘도 여전히 새롭습니다. 성경은 정말 신기한 책입니다. 외우다시피 하는 내용들이 많은데, 그 내용을 읽을 때에도 전에 느끼지 못했던 새로운 사실이 마음에 들어옵니다. 내게 없던 소망이 들어오고 평안이 들어옵니다.

아프리카를 떠나기 아쉬워 눈물을 흘리는 대학생들

우리가 청소년들을 위해 IYF라는 단체를 만들었고, IYF에서 대학생들이 1년 동안 휴학하고 해외에 가서 봉사하는 프로그램을 만들었습니다. 처음엔 대학생들이 1년 동안 휴학하고 간다는 것을 아주 부담스러워했지만, 지원하는 학생들이 점점 많아졌습니다. 1년 동안 돈도 가져가지 않고 지내면서 어려움도 겪게 합니다. 특히 한국 학생들이 편하게 살다가 아프리카에 가서 고생도 많이 하고 말라리아에 걸리기도 하면서 한국에서는 느껴보지 못한 마음의 세계를 알게 됩니다.

한국에서 간 어떤 여학생은 아프리카에서 말라리아에 걸렸습니다. 그런데 그날 밤에 자기가 자는 방에 현지인 여자 친구들이 와서 같이 자겠다고 했습니다. 안 그래도 아파서 싫다고 하는데도 네 명의 친구가 와서 짧은 옷을 입고 함께 잤습니다. 나중에 안 사실이, 그곳에 모기가 많으니까 아픈 친구 덜 물리게 하려고 아프리카 여학생들이 짧은 옷을 입고 그 옆에서 잤던 것입니다. 그 사실을 알고 이 여학생이 깊은 감동을 받았습니다. 그런 마음의 감정은 한국에서는 느낄 수 없는 감정입니다.

한국 학생들이 아프리카에 가서 열악한 환경 속에서 지내며 '화장실에 물이 안 나와, 벌레가 많아, 모기가 많아.' 하지만, 한국에서는 느낄 수 없는 아프리카 사람들의 사랑을 느낍니다. 한국에서는 자기 대신 모기에 물리기 위해 옆에서 자는, 그런 사랑을 경험한 적이 없습니다. 한국 사람은 머리가 좋아서 계산적이고 이해타산적일 때가 많은데, 아프리카에 가서 지내는 동안 한국 학생들의 마음이 순수해지고 그 안에서 사랑이 커집니다. 아프리카에는 한국과는 비교할 수 없을 만큼 쓰레기들이 많지만, 마음에서는 말로 표현하기 힘든 새로운 세계를 만납니다. 그래서 한국으로 다시 돌아올 때에는 아쉬워서 눈물을 흘립니다. 자신이 다녀온 나라에서 행사를 하면 돈을 보내고 선물을 보냅니다.

물론 모든 학생이 그런 것은 아닙니다. 아프리카에 가서 죽을 고생만 하고 왔다는 학생도 있습니다. 그래도 학생들이 대부분 해외 봉사를 가서 전혀 다른 세계를 경험하고 옵니다. 영어를 유창하게 사용할 수 있게 된 학생들도 있고, 불어나 스페인어나 러시아어를 배워서 오는 학생들도 있습니다. 많은 학생들이 자신이 간 나라 사람들의 따뜻한 마음을 느끼고 그로 인해 행복해합니다. 돌아올 때에는 헤어지기 싫어서 끌어안고 울고, 한국에 온 뒤로도 자신이 지냈던 나라의 학생들이 보고 싶어서 그리워하는 모습을 쉽게 볼 수 있습니다. 서로 마음이 흐르기 때문입니다.

십자가에 못 박혀 죽으신 예수님의 마음을 느끼면

우리가 교회에 걸린 예수님의 사진을 쳐다보는 보는 것이 아니고 성경을 그냥 읽는 것이 아니라, 우리를 위해 십자가에 못 박혀 죽으신 예수님의 마음을 느끼면, 그 사랑을 우리 마음에 받아들이면 예수님의 마음이 우리 마음에 들어와 자리를 잡습니다. 예수님의 사랑과 지혜가 우리 마음에도 흐르기 시작합니다.

38년 된 병자는 자리를 들고 걸어갈 수 없었습니다. 그런데 예수님이 하신 말씀이 그의 마음에 들어왔습니다. “일어나 네 자리를 들고 걸어가라.” 말씀이 마음에 들어올 때 그 말씀을 이루는 능력도 함께 들어옵니다. 이제 병자에게는 자리를 들고 걸어갈 수 있는 능력이 그 속에 들어온 것입니다. 얼마나 놀랍습니까!

열왕기하 5장에는 이스라엘에서 포로로 잡혀 나아만 장군의 집에서 지낸 계집종이 나옵니다. 포로로 잡혀가서 문둥병이 걸린 나아만 장군의 집에서 종으로 한평생 산다면 얼마나 고통스럽겠습니까. 그런데 그 계집종에게 새로운 마음이 하나 들어왔습니다.

‘우리 장군님이 문둥병자네. 사마리아에 계시는 엘리사 선지자님 앞에 가면 저 병이 낫는데…. 내가 그 이야기를 해주어야겠다. 그럼 장군님 문둥병이 낫겠다. 그럼 이 집에 기쁨이 넘치겠다. 아, 하나님

이 이것 때문에 나를 포로로 잡혀오게 하셨구나.'

똑같은 위치인데 하나님의 마음을 가지고 있는 것과 내 마음을 가지고 있는 것은 전혀 다릅니다.

예수님이 우리 죄를 위해 십자가에 못 박혀 죽었다는 이야기를 사람들이 다 압니다. 그런데 그 사실이 마음에 받아들여진 것과 그냥 아는 것은 전혀 다릅니다. '내 모든 죄가 씻어져서 내가 눈처럼 희게 되었어. 이젠 내가 심판을 받지 않아. 난 죄인이 아니라 의인이야. 거룩해.' 이처럼 마음으로 받아들인 사람 마음에서는 예수님의 의가 자신의 의가 되고, 예수님의 거룩함이 자신의 거룩함이 됩니다. 예수님이 능력으로 일하시는 것을 경험할 수 있습니다.

그래서 우리가 예수님을 믿습니다. 예수님을 사랑합니다. 예수님의 마음이 우리 안에 들어올 때마다 더럽고 추하던 우리 마음이 달라지는 것을 봅니다. 그래서 예수님을 믿으라고 권합니다. 여러분 모두에게 이런 크신 사랑과 은혜가 미치길 바랍니다. 그러면 여러분도 예수님의 마음을 갖게 될 것입니다. 예수님의 평안이 마음에 찾아올 것입니다. 예수님의 생명이, 거룩함이 여러분 속에서 일할 것입니다.

Pastor Ock Soo Park's Lectures on

THE GOSPEL OF JOHN

13

예수님을 믿기로 한 38년 된 병자

◦ 자기를 믿는 사람이 아니라 예수님을 믿는 사람
◦ 내가 왜 하나님의 말씀을 의심하지?
◦ 죄는 우리가 아니라 예수님이 씻어야 한다
◦ 자기 생각으로는 걸을 수 없지만 말씀을 믿기로 했다

예수님을 믿기로 한 38년 된 병자

우리는 요한복음에서 예수님이 하신 일들을 이야기하고 있습니다. 예수님은 요한복음에서 일하셨던 것처럼 우리 속에서도 똑같이 일하길 원하십니다. 요한복음은 예수님이 우리 속에 어떻게 일하실 수 있는지를 자세히 설명해 줍니다. 신앙생활에서 가장 어려운 것이 예수님의 마음과 우리 마음이 다르다는 것입니다. 술을 마시고 죄를 짓고 악을 행하는 사람만 예수님과 다른 것이 아니라, 아무리 성실한 사람이라도 인간이 가진 마음과 예수님의 마음은 전혀 다릅니다. 그렇기 때문에 우리 생각을 가지고 예수님의 말씀을 대하면 우리 마음에 전혀 맞지 않습니다. 사람이 예수님을 만나는 이야기에서 전부 그 부분이 제일 문제가 됩니다.

자기를 믿는 사람이 아니라 예수님을 믿는 사람

요한복음 11장에서 나사로가 죽었습니다. 예수님은 나사로가 산다고 말씀하셨습니다. 그런데 마리아나 마르다는 '죽은 오빠가 썩어서 냄새가 나는데 어떻게 살아요?' 하며 말이 안 되는 이야기라고 생각했습니다. 갈릴리 가나 혼인 잔칫집의 이야기도 마찬가지입니다. 그 집에 포도주가 모자랄 때 예수님이 하인들에게 항아리에 물을 가득 채우라고 하셨습니다. 하인들이 돌 항아리 여섯 개에 물을 잔뜩 부었습니다. 누가 봐도 그것은 물입니다. 그런데 예수님이 그것을 떠서 연회장에게 가져다주라고 하셨습니다. 연회장에게는 포도주가 필요하기 때문에 물을 떠다 주어서는 안 됩니다. 그러니 하인들은 절대로 그렇게 할 수 없었습니다. 그런데 예수님의 어머니 마리아가 뭐라고 했습니까? 하인들에게 "너희에게 무슨 말씀을 하시든지 그대로 해라." 했습니다.

예수님의 생각과 우리 생각이 같았다면, 예수님이 하시는 말씀이 우리 생각과 같다면 신앙생활이 굉장히 쉽게 될 것입니다. 그러나 예수님의 생각과 우리 생각은 다르기 때문에 문제가 일어납니다. 그것이 신앙생활에서 가장 큰 문제입니다. 우리가 성경을 읽을 때마다 그런 부분에 부딪힙니다. 그때 '내 생각을 따라가느냐, 예수님의 말씀을 받아들이느냐?' 그것이 신앙생활의 핵심입니다.

예수님이 하신 말씀이 우리 생각과 다르지만 예수님의 말씀은 곧 예수님의 마음입니다. 그래서 예수님의 말씀이 우리 마음에 들어와서 자리를 잡고 우리를 이끌어 간다면 그것은 우리가 예수님과 더불어 길을 가는 것입니다. 반대로 우리가 예수님을 제쳐두고 자기 생각을 따라 길을 간다면 그것은 예수님과 상관없이 자신의 길을 걸어가는 것입니다.

사람들은 대부분 자기 자신을 믿고 삽니다. 다른 사람의 이야기가 자기 생각에 맞으면 받아들이지만 맞지 않으면 받아들이기를 거부합니다. 그런데 자신이 틀렸다는 사실을 아는 사람은 자기 생각을 버리고 예수님의 말씀을 받아들입니다. 그것을 가리켜 예수님을 믿는다고 말합니다. 우리가 교회에 나가거나 예배에 참석하거나 죄를 고백하거나 헌금하거나 봉사하거나 기도하거나 착한 일을 하는 것으로 예수님을 믿는다고 말할 수 없습니다. 다른 종교를 믿는 사람들도 그렇게 합니다.

예수님을 믿는다는 것은, 예수님의 말씀이 내 생각에 맞지 않지만 말씀을 마음에 받아들이는 것을 가리켜 말합니다. 우리 가운데 누구든지 자신이 추하고 더럽고 악하다는 사실을 정확히 발견하고, 예수님의 말씀과 자기 생각이 부딪혔을 때 자기 생각을 버리고 예수님의 말씀을 받아들인다면 그 사람은 자기를 믿는 사람이 아니라 예수님을 믿는 사람이 됩니다. 반대로 예수님의 말씀을 버리고 내 생각을 받아들이면 그 사람은 자기를 믿는 사람이 됩니다.

내가 왜 하나님의 말씀을 의심하지?

저도 살면서 내 생각과 다른 말씀 앞에 설 때가 많았습니다. 한번은 제가 위궤양으로 굉장히 고생했던 적이 있습니다. 아주 묽은 죽을 먹어도 설사가 나서 3개월 동안 체중이 7kg이 줄었습니다. 곧 7월이 다가오는데 7월에는 수양회도 있고 학생들을 위한 캠프도 있고 행사들이 많았습니다. 그 몸 가지고는 여름 행사들을 치러낼 수 없다는 생각이 들었습니다.

하루는 아침에 일어나서 특별히 제 위장을 위해 하나님께 기도를 드렸습니다.

"하나님, 배가 너무 아픕니다. 배를 낫게 해주십시오."

하나님께 간절히 기도했습니다. 기도를 마치고 성경 말씀 한 구절이 갑자기 떠올랐습니다. 전에도 알고 있던 말씀이었습니다. 그런데 그 말씀이 마음에 부딪힌 적은 없었습니다. 그날 기도하면서 그 말씀이 제 마음에 부딪히기 시작했습니다. 마가복음 11장 24절이었습니다.

"그러므로 내가 너희에게 말하노니, 무엇이든지 기도하고 구하는 것은 받은 줄로 믿으라. 그리하면 너희에게 그대로 되리라."

배가 낫는 길이 너무 쉬웠습니다. '내가 하나님께 기도하고, 기도한 것을 받은 줄로 믿으면 되는구나.' 이 말씀대로 그대로 했습니다. 먼저 하나님께 기도했습니다.

"하나님, 내 배가 아픕니다. 배를 낫게 해주십시오."

간절히 기도했습니다. 그리고 기도한 것을 받은 줄로 믿으라는 성경 말씀대로 내 배가 다 나았다고 믿었습니다. '야, 내 배가 다 나았구나.' 정말 좋고 감사했습니다. 배가 다 나았으니 아침 식사를 해야 했습니다. 그런데 문제가 있었습니다.

저는 김치를 정말 좋아합니다. 한국 식탁은 다른 나라 식탁하고 조금 다른 것이 채소가 많습니다. 그리고 숙성된 음식들이 많습니다. 배추를 소금에 절인 뒤 거기에 고춧가루와 마늘 등 양념을 잔뜩 넣어서 숙성시킨 것이 김치입니다. 그래서 김치에는 비타민도 많고 몸에도 좋습니다. 김치는 라면하고 먹어도 어울리고 피자하고 먹어도 어울립니다. 김치는 어떤 음식과도 잘 어울립니다. 찬밥하고 먹어도 정말 맛있습니다.

배가 다 나았다면 밥과 함께 김치를 먹어야 했습니다. 그런데 의사가 저에게 했던 말이 떠올랐습니다.

"목사님 위장은 종잇장처럼 얇아져 있습니다. 자극적인 음식을 먹으면 터질 수 있습니다. 터지면 24시간 안에 죽습니다. 조심해야 합니다."

저는 위장이 아파서 김치를 먹을 수 없었기 때문에 배가 다 나았으면 김치를 먹어야 했습니다. 그런데 마음 한쪽에서 '내가 김치를 먹었다간 배가 터질지 몰라. 의사가 그러면 죽는다고 했는데…'라는 생각이 올라왔습니다. 죽고 싶진 않았습니다. 그래서 깊이 생각을 했습니다.

'성경에서는 무엇이든지 기도하고 구하는 것을 받은 줄로 믿으면 그대로 된다고 그랬는데 내가 왜 배가 터진다고 생각하지? 내가 그대로 된다는 사실을 믿지 않고 있구나.'

그날 마가복음 11장 24절을 열 번 스무 번 반복해서 읽어 보았습니다. 사람은 이야기하다 보면 마음이 변하는데 성경은 몇 번을 읽어도 변하지 않고 똑같이 말해서 좋습니다. 마가복음 11장 24절은 제가 기분이 좋을 때 읽어도 똑같이 이야기하고 기분이 나쁠 때 읽어도 똑같이 이야기하고 배가 아플 때에도 똑같이 이야기하고, 변함이 없습니다. 이 말씀을 반복해서 읽으면서 내 배가 말씀대로 다 나았다고 마음을 정했습니다.

성경은 정확히 무엇이든지 기도하고 구하는 것을 받은 줄로 믿으면 그대로 된다고 했습니다. 아주 쉽고 단순합니다. 하나님은 거짓말 하시지 않기 때문에 말씀대로 됩니다. 그런데 우리가 가지고 있는 경험이나 생각 등이 말씀을 믿는 것을 흐트러트립니다. 제가 생각해 보니 김치를 먹으면 배가 난리가 날 것 같았지만 성경은 그렇게 말씀하고 있지 않았습니다. '내가 왜 하나님의 말씀을 의심하지? 성경에 이렇게 말씀하고 있으니 이렇게 돼. 문제 없어. 지금 믿으면 돼. 나는 이제 믿을 거야.' 말씀을 그대로 믿었습니다.

아침 식사 시간이 되어 식탁으로 갔습니다. 그날 우리 집에 손님이 많이 와서 제 아내가 식탁에 음식을 잔뜩 차렸습니다. 그리고 이전과 같이 저 먹으라고 식탁 한쪽에 죽 조금과 간장 등을 놓아두었습니다. 제가 그것을 밀어내고 밥 한 그릇을 끌어다 제 앞에 놓고 밥을 먹기 시작했습니다. 김치도 먹고 된장국도 먹었습니다. 석 달 만에 처음으로 먹는 밥이었습니다. 아내가 지나가다가 저를 보고 깜짝 놀랐습니다.

"당신 어쩌려고 그래요?"

"걱정 마요. 다 나았어요."

아내는 다시 음식 나르는 일을 했습니다. 밥을 다 먹자마자 배가 아파오기 시작했습니다. 배가 너무 아팠습니다. 함께 있던 사람들에게 미안하다고 말하고 화장실로 달려가 설사를 했습니다. '아이고 배야!' 그렇지만 말씀을 믿었습니다. '그래도 내 배는 다 나았어.' 그러자 속에서 이야기가 들렸습니다.

'다 나았으면 배가 안 아파야지. 너 지금 배가 아프잖아. 설사하잖아. 그러면 나은 게 아니잖아. 배가 나았으면 설사를 안 해야지.'

그때 성경 이야기가 떠올랐습니다. 야이로의 딸이 죽었을 때 예수님이 가셔서 "울지 마라. 이 아이가 죽은 것이 아니라 잔다." 하셨습니다. 사람들의 눈으로 볼 때에는 야이로의 딸이 죽었지만 예수님이 보실 때에는 그 아이가 살아 있었습니다.

'아, 그렇구나. 죽은 것처럼 보이지만 살아 있구나. 그러면 내 배가 나은 거구나. 아프지만 나았다!'

점심때에도 밥을 한 그릇 다 먹었습니다. 그리고 바로 화장실로 달려가 설사를 했습니다. 그날 저녁에는 식사 초대를 받아 뷔페식당에 갔습니다. 식당에 들어가면서 '나는 배가 아프니까 죽만 조금 먹고 말아야지'라고 생각하다가 '아니지! 내 배가 다 나았지!' 하고는 음식을 마음껏 먹었습니다. 배가 불룩해졌습니다. 그날 저녁에는 설사를 하지 않았습니다. 이튿날 아침에 잠에서 깼을 때, 24시간 만에 제 배가 깨끗이 나은 것을 느낄 수 있었습니다. 하나님이 그렇게 역사하셨습니다.

제가 가진 생각과 성경 말씀은 전혀 달랐습니다. 저는 그동안 의사의 말을 듣고 약을 먹으며 조심해야 했습니다. 그런데 성경은 기도하고 나은 줄로 믿으라고 했습니다. 그러면 그대로 된다고 했습니다. 제가 김치를 먹지 못했던 것은 배가 아프다고 생각했기 때문입니다. 나았다면 김치를 못 먹을 이유가 없었습니다. 저는 배가 나았다고 믿었고 김치를 먹었습니다. 믿은 대로 배가 깨끗이 나았습니다.

그 전에는 위장이 좋지 않아 밀가루 음식을 먹지 못했습니다. 어쩌다 밀가루 음식을 먹으면 속이 더부룩하고 소화가 되지 않았습니다. 독일에 전도 여행을 갔을 때에는 먹은 음식이 소화가 되지 않아 함께 간 형제에게 등을 때려 달라고 부탁하기도 했습니다. 그런데 말씀대로 내 배가 나았다고 믿은 뒤로는 위장이 아주 좋아져서 밀가루 음식도 잘 먹고 어떤 음식이든지 잘 먹습니다.

죄는 우리가 아니라 예수님이 씻어야 한다

제가 무엇을 한 것이 아니라 예수님의 말씀을 믿었습니다. 예수님의 말씀과 내 마음이 하나가 되었습니다. 내 생각은 예수님의 말씀과 다릅니다. 확실히 다릅니다. 그 생각을 그냥 두고 성실하게 살고 기도하는 것이 예수를 믿는 것이 아닙니다. 내 생각을 버리고 예수님의 말씀을 받아들여서 예수님의 마음과 내 마음이 같아지는 것이 믿음입니다.

죄를 해결하는 것도 우리 방법과 예수님의 방법이 다릅니다. 제가 죄를 해결하는 방법은 죄를 짓지 않으려고 노력하고, 죄를 지으면 하나님께 용서해 달라고 기도하는 것이었습니다. 예수님의 방법은 전혀 다릅니다. 죄를 사함 받기 위해 우리가 무엇을 해야 하는 것이 아닙니다. 죄는 우리 방법이나 노력으로는 절대로 씻을 수 없습니다. 예수님이 씻어야 합니다. 우리가 노력해서는 한평생 해도 손톱만 한 죄도 씻을 수 없습니다. 죄를 해결하기 위해 우리가 하는 모든 것이 무익합니다.

만일 우리가 우리 죄를 조금이라도 해결할 수 있었다면 예수님이 왜 십자가에 못 박히십니까? 예수님이 십자가에 못 박혀 죽으실 필요가 없습니다. 죄는 우리 노력으로 조금도 해결할 수 없습니다. 철야 기도를 하고 산 기도를 하고 금식 기도를 하고, 우리가 무엇을 해도 죄는 해결되지 않습니다. 우리 죄를 씻을 수 있는 분은 예수 그리스도밖에 없습니다.

나의 죄를 씻기는 예수의 피밖에 없네

우리 죄를 씻을 수 있는 것은 예수님의 피밖에 없습니다. 우리는 무엇을 해야 합니까? 예수님이 십자가에서 흘리신 피로 죄가 씻어진 사실을 받아들여야 합니다.

예수님이 십자가에서 흘리신 피로 우리 죄를 완벽하게 씻으셨습니다. 그래서 하나님이 우리를 보고 '의롭다' 하셨습니다. 로마서 4장 25절에서는 **"예수는 우리 범죄함을 위하여 내어줌이 되고, 또한 우리를 의롭다 하심을 위하여 살아나셨느니라."**라고 했습니다. 예수님은 우리를 의롭다고 하기 위해 살아나셨습니다. 왜 하나님이 우리를 의롭다고 하십니까? 예수님이 십자가에 못 박혀 죽어 우리 모든 죄를 씻으셨기 때문입니다.

우리 죄는 고백해서 사해지는 것이 아닙니다. 죄를 씻는 것은 예수님의 피밖에 없습니다. 예수님이 우리 죄를 씻기 위해 우리 대신 십자가에서 고난을 당하셨습니다. 예수님이 십자가에서 흘리신 피로 우리 죄가 씻어졌습니다. 우리는 그 사실을 믿음으로 받아들이는 것입니다.

자기 생각으로는 걸을 수 없지만 말씀을 믿기로 했다

제가 아픈 배를 고치려고 병원에 가서 치료도 받고 약도 먹고 고생을 많이 했습니다. 위궤양을 3개월 앓는 동안 체중이 7kg이 빠졌습니다. 병원에 가서 처음 약을 받아서 먹었을 때에는 속이 너무 편했습니다. 그런데 일주일이 지나자 약을 먹어도 여전히 배가 아팠습니다. 배가 아픈 것을 해결할 수 있는 방법이 없어서 음식을 먹지 않았습니다. 의사가 밥을 한 숟갈 입에 넣고 100번을 씹으라고 했습니다. 100번 씹으면 음식이 거의 물이 됩니다. 그렇게 해서 삼켜도 설사가 났습니다.

그 당시 우리는 여름 수양회를 한 달에 걸쳐서 했습니다. 수양회에 참석하려고 하는 사람은 많고, 장소는 수용할 수 있는 인원이 한계가 있었기 때문에 4주에 걸쳐 수양회를 했습니다. 수양회 외에 청소년 모임도 있고 여름에는 여러 행사들이 있었습니다. 제가 아무리 생각해도 그 당시 내 몸으로는 여름 행사들을 해내지 못할 것 같았습니다. 그래서 어느 날 무릎을 꿇고 배를 위해 기도하기 시작했습니다. 기도를 마쳤을 때 알고 있던 성경 구절인 마가복음 11장 24절이 떠올랐습니다.

"그러므로 내가 너희에게 말하노니, 무엇이든지 기도하고 구하는 것은 받은 줄로 믿으라. 그리하면 너희에게 그대로 되리라."

너무 쉬웠습니다. 기도하는 것 어렵지 않았습니다.

"하나님, 제 배가 아픈데 낫게 해주십시오."

기도했습니다. 이제 기도한 대로 배가 나았다고 믿기만 하면 되었습니다. 그래서 나았다고 믿었습니다. 정말 쉬웠습니다.

그런데 문제가 생겼습니다. 다 나았다고 믿으면 배가 아프지 않으니까 밥도 먹고 김치도 먹고 된장도 먹어야 했습니다. 그런데 그렇게 하면 배가 터져서 제가 죽을 것 같았습니다. 목사지만 성경을 믿지 않고 있는 저를 발견했습니다. 그래서 마가복음 11장 24절을 수없이 반복해서 읽었습니다. '이건 하나님의 말씀이야. 하나님은 거짓말하시지 않아. 내가 믿으면 분명히 이 말씀대로 돼.' 제가 말씀을 믿었습니다. 그리고 24시간 만에 배가 깨끗해졌습니다. 그 후로는 무슨 음식이든지 먹습니다.

하나님은 저에게 건강한 몸을 주셨습니다. 요즘은 코로나 때문에 비행기를 타지 못하지만 그 전에는 한 달에 지구 한 바퀴 정도 도는 여행을 했습니다. 전 세계에 다니면서 복음을 전하기 때문에 비행기를 잘 타는 편이어도 피곤할 때가 많습니다. 그런데 하나님이 제 건강을 지켜 주십니다.

38년 된 병자는 우리가 보기에 걸어갈 수 없는 병자입니다. 그런데 예수님이 말씀하셨습니다.

"일어나 네 자리를 들고 걸어가라."

병자가 자기 생각으로는 걸을 수 없지만 예수님의 말씀을 믿기로 했습니다. 그리고 일어나 걸었습니다. 병이 깨끗이 나았습니다. 이것이 예수님을 믿는 것입니다.

예수님의 말씀은 우리 생각과 다릅니다. 죄가 해결되는 것도, 우리가 볼 때에는 자신이 죄를 지었기 때문에 죄인이 맞습니다. 그런데 성경은 예수님의 피로 우리 죄가 다 씻어졌다고 했습니다. 하나님이 우리 죄를 다시 기억하시지 않는다고 했습니다. 우리가 거짓말하고 도둑질했기 때문에 우리 생각으로는 자신이 죄인입니다. 그러나 예수님이 의롭다고 하셨습니다. 저는 그 말씀을 그냥 믿었습니다. 그때부터 저에게서 의로운 삶이 시작되었습니다. 제가 달라지기 시작했습니다.

신앙은 내 생각을 버리고 예수님의 말씀을 믿는 것입니다.

Pastor Ock Soo Park's Lectures on

THE GOSPEL OF JOHN

14

우리를 의롭다고 하신 하나님

◦ 죄를 용서해 주시고, 죄를 짓지 않게 해주십시오
◦ 로마서 3장 23, 24절이 자세히 답해 주었다
◦ 의롭다 하심을 얻는 것은 믿음으로 되는 줄 인정하노라
◦ 하나님이 의롭다고 하시면 저는 의롭습니다
◦ 죄를 지었으면 죄인이지 어떻게 의롭습니까?

우리를
의롭다고 하신 하나님

제가 어려서부터 교회에 다녔지만 마음에서 하나님의 말씀을 믿은 것은 1962년부터였습니다. 그 전에는 늘 죄인이었고, 성경이 나에게 뭐라고 말하는지에는 별 관심이 없었습니다. 다만 성경 말씀대로 살려고 애를 쓰면서 말씀대로 산다는 것이 얼마나 어려운 일인지 알았습니다.

죄를 용서해 주시고, 죄를 짓지 않게 해주십시오

1962년 10월에 하나님이 내 마음에 많은 변화를 가져다주었습니다. 저는 당시 배가 고파서 도둑질을 많이 했습니다. 남의 밭 밀을 꺾어서 구워 먹었습니다. 친구들과 밀을 한 움큼씩 꺾어서 산꼭대기로 올라가 불을 피운 뒤 거기에 밀 이삭을 굽습니다. 구운 이삭들을 손으로 비빈 뒤 '후' 불면 껍질은 다 날아가고 알맹이만 남습니다. 손에 남은 구운 밀을 입에 털어넣고 먹으면 정말 맛있습니다. 불에 구운 이삭들을 손으로 비비기 때문에 손도 새카맣고, 입도 새카맣고, 얼굴에도 재들이 묻어서 새카맣게 되지만 정말 맛있었습니다. 먹을 게 없던 시절이었습니다. 도둑질인지 알고 죄인지 알지만 친구들과 어울려 다니며 늘 그렇게 살았습니다.

저는 어린 나이인데도 매일 새벽 기도회에 나갔습니다. 새벽마다 교회에 가서 죄를 용서해 달라고 기도했습니다.

"하나님, 제가 이러이러한 죄를 지었습니다. 용서해 주십시오. 그리고 오늘은 죄를 짓지 않게 해주십시오."

저녁이면 친구들이 모이는 곳이 있는데 그곳에 가면 또 죄를 짓기 때문에 가지 않으려고 결심하고 각오했습니다. 그런데 저녁에 보면 저도 모르는 사이에 그 자리에 앉아 있었습니다. 그래서 또 죄를 지었습니다. 저는 도둑질도 많이 하고 거짓말도 많이 했습니다. 저는 틀림없는 죄인이었습니다.

성경을 읽기 시작하면서 성경 말씀은 내 생각과 달랐습니다. 제가 거짓말하고 도둑질하고 다른 죄도 많이 지었기 때문에 저는 당연히 죄인이었습니다. 성경에 **"의인은 없나니 하나도 없으며"**라는 말씀이 있습니다. 그 말씀을 읽으면서 '우리는 당연히 죄인이지. 의인이 어디 있어?'라고 생각했습니다. 그런데 성경을 계속 읽다 보니 성경에 의인이 나왔습니다.

"노아는 의인이요"

'와, 노아가 의인이구나. 어떻게 의인이 됐지? 노아는 거짓말을 안 했을까? 도둑질을 안 했을까?'

로마서 1장 17절에서는 **"오직 의인은 믿음으로 말미암아 살리라**

함과 같으니라."라고 했습니다.

'여기에도 의인이 나오네. 성경에 의인은 하나도 없다고 했는데 의인이 있다면 이 성경은 어떻게 이해해야 하지?'

야고보서 5장 16절에서는 **"의인의 간구는 역사하는 힘이 많으니라."**라고 했습니다. 성경에 계속 의인이 나왔습니다.

'성경이 앞뒤가 안 맞네. 어디에서는 의인이 없다고 하고 어디에서는 의인이 나오고.'

로마서 3장 23, 24절이 자세히 답해 주었다

그렇게 성경을 계속 읽다가 의인이 되는 과정을 보았습니다. 제가 제일 좋아하는 성경 구절입니다.

"모든 사람이 죄를 범하였으매 하나님의 영광에 이르지 못하더니" (롬 3:23)

이 말씀을 대하면서 '맞아. 우리는 죄를 지어서 하나님의 영광에 도달할 수 없지'라는 생각이 들었습니다. 그런데 24절에서는 다르게 이야기하고 있었습니다.

"그리스도 예수 안에 있는 구속으로 말미암아 하나님의 은혜로 값없이 의롭다 하심을 얻은 자 되었느니라."(롬 3:24)

로마서 3장 23절과 24절은 죄인이 의인이 되는 과정을 정확히 이야기하고 있었습니다. 저는 죄를 지었습니다. 한두 번 지은 것이 아니라 거짓말도 수도 없이 하고 도둑질도 많이 했기 때문에 분명히 죄인이었습니다. 그랬기 때문에 성경에 의인이 나오면 '이 사람은 어떻게 의인이 됐을까? 죄를 안 지었을까? 거짓말을 한 번도 안 했을까?

남을 미워도 안 했을까?'라는 생각이 들었습니다. 그런데 로마서 3장 23절, 24절이 제 질문에 답을 자세히 해주었습니다.

죄인이 의인이 되기 위해서는 죄를 고백하거나 통곡하거나 회개해야 하는 것이 아닙니다. 예수님이 일하심으로써 의인이 됩니다.

"그리스도 예수 안에 있는 구속으로 말미암아 하나님의 은혜로 값없이 의롭다 하심을 얻은 자 되었느니라."(롬 3:24)

하나님이 우리를 보고 '의롭다' 하셨습니다. 우리가 하나님의 은혜로, 값 없이 의롭다 하심을 얻은 자가 되었습니다. 저는 저를 죄를 지은 죄인이라고 여겼는데 하나님은 의인이라고 하셨습니다. 예수님이 우리를 구속하셨기 때문입니다.

로마서를 조금 더 읽어 내려가면 재미있는 이야기가 있습니다.

"이 예수를 하나님이 그의 피로 인하여 믿음으로 말미암는 화목 제물로 세우셨으니, 이는 하나님께서 길이 참으시는 중에 전에 지은 죄를 간과하심으로 자기의 의로우심을 나타내려 하심이니"(롬 3:25)

여기에 하나님이 당신의 의로우심을 나타내려 하셨다고 했습니다. 하나님이 어떻게 당신의 의로우심을 나타내셨습니까? 하나님은 인간을 사랑해서 인간이 죄인으로 있는 것을 원하시지 않았습니다. 하나님은 인간을 의롭게 하길 원하셨습니다. 하지만 죄를 지은 죄인을 보고 그냥 의롭다고 하시면 하나님은 공의로운 재판장이 아닙니다. 하나님이 죄인을 죄인이라고 하고 의인을 의인이라고 하셔야지, 죄인을 의롭다고 하시면 하나님이 의롭지 못합니다. 하나님의 아들이라도 죄인이면 죄인이라고 해야 공의롭지 죄인을 의롭다고 하시면 공의롭지 못합니다.

하나님은 절대로 죄인을 보고 의롭다고 말씀하실 수 없습니다. 인간이 의롭게 되었을 때 의롭다고 하시면 공의롭습니다. 하나님은 죄인인 인간을 의롭게 만들기 위해 예수님을 이 세상에 보내셨습니다. 죄를 두고 그냥 의롭다고 하신 것이 아니라 죄를 해결하기 위해 예수님을 보내신 것입니다. 우리의 모든 죄를 예수님에게 넘기셨고, 예수님이 우리 죄를 짊어지고 십자가에 못 박혀 죄가 다 씻어진 것을 보신 뒤 하나님이 우리를 보고 의롭다고 하셨습니다.

로마서 3장 23절에서는, 모든 사람이 죄를 범하였으매 하나님의 영광에 이르지 못했습니다. 23절에서는 모든 사람이 분명히 죄를 지은 죄인입니다. 그런데 24절에 그리스도 예수 안에 있는 구속救贖이 나옵니다. 예수님이 우리 죄의 값을 대신 지불하고 우리를 죄에서 구원하셨다는 것입니다. 예수님이 우리 죄를 다 짊어지고 그 형벌을 받으심으로 말미암아 우리 죄가 손톱만큼도 남아 있지 않습니다. 모든 죄가 영원히 씻어졌습니다. 그때 하나님이 우리를 보고 의롭다고 하셨습니다.

의롭다 하심을 얻는 것은 믿음으로 되는 줄 인정하노라

하나님이 우리를 보고 의롭다고 하실 때에는 죄인인데 의롭다고 하신 것이 아닙니다. 예수님이 십자가에서 흘리신 피로 우리 죄가 다 씻어져서 우리가 의롭기 때문에 의롭다고 하신 것입니다. 예수님은 형식적으로 십자가에 못 박혀 죽으신 것이 아닙니다. 십자가에서 흘리신 피로 우리의 모든 죄를 눈처럼 희게 씻었습니다. 예수님이 십자가에서 피를 흘리고 돌아가심으로 말미암아 하나님이 보실 때 우리가 이미 깨끗해지고 거룩해졌습니다. 저는 아무 일도 하지 않고 거짓말하고 나쁜 짓만 했는데 예수님의 피가 나를 눈처럼 희게 씻었습니다. 그래서 하나님은 우리를 보고 의롭다고 하신 것입니다.

"곧 이때에 자기의 의로우심을 나타내사 자기도 의로우시며 또한 예수 믿는 자를 의롭다 하려 하심이니라."(롬 3:26)

하나님도 의로우시고, 예수님을 믿는 우리도 하나님이 의롭다고 하십니다.

"그런즉 자랑할 데가 어디뇨? 있을 수가 없느니라. 무슨 법으로냐? 행위로냐, 아니라 오직 믿음의 법으로니라. 그러므로 사람이 의롭다 하심을 얻는 것은 율법의 행위에 있지 않고 믿음으로 되는 줄 우리가 인정하노라."(롬 3:27~28)

우리는 죄인이었습니다. 그런데 예수님이 십자가에 못 박혀 죽으심으로 말미암아 우리 죄가 완벽하게 씻어져서 하나님이 우리를 보고 의롭다고 하셨습니다. 저는 내 죄가 씻어졌는지 잘 모르지만, 한 가지 분명히 아는 것은 성경에서 하나님이 나를 의롭다고 말씀한다는 사실입니다. 저는 하나님을 믿습니다. 하나님이 의롭다고 하시면 내가 의롭습니다. 제가 아무리 많은 죄를 짓고 악을 저질렀어도 의롭습니다.

하나님이 제가 죄를 지은 것을 모르거나 잊어버려서 의롭다고 하신 것이 아닙니다. 우리가 태어나기도 전이었지만, 예수님이 이 세상에 오셔서 우리 죄를 영원히 씻었습니다. 내가 죄를 사함 받기 위해 애쓰고 노력해야 하는 것이 아닙니다. 예수님이 내 죄를 씻은 것을 그냥 믿으면 됩니다. 만일 예수님이 십자가에 못 박혀 죽으셨는데도 내가 죄인이라고 말한다면 예수님의 십자가는 실패했다는 이야기밖에 안 됩니다. 예수님은 절대로 실패하시지 않았습니다.

하나님이 의롭다고 하시면 저는 의롭습니다

1962년 10월이었습니다. 저는 내가 죄를 지은 것이 확실하고 지은 죄가 분명히 기억나는데 하나님은 나를 의롭다고 하셨습니다. 내 죄가 다 씻어졌기 때문입니다. 하나님이 의롭다고 하시면 의로운 것이고 거룩하다고 하시면 거룩한 것입니다. 저는 하나님의 말씀을 믿습니다. 제가 볼 때에는 내가 큰 죄인이며 더럽고 악하고 추하지만 하나님은 의롭다고 하셨습니다.

"모든 사람이 죄를 범하였으매 하나님의 영광에 이르지 못하더니 그리스도 예수 안에 있는 구속으로 말미암아 하나님의 은혜로 값 없이 의롭다 하심을 얻은 자 되었느니라."(롬 3:23~24)

한국어 성경에는 "의롭다 하심을 얻은 자 되었느니라"라고 되어 있는데, 영어 성경에는 어떻게 되어 있습니까? "Being justified." 라고 되어 있지요? 의롭게 되었다는 말입니다. 재판장이 올바르게 판결한 것에 대해 "그 판결이 틀렸소." 해서는 안 됩니다. 판결을 받아들여야 합니다. 하나님은 공의로운 재판장입니다. 인간을 재판해야 하는데 인간이 죄 때문에 멸망 당하는 것을 원하시지 않았습니다. 하지만 죄가 있어서 그냥 의롭다고 하실 수는 없었습니다. 그래서 예수 그리스도로 하여금 십자가에 못 박혀 우리 죄를 씻게 하셨습니다.

"모든 사람이 죄를 범하였으매 하나님의 영광에 이르지 못하더니 그리스도 예수 안에 있는 구속으로 말미암아…"(롬 3:23~24)

예수님이 우리를 구속하셨기 때문에 하나님이 우리를 보고 의롭다고 하셨습니다. 하나님도 의로우시고 우리도 의롭습니다. 만일 우리가 죄인인데 하나님이 의롭다고 하시면 하나님이 의롭지 않습니다. 하나님도 의로우시고 우리도 의로워야 합니다. 하나님은 죄를 지은 인간을 심판하고 저주를 내리셔야 했습니다. 그리고 그 저주와 심판을 받은 예수 그리스도의 피를 보고 하나님은 우리를 의롭다고 하셨습니다.

저는 1962년 10월 어느 날 내 죄가 눈처럼 희게 씻어진 것을 믿었습니다. 어떤 분은 산에서 기도하다가 환상을 보았다고 하고 어떤 분은 불을 받았다고 합니다. 저는 환상을 본 적도 없고 불을 받은 적도 없습니다. 저는 의롭다 하심을 받았습니다. 하나님이 저를 보고 '의롭다' 하셨습니다.

'예, 하나님. 제가 죄를 지어 더러운 죄인인 것이 틀림없지만 하나님이 의롭다고 하시면 저는 의롭습니다. 저는 거룩합니다.'

그렇게 믿었습니다. 그때 하나님의 마음과 제 마음이 하나가 되었고, 제 삶에 놀라운 변화가 일어나기 시작했습니다. 전에는 죄인이라고 생각했기 때문에 늘 하나님 앞에서 부끄럽고 두려웠습니다. 그러나 이제는 그렇지 않았습니다. 마음이 떳떳하고 감사했습니다.

죄를 지었으면 죄인이지 어떻게 의롭습니까?

제가 종종 목회자 모임에 참석합니다. 한번은 도미니카에 갔을 때 많은 목사님들이 모인 자리에서 내가 의롭다고 했습니다. 목사님들이 깜짝 놀라면서 저에게 질문을 했습니다.

"목사님, 죄를 한 번도 안 지었습니까? 거짓말을 한 번도 안 했습니까? 어떻게 의롭습니까?"

제가 웃으면서 대답했습니다.

"죄송한데 저는 죄를 헤아릴 수 없을 만큼 많이 지었습니다. 거짓말도 많이 했고 도둑질도 많이 했습니다."

"그런데 어떻게 의롭습니까? 죄를 지었으면 죄인이지요."

"예, 맞습니다. 그런데 하나님이 저를 보고 의롭다고 하셨습니다. 그러면 제가 의로운 것 아닙니까?"

제가 앞에 이야기한 로마서 3장 말씀들을 읽었습니다.

"곧 이때에 자기의 의로우심을 나타내사 자기도 의로우시며 또한 예수 믿는 자를 의롭다 하려 하심이니라."(롬 3:26)

하나님은 공의로운 재판장이기 때문에 죄인을 죄인이라 하시고 의로운 사람을 의롭다 하십니다. 사람들은 내가 의롭다고 하면 죄를 지은 사람이 어떻게 의롭냐고 합니다. 제가 죄를 짓지 않아서 의로운 것이 아니라 예수님의 피로 내 죄가 씻어져서 의롭습니다.

"예수는 우리 범죄함을 위하여 내어줌이 되고, 또한 우리를 의롭다 하심을 위하여 살아나셨느니라."(롬 4:25)

얼마나 놀랍습니까! 제 마음에서는 내가 죄인이라는 생각이 자주 일어날 때가 있었습니다. 제가 죄를 지은 것이 기억나고, 양심에 가책을 받는 것이 사실입니다. 그러나 저는 의롭습니다. 예수님이 십자가에 못 박혀 내 죄를 다 씻었기 때문입니다.

"… 내가 그들의 죄악을 사하고 다시는 그 죄를 기억지 아니하리라. 여호와의 말이니라."(렘 31:34)

하나님이 말씀하셨습니다. 우리 죄악을 사하고, 다시는 그 죄를 기억지 않는다고 하셨습니다. 제가 하늘나라에 갔을 때 하나님이 "박옥수, 너 이런 죄 이런 죄를 지었잖아." 하시면 얼마나 부끄럽겠습니까. 그런데 그렇지 않습니다. 하나님이 저를 의롭다고 하셨고, 제가 지은 죄를 기억지 않는다고 하셨습니다. 하나님이 기억이 좋은 분이지만 우리 죄를 기억지 않는다고 하셨습니다. 이해가 잘 가지 않지만 성경 말씀이 그렇다면 그런 것입니다.

저는 분명히 죄를 지은 죄인이었는데 하나님이 저를 보고 의롭다고 하셨습니다. 그렇게 말씀하시기 위해 예수님이 십자가에 못 박혀 죽으셨습니다. 제가 태어나서부터 죽을 때까지 지을 그 많은 죄가 예수 그리스도가 십자가에 못 박히실 때 끝이 났습니다. 예수님이 우리 죄를 씻기 위해 십자가에 못 박혀 죽으셨고, 우리를 의롭다 하시기 위해 다시 살아나셨습니다.

"예수는 우리 범죄함을 위하여 내어줌이 되고, 또한 우리를 의롭다 하심을 위하여 살아나셨느니라."(롬 4:25)

예수님이 우리에게 이렇게 말씀하십니다.

"내 몸에 있는 못 자국을 봐라. 창 자국을 봐라. 가시관 자국을 봐라. 내가 네 죄를 위해 죽었다. 그래서 네가 의롭게 되었다."

Pastor Ock Soo Park's Lectures on

THE GOSPEL OF JOHN

15

예수님의 두 제자 빌립과 안드레

◦ 밤에 별이 빛나듯 어두움 속에서 하나님만 보였다
◦ 빌립이 제시한 계산과 안드레가 제시한 믿음
◦ 내가 당신의 삶을 배우고 싶습니다
◦ 우리의 진정한 친구요 주主이신 예수님
◦ 빌립은 계산에 예수님을 넣지 않았다
◦ 우리를 죄에서 건지시기에 부족함이 없었다

예수님의 두 제자 빌립과 안드레

요한복음 6장은 예수님이 보리떡 다섯 개로 오천 명을 먹이시는 놀라운 이야기를 하고 있습니다. 그런데 예수님은 그 일을 제자들을 통해 나타내기를 원하셨습니다. 그래서 예수님이 큰 무리가 오는 것을 보고 빌립에게 물으셨습니다. "우리가 어디서 떡을 사서 이 사람들로 먹게 하겠느냐?"

밤에 별이 빛나듯 어두움 속에서 하나님만 보였다

저는 복음 전도자가 되어 오랫동안 복음의 일을 했습니다. 지금 생각해 보면, 오래 전부터 하나님께서 저를 이끌어 오셨다고 말할 수 있습니다. 제가 1962년에 죄 사함을 받았습니다. 그리고 1963년에 복음을 전하기 위해 '압곡동'이라는 동네로 갔습니다. 경남 합천군에 있는 작은 시골 마을입니다. 제가 그 동네에 갔을 때 기대할 게 아무것도 없었습니다. 도움을 줄 사람이 아무도 없었습니다. 밤이 어두우면

별이 빛나듯 그 어두움 속에서 하나님만 보였습니다. 압곡동에 2~3일 먹을 양식을 가지고 가서 9개월을 살았습니다. 9개월 동안 하나님이 나를 어떻게 먹이시고 입히시는지 경험할 수 있었습니다. 그리고 복음을 전해서 죄 사함을 받는 사람들이 일어났습니다.

그때 저는 모든 면이 어려웠기 때문에 하나님 외에는 바라볼 것이 아무것도 없었고, 하나님이 저를 돕고 지키시는 것을 볼 수 있었습니다. 하루는 새벽에 일어나 성경을 읽고 있는데 '오늘은 하나님이 음식을 많이 주시겠다'는 마음이 들었습니다. 그 동네에서 저에게 음식을 줄 사람은 아무도 없었기 때문에 '누가 나에게 음식을 주지?'라는 생각이 들었습니다.

얼마 후, 밖에서 누가 저를 불렀습니다. 문을 열고 보니 이웃 마을에 사는 청년이었습니다. 그 청년이 '우리 마을에 끝분이라는 아가씨가 있는데 그 오빠가 군대에서 죽어 시신이 마을에 도착해서 장례를 치러야 하니 와서 장례를 주관해 달라'고 부탁했습니다. 그날 장례를 치르면서 음식을 정말 많이 먹었습니다.

하루는 어떤 부인이 장사하기 위해 제가 있던 집에 찾아와 주인아주머니와 이야기하는 것을 듣고 나가서 복음을 전했습니다. 2시간가량 복음을 전해 저를 통해서 처음으로 구원받는 사람이 생겼습니다. 잊을 수 없는 일이었습니다. 그때 저는 스물두 살이었고 그 부인은 저보다 스무 살 이상 나이가 많은 분이었습니다. 그런데 우리는 정말 사랑했습니다. 인간적인 사랑이 아니라 예수님 안에서 사랑했습니다. 그분은 예수님을 뜨겁게 사랑했습니다. 하루 종일 장사하고 저녁에 성경 공부를 하기 위해 매일 왔습니다. 아침이면 식사 준비를 해

놓고, 상당히 먼 거리인데도 제가 먹을 음식을 가지고 뛰어와 주고 돌아갔습니다.

몇 달 뒤에 제가 '장팔리'라는 곳으로 이동하게 되었습니다. 압곡동에서는 그 부인이 말씀을 전하게 했습니다. 죽어도 못 하겠다고 하는 것을 꼭 해야 한다고 시켰습니다. 그분이 말씀을 전하기 시작했습니다. 그분이 기도하면 병이 낫고, 그분을 통해서 많은 사람이 구원받기 시작했습니다. 정말 놀라운 역사가 일어났습니다. 지금은 세상을 떠나신 지 10년이 더 지났습니다.

빌립이 제시한 계산과 안드레가 제시한 믿음

하나님이 많은 것을 준비해서 저에게 주셨습니다. 인간이 자기 방법으로 무엇을 어떻게 하는 것보다 하나님이 준비하시는 것이 크고 놀랍습니다. 예수님이 많은 무리가 몰려오는 것을 보고 빌립에게 물으셨습니다.

"우리가 어디서 떡을 사서 이 사람들로 먹게 하겠느냐?"

대도시라도 5천 명이 먹을 음식을 산다는 것이 쉽지 않은데 들판 어디에서 떡을 살 수 있겠습니까? 예수님의 물음에 빌립의 입에서 이런 대답이 나왔습니다.

"각 사람으로 조금씩 받게 해도 200데나리온의 떡이 부족하겠습니다."

그때 다른 제자 안드레가 예수님께 나아와 말했습니다.

"여기 한 아이가 있어 보리떡 다섯 개와 물고기 두 마리를 가지고 있습니다. 그러나 그것이 이 많은 사람들에게 얼마나 되겠습니까?"

그 말을 듣고 빌립이 생각합니다.

'저런 사람을 제자로 두고, 예수님도 안 되셨지. 보리떡 다섯 개로 오천 명을 어떻게 먹여?'

두 사람은 똑같이 예수님의 제자였지만 빌립이 제시한 것은 인간적으로 정확한 계산이었고, 안드레가 제시한 것은 믿음이었습니다. 두 사람 모두 예수님을 따라다녔습니다. 빌립은 예수님을 '정말 좋은 일을 하시는 참으로 훌륭하신 선생님이다' 하며 따랐고, 안드레는 예수님이 행하시는 하나님의 능력을 눈여겨보았습니다. 물이 포도주로 변하는 것을 보았고, 38년 된 병자가 일어나서 걸어가는 것을 보았습니다. 그래서 '저분은 하나님의 아들이야. 저분에겐 능치 못한 일이 없어'라는 마음을 가지고 있었습니다. 그렇게 지낸 결과 문제 앞에서 빌립은 자기 안에서만 생각했고, 안드레는 예수님을 넣고 생각했습니다.

'예수님이 우리의 모든 문제를 해결하셔야 돼. 보리떡 다섯 개와 물고기 두 마리는 적지만 예수님이 일하시면 얼마든지 이 사람들을 먹일 수 있어.'

내가 당신의 삶을 배우고 싶습니다

제가 1968년에 군에서 제대하고 경북 김천으로 갔습니다. 그때 제가 가지고 있던 돈이 3,500원이었습니다. 그 돈으로 김천에서 방을 얻어 복음 전하는 일을 하려고 했습니다. 갓 제대해 경제 감각이 없어서 방을 얻는 데 돈이 얼마나 드는지 몰랐습니다. 실제로 김천에 가서 방을 전세로 얻으려고 하니 괜찮아 보이는 방은 7만 원을 달라고 했습니다. 제가 가진 돈은 방 값의 20분의 1밖에 되지 않았습니다.

김천 시내를 위에서 아래까지 걸어가면서 건물들을 다 보았습니다. 그리고 혼잣말로 이야기했습니다.

"주님, 저는 이 도시에 복음을 전하고 싶습니다. 저기에는 다방이 있네요. 저기에는 식당이 있고요. 저기엔 양품점이 있습니다. 주님, 세상 신들도 자기 사람들에게 저렇게 건물을 주시는데 하나님의 종인 제가 이곳에서 복음을 전하려고 하는데 건물을 주십시오."

김천 시내를 다 둘러본 뒤, 제가 전에 머물렀던 압곡동이라는 산골 마을로 갔습니다. 압곡동에서 지내면서 시간이 날 때마다 김천에 가서 돈은 없지만 건물들을 둘러보았습니다. 하루는 김천 시내를 둘러보고 거창으로 가는 버스를 탔는데 제 옆자리에 영국 사람이 탔습니다. 그분 한국어 실력이나 제 영어 실력이 비슷해 영어와 한국어를 섞어가며 이야기를 나누었습니다.

"당신 이름이 뭡니까?

"존 앤더슨입니다."

"무얼 하시는 분입니까?"

"선교사입니다."

"지금 어딜 갑니까?"

"여행하고 있습니다."

"무슨 여행입니까? 전도 여행입니까?"

"아니, 그냥 여행하고 있습니다."

그 소리를 듣고 제가 화가 났습니다.

"당신, 타락했습니다. 선교사가 복음을 전해야지 무슨 여행을 다닙니까? 당신, 영국으로 돌아가세요. 당신 같은 썩은 선교사가 한국에 오면 한국이 더러워집니다."

저는 젊어서 버릇없이 이야기했는데 그분은 영국 신사였습니다. 제가 하는 이야기를 잠잠히 듣고 있었습니다. 버스가 거창에 도착해 버스에서 내린 뒤 압곡동으로 가는 버스를 타기 위해 버스표를 사려고 하는데 그분이 저에게 다가왔습니다.

"미스터 박, 오늘 내가 당신 집에 가서 자면 안 됩니까?"

따라오라고 했습니다. 그분이 우리 집에 왔습니다. 산골 마을이라 수도도 없고 우물도 없어서 흐르는 냇물을 마시고 살던 때였습니다. 그 마을 위에 동네가 없어 물이 깨끗해서 우리는 아무렇지 않게 마셨지만 그분은 냇물을 먹고 설사를 하기 시작했습니다. 너무 미안했습니다. '내가 생각 없이 냇물을 드렸구나….' 그 후로는 물을 끓여서 드렸지만 화장실을 계속 들락거렸고, 며칠 우리 집에 누워 계셨습니다. 4일째 되던 날 몸이 좀 좋아져서 그분이 일어나셨습니다.

"이제 돌아가겠습니다."

"정말 미안합니다."

그분이 우리 집을 떠나면서 이렇게 말했습니다.

"미스터 박, 나는 많은 선교사도 보았고 목사도 만나보았습니다. 그런데 당신처럼 사는 사람은 본 적이 없습니다. 나는 당신의 삶을 배우고 싶습니다. 1년만 당신하고 같이 살게 해주십시오."

그분이 간곡하게 부탁하는데 제가 웃었습니다.

"아니, 제 삶에서 배울 게 뭐가 있습니까? 그냥 사는 건데요."

"꼭 1년만 같이 살게 해주십시오."

그분이 마음을 다해 부탁해 제가 말했습니다.

"저는 나를 돕는 사람이 아무도 없습니다. 하나님을 믿는 믿음으로 삽니다. 하나님이 음식을 주시지 않으면 종종 굶습니다. 당신은 영국에서 선교비가 오지 않습니까? 우리가 같이 살면 당신 집에는 빵이 있고 우리 집에는 음식이 떨어지면 당신이 어떻게 할 것 같습니까? 나에게 빵을 주지 않겠습니까? 그러면 내가 하나님 말고 당신을 바라보기 때문에 안 좋습니다. 만일 내가 굶어도 당신이 나에게 빵을 주지 않고 나도 당신에게 빵을 주지 않고, 서로 돈 거래를 하지 않겠다고 약속하면 함께 지낼 수 있습니다."

"좋습니다."

"저는 얼마 전에 군대에서 제대했고, 이제 김천에 가서 복음의 일을 하려고 합니다. 그러면 김천에 집을 얻어서 오십시오."

그렇게 이야기를 마치고 그분이 돌아가셨습니다. 그리고 열흘쯤 뒤에 다시 찾아오셨습니다.

"미스터 박, 내가 하나님께 기도했는데 하나님이 집을 얻을 돈을 주셨습니다. 이 돈으로 김천에 집을 얻어서 함께 지냅시다."

앤더슨 선교사님이 35만 원을 들고 왔습니다. 그 돈이면 김천에서 제일 좋은 집을 살 수 있었습니다. 저는 조금 섭섭했습니다. '하나님, 영국 사람이 기도하면 금방 응답하시고 한국 사람이 기도하면 늦게 들어주십니까?' 그래도 하나님이 그분을 통해서 제가 지낼 집을 마련해 주신다는 생각이 들었습니다.

저를 돕는 사람이 아무도 없었지만 하나님을 의지하고 사는 삶이 행복했습니다. 여비가 없을 때가 자주 있었고, 음식이 없어서 굶을 때가 있었지만, 하나님이 순간순간 저를 인도해 주셔서 정말 놀라웠습니다.

우리의 진정한 친구요 주主이신 예수님

빌립과 안드레는 차이가 있었습니다. 안드레는 예수님이 일하시는 것을 보면서 '저분은 하나님의 아들이야. 저분이 일하시면 보리떡 다섯 개로 5천 명을 먹이실 수 있어'라는 믿음이 있었습니다. 반대로 빌립은 예수님을 마음에 두지 않고 자신의 계산 안에 머물러 있었습니다.

우리에게는 우리를 이끌어 온 육신의 생각이 있습니다. 육신을 가지고 사탄의 유혹도 받으면서 살고 있습니다. 그렇기 때문에 우리 생각과 예수님의 생각은 전혀 다릅니다. 예수님은 우리의 진정한 친구요, 우리 주님이십니다. 우리가 자신 속에서 일어나는 많은 생각을 버리고 예수님의 말씀을 받아들이면 예수님과 한마음이 됩니다. 그러면 예수님의 능력이 우리 삶 속에 살아 역사합니다. 저는 그런 사실들로 인해 주님 앞에 너무나 감사했습니다.

제가 김천에서 복음을 전하면서 굉장히 어려웠습니다. 어쩌면 김천 시내에서 우리가 제일 가난했는지 모릅니다. 그렇지만 하나님이 내 안에 살아 일하시는 것을 분명히 볼 수 있었습니다. 김천에서 제가 결혼도 하고, 예쁜 딸도 낳았습니다.

1972년에 제 딸이 태어났고, 1973년 딸의 돌이 지난 다음날 하나님의 인도를 따라 대구로 갔습니다. 대구에 살면서도 한 번도 사람을 의지하지 않고 하나님을 바라보았습니다. 하나님이 정확히 저를 돕고 지키시는 것을 경험할 수 있었습니다. 제가 필요한 모든 것을 인간적인 방법으로 얻지 않았고 하나님이 도우셨습니다. 어려울 때도 있고 가난할 때도 있었지만 하나님이 우리를 도우시는 것이 신비했습니다. 하나님이 참으로 나의 하나님이셨고, 나를 인도해 주셨습니다.

저는 지금까지 누구에게도 어렵다고 손을 벌린 적이 없습니다. 가난하다고 다른 사람에게 그런 사실을 표시한 적도 없습니다. 다만 하나님께 기도했습니다. 그때마다 하나님이 정확히 저를 도우셨습니다.

김천에 가기 전 군대에서 지내며 복음을 전하는 동안에도 하나님이 나와 함께 계시면서 저를 돕는 것을 정확히 보았습니다. 제가 1968년 2월에 제대했는데 부대를 나오면서 이런 생각이 들었습니다. '이런 하나님이 나와 함께 계시면 내가 사하라사막에서도 얼마든지 살겠다. 남극에 가도 얼마든지 살겠다.' 하나님이 제 삶에 살아 역사하셨습니다. 지금은 부족한 것 없이 잘살고 있습니다. 교회에 성도들이 많고 성도들이 저를 돌아보기도 하지만, 지금도 하나님께서 제가 하는 모든 일에 함께하십니다.

빌립은 계산에 예수님을 넣지 않았다

안드레는 예수님을 믿었습니다. 예수님이 "우리가 어디서 떡을 사서 이 사람들로 먹게 하겠느냐?"라고 말씀하셨을 때, '주님이 하셔야죠'라고 생각했습니다. 그 벌판에서 5천 명이 먹을 음식을 어떻게 구합니까? 뉴욕이나 서울 같은 대도시에서도 5천 명이 먹을 음식을 산다는 것이 쉽지 않을 것입니다. 안드레는 말했습니다.

"여기 한 아이가 있어 보리떡 다섯 개와 물고기 두 마리를 가지고 있습니다. 그러나 그것이 이 많은 사람들에게 얼마나 되겠습니까?"

안드레는 예수님을 알았습니다. '저분은 하나님의 아들이야. 저분은 보리떡 다섯 개로 이 문제를 얼마든지 해결하실 수 있어.' 똑같이 갈릴리에서 지낸 제자지만 빌립은 그렇지 않았습니다.

"떡을 사서 먹이려면, 각 사람에게 조금씩 줘도 200데나리온의 떡이 부족합니다."

빌립은 계산이 빨랐습니다. 그러나 그 계산에 예수님을 넣지 않았습니다.

여러분의 삶 속에, 여러분의 계산에 예수님이 들어 있습니까? 저는 구원받은 뒤 많은 일들을 겪고, 우리 선교회에도 많은 일들이 있었지만 인간적인 방법이나 수단을 쓴 적이 한 번도 없었습니다. 그때마다 하나님이 우리를 돕고 지키셨습니다. 예수님이 우리 주인이시기 때문입니다. 정말 어려운 때도 있었던 것이 사실이지만 살기에 충분했고, 지금까지 잘 살고 있습니다. 하나님이 제 생활만 도우시는 것이 아닙니다. 이제 제가 나이가 많은데 제 건강이나 자녀들이나 교회 일이나 전부 하나님이 도우시는 것을 정확히 볼 수 있습니다.

하나님이 나를 도우시는 것보다 더 중요한 것은 나를 죄에서 건지신 것입니다. 예수님이 십자가에서 흘리신 피는 죄 속에 빠져 있는 나를 죄에서 건져내기에 부족함이 전혀 없었습니다.

우리를 죄에서 건지시기에 부족함이 없었다

예수님이 안드레의 말을 듣고 제자들을 시켜 무리를 잔디에 앉게 하셨습니다. 그리고 보리떡 다섯 개를 축사한 뒤 떼어서 제자들에게 나눠주셨습니다. 그 떡을 5천 명이 먹고 열두 광주리가 남았습니다. 인간적으로 이해가 안 가지만 저는 그 예수님을 믿습니다. 예수님은 5천 명이 아니라 5만 명, 50만 명, 500만 명이라도 먹이실 수 있습니다. 이스라엘 백성이 광야에서 40년을 지내는 동안, 하나님이 장정만 60만 명이나 되는 그들을 먹이셨습니다. 그것이 하나님의 능력입니다.

그것보다 더 중요한 것은, 우리가 어떤 죄를 지었고 어떤 악을 행했으며 얼마나 더럽든지 예수님은 우리를 죄에서 건지시기에 부족함이 없었습니다. 예수님이 십자가에 못 박혀 우리가 받을 형벌을 대신 받으셨습니다. 십자가에서 흘리신 피로 우리 죄를 눈처럼 희게 씻었습니다.

우리 죄가 씻어진 것이 눈에 보이면 좋겠습니다.

"너, 죄가 씻어졌어?"

"어, 씻어졌어."

그런데 눈에 보이지 않습니다. 그러나 예수님은 우리 죄를 눈보다 더 희게 씻으셨습니다. 우리는 그 사실을 믿음으로 받아들이는 것입니다.

예수님이 십자가에 못 박혔다고 하면서도 많은 사람들이 죄를 용서해 달라고 기도합니다. 그것은 예수님을 불신하는 것입니다. 예수님이 우리 죄를 씻기 위해 십자가에 못 박혀 죽으셨고, 그로 말미암아 우리를 눈보다 희게 했다고 말씀하셨기 때문입니다. 죄를 볼 수 있는 눈이 있습니까? 없습니다. 그러나 하나님이 말씀하시길 우리 죄가 다 씻어졌다고 하셨습니다. 우리 죄와 허물을 다시 기억지 않는다고 하셨습니다. 확인하려고 하지 말고 예수님이 우리 죄를 씻었다는 말씀을 믿으시기 바랍니다. 그러면 행복해집니다.

Pastor Ock Soo Park's Lectures on

THE GOSPEL OF JOHN

16

빌립이 본 예수님과 안드레가 본 예수님

◦ 예수님의 능력을 끌어들이기 위해 마음이 연결되면
◦ 예수님을 믿지 못해 인간적인 계산을 들고 나온 빌립
◦ 예수님이 능히 해결하실 수 있다고 믿은 안드레
◦ 전선이 연결되면 전기는 어느 집에서든 일한다

빌립이 본 예수님과 안드레가 본 예수님

지난 시간에 빌립과 안드레에 대해 이야기했습니다. 사람은 다 같지 않습니다. 예수님을 만나 믿음을 가진 사람이 있고, 그렇지 않은 사람이 있습니다. 또 같은 사람이라 해도 생각이 자주 바뀝니다. 어떤 사람이든지, 예수님을 믿는 믿음을 가질 때 일어나는 일이 놀랍게 여겨질 것입니다.

예수님의 능력을 끌어들이기 위해 마음이 연결되면

예수님의 제자들이 같은 동네에서 자라 같은 예수님을 만났고 같이 예수님을 따랐습니다. 그런데 예수님이 5천 명이나 되는 사람들을 먹이려고 생각하셨을 때 반응이 달랐습니다. 예수님이 빌립에게 물으셨습니다.

"우리가 어디서 떡을 사서 이 사람들로 먹게 하겠느냐?"

빌립에게 믿음이 없었기 때문에 예수님이 빌립에게 믿음을 주시기 위함이었습니다. 예수님이 '내가 생명의 떡'이라고 하셨습니다. 예수님이 그들을 능히 먹이실 수 있었습니다. 우리 주 예수님은 참으로 능치 못한 일이 없습니다.

한번은 제가 울산에서 집회를 마치고 서울로 올라가고 있었습니다. 출발했을 때가 밤 열 시로, 네 시간 반쯤 걸리니까 서울에 도착하면 새벽 두세 시경이 되는 상황이었습니다. 제가 잠을 자는 시간과 맞지 않아서 서울로 가는 길에 고속도로에서 가까운 교회에 가서 자고 가려고 했습니다. 곳곳에 우리 선교회 산하 교회들이 있어서 잠을 재워 달라고 부탁하면 어느 교회든 자게 해줍니다.

자고 가기 제일 좋은 교회가 기쁜소식대구교회여서 그곳에서 자고 가기로 했습니다. 그런데 우리가 이야기하면서 가다가 대구 인터체인지를 지나쳐버렸습니다. 그 다음 인터체인지는 구미여서 기쁜소식구미교회 목사님에게 전화를 했습니다.

"목사님, 미안합니다. 구미 교회에서 하룻밤 자고 갔으면 좋겠습니다."

교회에 방이 여러 개 있어서 우리가 자는 것이 별 문제가 안 되었습니다. 그날 밤 우리가 구미 교회에 가서 잠을 자고, 몰래 서울로 올라가려고 아주 이른 새벽에 일어났습니다. 조용히 옷을 입고 가방을 들고 방문을 열고 나가려고 하다가 깜짝 놀랐습니다. 문 앞에 구미 교회 목사님이 서 있었습니다. 제가 새벽에 일찍 갈 것이라고 생각해 기다리고 있었던 것입니다.

"목사님, 새벽에 기도회가 있습니다."

한국에서는 보통 5시 반쯤에 새벽 기도회를 합니다.

"말씀을 전해주고 가십시오."

잠을 잔 값을 내라는 것입니다. 어쩔 수 없이 잡혀서 그날 새벽에 말씀을 전했습니다. 그런데 예배당 끝에 있는 시계 아래에 어떤 여학생이 휠체어를 타고 앉아 있었습니다. 예배를 마친 뒤 제가 그 여학생에게 다가가 웃으면서 농담을 했습니다.

"얘, 다른 사람은 의자에 앉아 있는데 너는 왜 휠체어에 앉아 있어? 휠체어에 앉아 있는 것이 재미있어?"

그 여학생이 저에게 말했습니다.

"목사님, 저는 열아홉 살이고요, 고등학교 3학년이에요. 제 이름은 최수현이에요."

자신이 왜 휠체어에 앉아 있는지 이야기했습니다. 얼마 전에 발끝에 감각이 사라졌다고 했습니다. 그 후 몸의 감각이 점점 죽어가 종아리에 이르고, 무릎에 이르고, 배에 이르고, 이젠 몸의 감각들이 대부분 죽어서 물컵을 들고 물을 마실 수도 없다고 했습니다. 대변도 볼 수 없고 소변도 볼 수 없었습니다. 너무 힘들게 고생하고 있었습니다. 의사는 말하기를, 척추 신경에 염증이 생긴 척수염으로 척추 신경이 썩어서 침대에 누워 지내다가 얼마 후에 죽을 거라고 했습니다. 요즘처럼 의학이 발달한 시대에 염증 하나 치료하지 못하느냐고 물으니, 치료가 안 된다고 했습니다.

이제 막 꽃처럼 피어나는 얼굴이 예쁜 여학생이 죽어가고 있는 것이 너무 안타까웠습니다. 제가 그 여학생에게 말했습니다.

"수현아, 내 이야기 잘 들어. 전기는 말이야 전선만 연결되면 가만히 있어도 어느 집에든 들어가. 그 전기로 냉장고도 돌리고 세탁기도 돌리고 에어컨도 돌리고 얼마든지 쓸 수 있어. 그처럼 전기를 끌어들여서 사용하기 위해서는 전선을 연결해야 돼. 집에 수돗물을 끌어들이려면 수도 파이프를 연결해야 돼. 그럼 예수님의 능력을 끌어들이기 위해 어떻게 하면 우리가 예수님과 연결되는지 알아? 전선을 연결하면 전기가 들어오고 수도 파이프를 연결하면 수돗물이 들어오듯이, 예수님과 네 마음이 연결되면 어떤 일이 일어나는지 알아? 이 병 아무것도 아니야."

제가 수현이에게 어떻게 하면 우리 마음이 예수님과 연결되는지 설명했습니다.

"예수님과 네 마음이 연결되려면 네 마음이 예수님과 같아져야 돼. 첫 번째로, 너는 죄가 있었을 거야. 그런데 예수님이 십자가에서 흘리신 피로 네 모든 죄가 씻어졌다고 성경에 기록되어 있어. 그럼 어떻게 하면 네 마음이 예수님과 같아지는지 알아? 네가 죄를 지었고 악을 행했지만 그 죄가 예수님의 피로 씻어졌다고 성경에 기록된 대로 죄가 씻어졌다고 믿으면 돼.

두 번째로 이야기하고 싶은 것은, 예수님이 세상에 계실 때 많은 병자를 보셨어. 38년 된 병자, 눈먼 소경, 문둥병자, 혈루증 걸린 여자, 죽은 나사로…. 예수님은 모든 병을 고치실 수 있는 능력이 있어. 그렇기 때문에 마태, 마가, 누가, 요한 복음 등 4복음서를 보면 예수님이 병든 자를 못 본 체하고 지나가신 적이 한 번도 없어. '내가 지금 바쁘니까 다음에 와'라고 하시지도 않고, '피곤해서 지금은 못 고쳐'라고 하신 적이 한 번도 없어. 반드시 고치셨어. 네가 지금 병으로 죽어가고 있는데 그 예수님이라면 반드시 네 병을 고치실 거야. 예수님은 너를 고치길 원하셔. 그럼 네가 어떤 마음을 가지면 예수님과 같은 마음이 되지? '아, 예수님이 나를 고치길 원하시는구나. 내 병을 고치시겠구나.' 그 마음을 갖는 거야."

제가 수현이에게 예수님과 마음이 같아지는 길을 계속 설명했습니다.

"예수님은 너에게 닥치는 문제가 네 문제가 아니라 예수님의 문제라고 생각하셔. 그래서 네 죄를 씻기 위해 너 대신 십자가에 못 박혀 죽어서 네가 받아야 할 죄의 형벌을 다 받으셨어. 그렇게 해서 네 죄를 깨끗하게 씻으셨어. 네 모든 죄가 예수님에게로 건너갔고, 예수님이 죄를 짊어지고 십자가에서 죽으심으로 네 죄가 씻어진 거야. 첫 번째로 이 사실을 믿어야 해.

그리고 예수님은 네가 병든 것을 절대로 못 본 척하지 않고 반드시 고치셔. 38년 된 병자를 고치시고, 죽은 나사로와 야이로의 딸을 살리시고, 문둥병자를 낫게 하시고, 눈먼 소경의 눈을 뜨게 하신 것처럼 예수님은 너를 고치길 원하셔. 두 번째로 이 사실을 믿는 거야. 성경에서 예수님이 모든 병자를 고치신 것처럼 너도 고치실 수 있어. 네가 어떻게 하면 예수님과 마음이 같아지는지 알아? '아, 예수님이 나를 고치시겠네. 그럼 내 병이 낫겠네. 내가 걸을 수 있겠네. 정상으로 살 수 있겠네.' 이 마음을 갖는 거야. 그러면 네 마음이 예수님의 마음과 같아져서 연결이 돼. 연결된 상태에서 예수님의 능력이 네 안에 들어오면 네 병은 그게 어떤 병이든지 문제가 안 돼."

수현이에게 30분쯤 이야기했습니다. 수현의 눈이 반짝 하고 빛나기 시작했습니다. 제가 하는 이야기를 마음에 받아들였습니다. 제가 수현이 머리에 손을 얹고 기도했습니다.

"하나님, 수현이를 고쳐 주십시오. 의사는 척수염으로 치료가 불가능해서 죽는다고 합니다. 하나님이 고쳐 주십시오."

기도를 마치고 저는 차를 타고 서울로 올라왔습니다. 그리고 정신없이 보냈습니다. 5개월쯤 지나 편지가 한 장 왔습니다. 예쁜 노란 꽃봉투에 들어 있는 편지지에 깨알 같은 글씨가 적혀 있었습니다. 수현이가 보낸 편지였습니다.

"목사님, 안녕하세요. 저 최수현이에요."

편지 내용이 정말 예뻤습니다. 자신이 물컵도 들지 못하고 의사는 침대에 누워 있다가 죽을 거라고 말했지만, 이제는 편지를 쓰게 되고 며칠 전부터는 걷기 시작했다고 했습니다. 걷는 것이 서툴지만 잘 걷게 되면 저에게 찾아와 걷는 모습을 보여주겠다고 했습니다. 수현이가 나으면서 가족들에게도 많은 변화가 찾아왔다고 했습니다. 편지를 받고 하나님께 너무 감사했습니다.

한 달쯤 뒤에 수현이가 부모님과 함께 제가 있는 사무실에 찾아왔습니다. 너무 기뻤습니다. 제가 수현이 손을 잡고 사무실을 한 바퀴 돌았습니다. 걷는 것이 좀 서툴긴 하지만 그래도 잘 걸었습니다. 그때가 이른 봄이었고, 여름이 되어 IYF 월드캠프가 시작되었습니다. 그 캠프에 수현이도 참석했습니다. 캠프 기간에 단축마라톤을 했는데 800명의 여학생들 가운데 수현이가 300등을 했다고 했습니다.

지금은 아주 건강해졌습니다. 시집을 가고 싶다며 좋은 신랑감을 찾고 있다고 합니다. 하나님이 얼마나 감사한지 말로 다 할 수 없습니다.

예수님을 믿지 못해 인간적인 계산을 들고 나온 빌립

하나님이 우리를 정말 사랑하십니다. 하나님의 은혜가 얼마나 큰지 모릅니다. 그런데 우리는 그 하나님을 우리 생각이나 계산에 맞으면 믿고 맞지 않으면 믿지 않습니다. 그러나 하나님은 우리 생각이나 계산 안에 계시지 않습니다. 우리가 하나님을 믿을 때 하나님이 일하시는 것을 저는 정말 많이 보았습니다.

빌립은 예수님과 같이 지내면서 예수님의 능력과 역사를 많이 보았지만 안타깝게도 예수님을 믿는 마음이 없었습니다. 그래서 예수님이 어떻게 무리를 먹여야 할지 물으셨을 때 인간적인 계산을 들고 나왔습니다. 그런 빌립이 예수님은 늘 섭섭했습니다. 예수님은 빌립이 믿음을 갖게 되길 원해 빌립에게 그렇게 말씀하신 것입니다. 안드레는 빌립과 달랐습니다.

"주님, 여기 한 아이가 보리떡 다섯 개와 물고기 두 마리를 가지고 있습니다. 그러나 그것이 이 많은 사람들에게 얼마나 되겠습니까?"

우리나라에는 고속도로에 버스 전용 차선이 있습니다. 승용차는 그 차선으로 가지 못하고 승합차는 갈 수 있습니다. 주말에 고속도로의 일반 차선은 정체가 심하지만 승합차를 타고 전용 차선으로 달리면 쫙 빠져나갑니다. 그래서 정체가 심한 주말에 장거리를 갈 때에는 전용 차선을 타기 위해 승합차를 타고 갑니다.

예수님과 함께하는 것이 전용 차선을 달리는 것과 같습니다. 우리가 예수님을 믿는 믿음을 가질 때, 예수님은 천지를 창조하신 하나님이시기 때문에 어떤 일이든지 이루십니다. 예수님은 십자가에 못 박혀 죽어 우리 죄를 씻으셨습니다. 예수님이 가장 기뻐하시는 것이, 우리가 예수님의 피로 우리 죄가 씻어졌다고 믿는 것입니다. 반대로 예수님이 가장 섭섭하신 것은 사람들이 "주님, 죄인입니다." 하는 것입니다. 그 이야기를 들을 때 예수님이 얼마나 가슴이 아프시겠습니까.

"아니야. 너, 죄인 아니야. 내가 십자가에 못 박힐 때 네 죄를 위해 죽었어. 네 죄가 다 씻어졌어. 너는 죄인이 아니야. 넌 깨끗해."

제가 죄 사함을 받고 난 뒤 '내가 무얼 하면 주님이 기뻐하실까?' 생각했습니다. 그때 저는 내가 목회를 할 만한 자격은 없다고 생각했습니다. 다만 한 가지 아는 것은 예수님이 십자가에 못 박혀 모든 죄를 씻어놓았다는 사실이었습니다. 그런데 교회에 다니는 많은 사람들이 울면서 죄를 용서해 달라고 했습니다. 성경에는 **"… 내가 그들의 죄악을 사하고 다시는 그 죄를 기억지 아니하리라. 여호와의 말이니라."(렘 31:34)**라고 했습니다. 하나님이 우리에게 분명히 말씀하셨습니다. "내가 네 죄를 사했어. 내가 네 죄를 기억하지 않아." 그런데 사람들이 "주님, 죄인입니다." 하면 예수님이 십자가에 못 박혀 죽으신 것이 아무 의미가 없습니다. 그처럼 죄인이라고 하는 사람들에게 우리 죄가 다 씻어졌다는 복음을 전하면 하나님이 기뻐하시겠다는 마음이 들었습니다. 그래서 저는 복음 전하는 일을 해야겠다고 마음먹었습니다.

예수님이 능히 해결하실 수 있다고 믿은 안드레

요한복음 6장에서는 빌립과 안드레 이야기를 하고 있습니다. 빌립은 예수님의 역사를 많이 보았지만 5천 명의 사람들에게 떡을 주는 문제는 예수님이 해결하시지 못할 것 같았습니다. 그래서 200데나리온을 가지고 떡을 사도 사람들에게 조금씩밖에 돌아가지 않을 거라고 했습니다. 그러나 돈이 있다 해도 5천 명이 먹을 음식을 사는 것은 쉽지 않습니다.

안드레는 빌립과 달랐습니다. '예수님은 하나님의 아들이셔. 이 많은 사람들을 얼마든지 먹이실 수 있어. 하나님이 장정만 60만 명이나 되는 우리 조상들을 광야에서 40년 동안 먹이셨으니 이 사람들을 먹이시는 것은 문제가 안 돼.'

안드레는 한 아이가 가지고 온 점심을 들고 예수님 앞에 왔습니다.

"주님, 여기 한 아이가 보리떡 다섯 개와 물고기 두 마리를 가지고 있습니다. 그러나 그것이 이 많은 사람들에게 얼마나 되겠습니까?"

예수님이 사람들을 자리에 앉게 하신 뒤 그들을 먹이셨습니다.

똑같이 예수님이 계셨지만 빌립은 예수님이 문제를 해결하시지 못할 거라고 여겼기 때문에 200데나리온의 떡도 모자라다고 했습니다. 안드레는 보리떡 다섯 개와 물고기 두 마리뿐이지만 예수님이 능히 해결하실 수 있다고 믿었습니다.

안드레가 믿은 예수님이 맞습니다. 예수님은 들판에 있는 무리들이 먹을 떡 문제를 해결하실 수 있었습니다. 천지를 창조하신 하나님이 인간의 몸을 입고 이 땅에 오신 분이 예수님입니다. 놀랍지 않습니까! 예수님이 이 땅에 오셔서 세상 모든 사람의 죄를 해결하시고, 모든 사람의 병과 인생의 문제들을 해결하십니다.

전선이 연결되면 전기는 어느 집에서든 일한다

저는 그 예수님을 믿었습니다. 예수님의 피가 내 죄를 씻은 것을 믿었습니다. 그때부터 내 삶이 달라지기 시작했습니다.

전기가 우리 집까지 들어와도, 전선이 조금만 떨어져 있어도 전기는 일할 수 없습니다. 수 백 킬로미터 떨어진 곳에서 전기가 집까지 왔어도 전선이 1센티미터만 떨어져 있어도 전기는 일하지 못합니다. 그러나 전선이 연결되면, 깨끗한 집이든지 더러운 집이든지 착한 사람이 사는 집이든지 악한 사람이 사는 집이든지 관계없이 일을 합니다. 전등을 켜고, 히터나 에어컨을 돌리고, 세탁기도 돌리고, 텔레비전을 켜고, 많은 일을 할 수 있습니다.

우리가 예수님을 믿는 것이 그와 같습니다. 우리 마음을 예수님의 마음과 연결하면 예수님이 능력으로 모든 일을 이루십니다. '예수님이 나를 죄에서 건지셨어.' '이 문제를 해결하실 수 있어.' '내 병을 고치실 수 있어.' 그렇게 믿는 것입니다. 우리 마음이 예수님과 연결되어 예수님이 일하시면 정말 놀라운 하나님의 뜻을 이룰 수 있습니다.

예수님은 우리를 위해 십자가에 못 박히셨습니다. 그때 우리 죄를 다 씻으셨습니다. 또한 예수님은 어떤 문제든지 우리가 당하고 있는 문제들을 해결해주길 원하십니다. 다만 그 예수님을 믿으십시오. 그러면 예수님이 여러분 속에 살아서 일하십니다. 빌립처럼 하지 말고 안드레처럼 믿으십시오.

'예수님이 내 죄를 사하셨어' 할 때 예수님과 한마음이 됩니다. '예수님이 내 병을 고치실 거야' 할 때 우리 마음이 예수님의 마음과 하나가 됩니다. 그러면 예수님의 능력이 우리에게 임합니다. 여러분의 죄도, 병도, 어떤 문제도 예수님이 당신의 능력으로 해결하십니다.

Pastor Ock Soo Park's Lectures on

THE GOSPEL OF JOHN

17

내 살을 먹고 내 피를 마시는 자는

◦ 우리가 예수님을 먹고 예수님처럼 살길 바라시는 하나님
◦ 시몬아, 네가 이 사람들보다 나를 더 사랑하느냐?
◦ 예수님의 살을 먹고 예수님의 피를 마신 베드로
◦ 예수님의 피와 살이 없어서 죄 속에서 사는 사람들
◦ 마음에 예수님의 피가 있으면 죄인일 수 없다

내 살을 먹고 내 피를 마시는 자는

예수님이 세상에 계실 때 많은 일을 하셨습니다. 요한복음 6장에서는 예수님이 들판에서 5천 명이나 되는 주린 사람들을 먹이셨습니다.

우리가 예수님을 먹고 예수님처럼 살길 바라시는 하나님

그 일이 있은 뒤 제자들이 디베랴에서 배를 타고 가버나움으로 건너갔습니다. 그런데 제자들만 배를 타고 먼저 가고, 예수님은 밤에 바다를 걸어가 풍랑과 씨름하던 제자들을 만나 배를 타고 함께 가버나움으로 가셨습니다. 사람들이 전날 배가 떠날 때 예수님은 배에 타시지 않은 것을 보았기 때문에 디베랴에서 예수님을 찾았지만 계시지 않았습니다. 그래서 배들을 타고 가버나움에 가서 보니 예수님이 거기 계셨습니다. 사람들이 예수님에게 "선생님, 언제 여기 오셨습니까?"라고 물었습니다.

예수님이 그들에게 말씀하길 "너희가 나를 찾는 것은 떡을 먹고 배부른 까닭이로다." 하셨습니다. 예수님은 그들에게 떡을 주실 뿐 아니라 예수님 자신을 주길 원하셨습니다. 그들에게 "내 살을 먹고 내 피를 마시는 자는…"이라고 하셨습니다.

예수님이 떡을 주시면 우리가 그냥 먹을 수 있습니다. 그런데 예수님이 당신의 살은 참된 양식이고 당신의 피는 참된 음료라고 하셨습니다. 예수님이 우리에게 당신의 살과 피를 주어 먹고 마시게 한다는 것이 무엇을 의미합니까? 우리가 음식을 먹으면 그 힘으로 삽니다. 예수님의 살을 먹고 피를 마신다는 것은 우리가 예수님의 힘으로 산다는 것을 의미합니다.

예수님의 피를 마신다는 것은 예수님이 흘리신 피로 죄가 씻어졌다는 사실이 우리 마음에 자리 잡는 것을 의미합니다. 예수님의 살을 먹는다는 것은 예수님이 우리 안에 들어와서 예수님에 의해 우리 삶이 이루어진다는 것입니다. 하나님이 인간을 만들 때 마음을 만드셨습니다. 우리 마음에 예수님의 마음을 받아들이면, 예수님의 마음이 우리 안에 들어와서 우리를 인도하면 우리가 예수님처럼 살 수 있습니다.

인간은 죄를 지었습니다. 아담과 하와가 사탄에게 속아 선악을 알게 하는 나무의 열매를 따먹었습니다. 그 열매가 인간에게 선과 악을 구분하는 지혜를 주었습니다. 이제 인간이 하나님의 마음으로 사는 것이 아니라 선과 악을 아는 지혜로 사는 존재가 되었습니다. 사탄에게 속아서 하나님의 길과 정반대의 길을 걷고 있는 것입니다. 하나님은 그처럼 잘못된 길을 가는 우리가 예수님을 먹고 예수님처럼 살게 되기를 바라시는 것입니다.

시몬아, 네가 이 사람들보다 나를 더 사랑하느냐?

그런 이야기를 성경에서 찾아보면, 한 예로 시몬 베드로가 있습니다. 예수님이 잡혀가시던 날 베드로가 따라가다가 예수님을 세 번 부인했습니다. 그때 닭이 우는 소리를 듣고, 예수님이 그에게 하신 "오늘밤 닭 울기 전에 네가 세 번 나를 부인하리라."라는 말씀이 떠올라 베드로가 통곡했습니다. 베드로는 그때부터 '내가 예수님을 부인했다'는 강한 죄책감에 사로잡혔습니다.

예수님이 십자가에 못 박혀 죽으시고 사흘 만에 부활하셨습니다. 그때 베드로가 예수님의 손을 잡고 기뻐해야 하는데 마음에 '내가 예수님을 세 번 부인했다'는 생각이 있어서 예수님 앞에서 자유롭지 못했습니다. 예수님께 무엇인가 이야기해야 하는데 하지 못하고 예수님이 떠나셨습니다. 예수님이 떠나신 뒤 베드로가 생각했습니다. '내가 무슨 사도야? 내가 무슨 예수님의 제자야? 난 예수님을 세 번이나 부인했어. 난 어부야.'

베드로는 예수님의 제자로 사는 삶을 그만두고 물고기를 잡으러 가겠다고 하며 갈릴리 바다로 갔습니다. 다른 제자들도 베드로를 따라 물고기를 잡으러 갔습니다. 그들이 밤새도록 고기를 잡았지만 한 마리도 잡지 못했습니다. 새벽에 예수님이 바닷가에 오셨습니다.

"고기가 있느냐?"

"없습니다."

"그물을 배 오른편에 던져라."

제자들이 그렇게 하자 그물을 들 수 없을 만큼 고기가 많이 잡혔습니다. 베드로가 말씀하신 분이 예수님인 줄 알고 물로 뛰어들어 헤엄

쳐 예수님께로 갔습니다. 육지에 이르러서 보니 예수님이 숯불을 피워 생선과 떡을 구워 놓으셨습니다. 베드로가 예수님과 함께 아침을 먹었습니다. 아침을 다 먹은 뒤 예수님이 베드로에게 물으셨습니다.

"요한의 아들 시몬아, 네가 이 사람들보다 나를 더 사랑하느냐?"

베드로에게는 두 가지 마음이 있었습니다. 마음 중심에서 예수님을 사랑하는 마음을 버릴 수 없었지만, 다른 한 쪽에 '난 예수님을 세 번 부인했어. 내가 무슨 사도야? 내가 무슨 예수님의 제자야?'라는 생각이 자리하고 있었습니다. 베드로 안에서 두 마음이 싸우는데, 베드로는 자책하는 음성을 이기지 못해 고기를 잡으러 갔습니다. 예수님이 그런 베드로에게 "네가 왜 나를 부인했느냐?"라고 묻지 않고 "네가 나를 사랑하느냐?"라고 물으셨습니다. 베드로 안에 예수님을 사랑하는 마음이 있었습니다. 하지만 예수님을 부인한 것에 대한 가책이 너무 커서 예수님을 사랑하는 마음이 죽어버렸습니다. 네가 나를 사랑하느냐는 예수님의 질문을 듣고 베드로가 대답했습니다.

"주여, 그렇습니다. 내가 주를 사랑하는 줄 주께서 아십니다."

예수님은 베드로의 마음에서 예수님을 사랑하는 마음을 일으키셨습니다. 예수님을 부인한 일 때문에 자책하며 모든 것을 포기하려는 마음을 예수님을 사랑하는 마음으로 이기도록 해주셨습니다.

십자가는 예수님이 우리 죄를 위해 죽으신 자리입니다. 베드로가 예수님을 부인한 죄도 십자가에서 씻어졌습니다. 그러니까 예수님이 베드로에게 내 양을 먹이라고 하셨습니다. 그 후에 베드로가 성전 미문에서 구걸하는 앉은뱅이를 보았을 때 성령이 충만해 그를 일으켰습니다. 그날 베드로가 복음을 전해서 5천 명이 구원을 받았습니다. 베드로가 성전 미문에 있던 앉은뱅이에게 뭐라고 했습니까?

"은과 금은 내게 없거니와 내게 있는 것으로 네게 주노니, 곧 나사렛 예수 그리스도의 이름으로 걸으라."

베드로 안에 예수님이 계셨습니다. 전에는 예수님을 부인했다는 가책이 마음에 있었는데 이제 베드로 안에 예수님이 계셔서 앉은뱅이를 일으킬 수 있었습니다. 그 뒤에 중풍병자인 애니아를 고칠 수 있었고 죽은 도르가를 살릴 수 있었습니다. 베드로 속에서 예수님이 일했습니다. 베드로 안에 베드로가 아닌 예수님이 계셨습니다.

예수님의 살을 먹고 예수님의 피를 마신 베드로

우리가 떡을 먹으면 떡이 우리 몸에 들어와서 그 힘으로 사는 것처럼, 예수님을 받아들이면 예수님이 우리 마음에 자리를 잡습니다. 그러면 우리가 일하는 것이 아니라 우리 안에서 예수님이 일하십니다.

사탄은 예수님을 부인한 베드로를 속였습니다. '내가 무슨 예수님의 제자야? 내가 무슨 사도야? 난 아니야. 난 어부야.' 베드로를 속여서 옛날의 고기 잡는 어부로 돌아가게 했습니다. 예수님이 갈릴리 바다에서 고기를 잡고 있던 베드로를 찾아오셨습니다. 숯불을 피우고 생선과 떡을 구워 놓고 베드로를 기다리셨습니다.

"고기가 있느냐?"

"없습니다."

"그물을 배 오른편에 던져라."

베드로가 배 오른편에 그물을 던져 고기를 많이 잡았습니다. 그리고 예수님을 만나 이야기를 나누었습니다. 베드로가 예수님의 살을 먹고 예수님의 피를 마셨습니다. 예수님의 피가 자신의 죄를 씻었다는 사실을 생각했고, 예수님을 사랑하는 마음을 회복했습니다. 베드로 안에 예수님이 살아 계셨습니다. 우리가 예수님의 마음을 받아들일 때 예수님이 우리 안에 살아 일하십니다.

예수님이 '내 살을 먹고 내 피를 마시는 자 안에 생명이 있다'고 하셨습니다. 예수님의 피를 마시고 그 살을 먹는다는 것은, 예수님이 우리 죄를 씻기 위해 십자가에 못 박혀 피를 흘리시고 살이 찢기신 것을 받아들이는 것입니다. 예수님이 우리가 받아야 할 저주와 심판을 대신 받으셨습니다. 죄 때문에 우리가 죽어야 하는 것을 예수님이 대신 죽으셨습니다. 이 사실을 마음에 받아들일 때 그 안에 예수님의 생명이 있습니다. 예수님이 그 사람 안에서 살아 일하십니다.

예수님이 십자가에서 흘리신 피가 베드로의 마음에 살아 있지 않았을 때 예수님을 팔았다는 강한 가책이 그를 끌고 갔습니다. 그러나 예수님의 피를 마시고 살을 먹을 때, 즉 십자가에서 흘리신 피가 내 죄를 씻었고 찢기신 몸이 내 심판을 담당했다는 사실을 받아들일 때 베드로의 마음에서 예수님이 살아 일하십니다. 예수님을 세 번이나 부인한 죄에서 벗어나게 해줍니다.

"베드로야, 네가 나를 세 번 부인했잖아. 그런데 그 죄 때문에 내가 십자가에 못 박혔어. 그래서 그 죄가 씻어졌어. 그것을 믿어."

예수님의 피와 살이 없어서 죄 속에서 사는 사람들

오늘날 많은 사람들이 예수님이 십자가에 못 박혀 죽었다고 말합니다. 교회마다 십자가를 달아 놓습니다. 십자가의 의미가 무엇입니까? 예수님이 십자가에서 우리 죄를 씻기 위해 피를 흘리셨고, 우리가 받을 심판을 받기 위해 몸을 찢기셨습니다. 예수님이 흘리신 피가, 찢겨진 살이 우리 심판을 대신 받았다는 증거입니다. 예수님의 살을 먹고 피를 마신다는 것은 우리가 예수님의 몸을 뜯어먹고 피를 빨아먹는다는 이야기가 아니라, 예수님이 십자가에서 흘리신 피와 찢기신 살을 마음에 받아들이는 것입니다. 그때 우리 모든 죄가 끝납니다.

예수님의 살을 먹고 피를 마실 때 우리 안에 생명이 있습니다. 그런데 오늘날 많은 사람들이 예수님의 십자가를 이야기하지만 그 마음에 예수님의 피가 없고 예수님의 살이 없습니다. 그래서 여전히 죄악 속에서 살고 있습니다.

예수님이 우리를 위해 피를 흘리셨고 우리 죄 때문에 몸이 찢어졌다면, 예수님의 피와 살이 우리 마음에 닿았을 때 생명이 있습니다. '예수님이 내 죄를 위해 죽으셨구나. 내 죄가 다 씻어졌구나. 내 죄에 대한 심판이 끝났구나. 난 이제 죄인이 아니구나. 예수님이 내 안에 들어와 계시는구나.' 예수님이 더러운 우리 죄를 다 씻어 주시고 우리 마음에 들어와 계십니다. 이전에 우리가 욕망과 자신의 계획에 이끌려 살았지만 이제 예수님의 마음이 우리를 이끌어 갑니다.

베드로는 갈릴리 바닷가에서 예수님을 만난 뒤 자신이 예수님을 세 번 부인한 죄에서 벗어날 수 있었습니다. 그 죄를 위해 예수님이 피를 흘리셨기 때문입니다. 그 죄를 위해 예수님의 몸이 찢기셨기 때문입니다. 그의 마음에 가책 대신 자기를 위해 피를 흘리고 몸이 찢긴 예수님이 계셨습니다. 전에는 베드로가 자기 생각대로 살았지만 이제는 예수님이 살아 일하십니다.

그 후 베드로가 성전에 올라가다가 미문에 앉아서 구걸하는 앉은뱅이를 만났습니다. 그가 베드로에게 구걸하자 베드로가 우리를 보라고 했습니다. 앉은뱅이가 '돈을 얼마나 많이 주려고 보라고 하는가?' 하며 베드로를 쳐다보았습니다. 베드로가 말했습니다.

"은과 금은 내게 없거니와 내게 있는 것으로 네게 주노니, 곧 나사렛 예수 그리스도의 이름으로 걸으라."

그리고 앉은뱅이의 손을 잡고 일으켰습니다. 베드로가 앉은뱅이를 일으키면 그가 걷지 못합니다. 베드로 안에 있는 예수님이 앉은뱅이를 일으켰습니다. 그것은 베드로가 한 것이 아니고 예수님이 하신 것입니다. 베드로 안에 예수님이 계셨기 때문에 "내게 있는 것으로 네게 주노니, 곧 나사렛 예수 그리스도의 이름으로 걸으라." 했습니다. 그의 손을 잡고 일으키자 앉은뱅이가 걸었습니다.

마음에 예수님의 피가 있으면 죄인일 수 없다

저는 형편없는 사람이었지만 예수님의 피가 내 죄를 씻은 것을 믿었습니다. 예수님이 십자가에 못 박혀 죽으셨는데도 죄가 남아 있다면 그 마음에 예수님의 피가 없습니다. 예수님이 십자가에서 피를 흘려 우리 죄를 씻었는데도 죄인이라고 한다면 그것은 그 안에 예수님의 피가 없기 때문입니다. 저는 예수님의 피가 내 죄를 씻은 것을 믿었습니다. 그때부터 예수님이 내 안에 살아 계셨습니다. 이제는 내가 사는 것이 아니라 예수님으로 삽니다.

외형을 볼 때 저는 박옥수라는 인간입니다. 저는 더럽고 추하고 악하고 거짓된 사람이었습니다. 그러나 지금은 내 죄를 씻으신 예수님, 내 죄의 형벌을 다 받으신 예수님이 내 마음 안에 계십니다. 그 예수님이 내 안에서 능력으로 일하고 계시는 것을 경험합니다. 예수님이 내 마음에 들어오신 후 제 삶이 변하기 시작했습니다. 거짓말하고 악을 행하며 더럽게 살던 제가 예수님이 내 죄를 다 씻었다는 사실을 믿은 뒤 예수님이 내 안에 들어오셔서 내 삶을 새롭게 하셨습니다. 내가 예수님의 피를 마시고 예수님의 살을 먹었기 때문에 예수님의 피가 내 마음에서 더러운 죄를 다 씻었고 예수님의 살이 힘있게 일할 수 있도록 힘이 되었습니다.

예수님의 피가 내 마음에 있으면 내가 죄인일 수 없습니다. 오늘날 많은 사람들이 예수님의 피를 받아들이지 못해 죄인이라고 합니다. 그것은 예수님을 가장 고통스럽게 만드는 이야기입니다. 여러분이 "주여, 죄인입니다." 하면 예수님은 다르게 말하실 것입니다.

"그렇지 않아. 내가 네 죄의 값을 다 지불했어. 십자가에서 피를 흘려서 네 모든 죄의 형벌이 끝났어. 내가 흘린 피와 찢긴 살을 받아들여. 이것이 네 죄가 씻어진 증거야. 네 죄가 씻어졌어."

예수님이 간곡하게 이렇게 말씀하실 것입니다.

오늘날 많은 사람들이 예수님을 믿는다고 하면서 죄를 용서해 달라고 기도합니다. 그것은 예수님이 십자가에서 피를 흘리고 죽었어도 죄를 씻지 못했다는 말로, 예수님을 모욕하는 것입니다.

우리가 죄인이라는 말은 겸손한 말이 아닙니다. 우리 죄를 씻기 위해 흘리신 예수님의 피를 거부하는 말입니다. 예수님이 우리 죄를 위해 피를 흘리셨다면 죄가 씻어진 것이 확실합니다. 불을 받고 환상을 봐야 죄가 사해지는 것이 아닙니다. 여러분의 마음에 예수님의 피가 세차게 흐르면 그 피는 반드시 모든 죄를 온전히 씻습니다.

예수님의 피를 의심하지 마십시오. 예수님의 피를 부인하지 마십시오. 오늘날 얼마나 많은 사람들이 예배를 드린다고 하면서 예수님의 십자가를 부인하고 예수님의 피를 부인합니까? 죄가 남아 있다, 죄인이다, 이것은 예수님을 부인하는 것이며 예수님을 실패자라고 욕하는 것입니다. 예수님은 실패하시지 않았습니다. 우리 죄를 깨끗이 씻었습니다. 누가 여러분에게 죄인이라고 가르쳤습니까? 사탄이 그렇게 했습니다. 예수님은 그렇게 말씀하시지 않습니다.

"예수는 우리 범죄함을 위하여 내어줌이 되고, 또한 우리를 의롭다 하심을 위하여 살아나셨느니라."(롬 4:25)

예수님은 우리가 범죄했기 때문에 당신의 몸을 내주셨고, 우리를 의롭다 하시기 위해 부활하셨습니다. 부활하신 예수님이 몸에 난 못 자국과 창 자국과 가시관 자국을 보이며 "이것이 네 죄를 씻은 증거야. 내가 네 죄의 벌을 다 받아서 네 죄가 다 씻어졌어. 네가 의롭게 되었어." 이렇게 우리에게 증거하십니다.

우리는 죄를 지은 것밖에 없고 아무것도 하지 않았지만, 예수님의 피로 우리의 모든 죄가 씻어졌습니다.

예수님이 5천 명을 먹이신 뒤, 내 살을 먹고 내 피를 마시는 자 안에 생명이 있다고 하셨습니다. 예수님이 흘리신 피가, 찢기신 살이 우리 죄를 씻었다는 사실을 받아들이는 것을 말하는 것입니다. 사탄이 주는 생각에 속지 말고 예수님의 피가 우리 죄를 씻으신 것을 믿으시기 바랍니다. 그러면 예수님이 여러분 마음 안에 살아 일하십니다.

Pastor Ock Soo Park's Lectures on

THE GOSPEL OF JOHN

18

예수님이 피를 흘리고 몸이 찢기셨기 때문에

◦ 예수님의 살을 먹고 피를 마시면
◦ 하나님이 계획하신 일을 마치기 전까진 안 죽어요
◦ 각하의 죄에 대한 판결문을 읽어 보신 적이 있습니까?
◦ 죄를 씻지 못한 예수님이 아닌 씻으신 예수님을 믿는다

예수님이 피를 흘리고 몸이 찢기셨기 때문에

예수님이 들판에서 보리떡 다섯 개와 물고기 두 마리로 5천 명을 먹이셨습니다. 그들은 먹을 음식이 없어서 굶어야만 했습니다. 먼 길을 걸어왔기 때문에 집으로 돌아가는 길에 기진할지 모릅니다. 예수님이 떡을 주셔서 먹고 힘을 얻어 집으로 돌아갈 수 있었습니다.

예수님의 살을 먹고 피를 마시면

우리 몸은 떡을 먹어야 합니다. 음식을 하루만 안 먹어도 힘이 빠지고, 병에 대한 저항력도 떨어지고, 계속 굶으면 결국 죽습니다. 예수님이 사람들에게 떡을 주어서 그들이 먹고 힘을 얻는 것처럼, 예수님의 살을 먹고 피를 마시면 우리가 죄에서 벗어나고 예수님의 생명이 우리 안에서 살아 일합니다.

우리 마음 안에 예수님의 피가 흐르면, 비록 죄를 지었고 악을 저질렀다 해도 그 죄와 악이 예수님의 피로 씻어져 우리가 의롭고 거룩합니다. 예수님이 흘리신 피와 찢기신 살로 내 죄가 씻어졌다는 사실을 믿을 때 우리 속에서 죄에 대한 기억이 일어날 때마다 죄에서 벗어날 수 있습니다.

'예수님이 피를 흘리시고 몸을 찢기셨기 때문에 내 죄가 씻어졌어. 하나님과 나 사이에 가로막혀 있던 죄의 담이 헐어졌어. 그래서 예수님이 내 안에 거하실 수 있어. 그러면 이 문제는 내 문제가 아니라 예수님의 문제가 돼.'

저는 이렇게 예수님을 믿었습니다. 그러는 동안 내 안에 계신 예수님으로 말미암아 많은 하나님의 은혜를 입을 수 있었습니다.

하나님이 계획하신 일을 마치기 전까진 안 죽어요

필리핀의 두테르테 대통령이 마약과의 전쟁을 시작했습니다. 마약 판매는 돈이 엄청나게 남기 때문에 마약상들이 돈을 천문학적으로 법니다. 그들이 선거에 나가 그 돈을 써서 시장이 되거나 국회의원이 되어 정부와 부딪히는 경우도 종종 있습니다. 두테르테 대통령이 이 사실을 알기 때문에 마약과의 전쟁을 시작했습니다.

오래 전 우리 선교회의 남경현 목사님이 필리핀에 가서 선교를 시작했는데, 마약과의 전쟁이 시작된 후 마약 중독자 교육을 우리가 담당했습니다. 처음에는 타굼 시에 있는 마약 중독자들을 교육했습니다. 이어 젠산 시에 있는 마약 중독자들도 교육했습니다. 마약 중독자들에게 마인드교육을 시행해 마약에서 벗어나게 하는 일을 합니다. 이후 교육을 점점 확대시키려고 했지만 코로나 팬데믹 상황이 일어나 진행하지 못하고 있습니다.

많은 젊은이들이 마약에 빠져 지내는데, 마약에서 벗어나 밝은 삶을 찾는 것이 얼마나 감사한 일인지 모릅니다. 우리가 이런 일을 할 수 있는 것은 우리가 잘났기 때문이 아닙니다. 우리 안에서 예수님이 일하시기 때문입니다. 만일 제가 죄에 빠져 있다면 예수님과 나 사이에 죄의 담이 가로막혀 있어서 예수님의 힘을 사용할 수 없는데, 제가 죄 사함을 받아 예수님과 하나가 되었기 때문에 내 안에 예수님이 살아서 일하시는 것을 느낄 수 있습니다.

한번은 제가 필리핀에 있는 남경현 목사님에게 전화를 했습니다. 그런데 남 목사님이 아닌 아들이 전화를 받았습니다.

"얘, 아버지 좀 바꿔 주거라."

"아버지 병원에 입원했어요."

"왜?"

"뎅기피버예요."

"어느 병원에 입원했는데?"

"필리핀 메디컬센터요."

뎅기피버는 열대지방에서 주로 발생하는 병으로 치사율이 아주 높아 굉장히 위험합니다.

나중에 남 목사님이 어떻게 뎅기피버에 걸렸는지 들었습니다. 병에 걸리기 며칠 전에 남 목사님이 정글 마을에 가서 복음을 전하고 돌아왔는데, 하룻밤 자고 일어나니 얼굴이 까맣고 온몸의 피부가 까매지기 시작했습니다. 교회 형제들은 "목사님, 이제 우리하고 피부 색깔이 같아요. 이런 피부색으로 사람들을 만나면 전도하기 좋을 거예요." 하며 좋아했습니다. 사실은 뎅기피버에 걸려 피가 썩어서 몸이

까매진 것이었습니다.

잠시 후 몸에 열이 심해 바로 병원에 입원했는데 상태가 심각해서 죽어가고 있었습니다. 의사가 남경현 목사님이 못 알아들을 줄 알고 필리핀 현지어로 "이 한국 사람 오늘 죽는다."라고 말하는 것을 남 목사님이 들었습니다. 귀로는 소리를 듣지만 말은 할 수 없었습니다.

그 상태에서 제가 필리핀 메디컬센터에 전화를 했습니다. 병원 교환원에게 응급실을 연결해 달라고 했습니다. 응급실이 연결되어, 한국에서 온 남 목사를 바꿔 달라고 했습니다. 남 목사님은 전화를 받을 수 없는 상황이어서 아내 되는 사모님이 받았습니다. 제가 "여보세요." 하자, 사모님이 내 목소리를 알아듣고 갑자기 엉엉 울기 시작했습니다.

"목사님, 이제 우린 어떻게 해야 돼요?"

남 목사님이 아직 죽지 않았지만 사모님 마음에서는 남편이 이미 죽어 있었습니다. 그래서 남편이 죽으면 남은 가족은 어떻게 하냐며 계속 울었습니다. 제가 말했습니다.

"울지 마세요. 남 목사 안 죽어요. 왜 울어요? 진짜 울 일 생기면 좋겠어요?"

"그럴까요?"

"그럴까요가 뭐예요? 누가 남경현 목사를 필리핀에 보냈어요? 굿뉴스미션이 보냈어요? 아니면, 박옥수 목사가 보냈어요? 아니에요. 하나님이 보내셨어요. 왜 보내셨어요? 복음 전하라고 보내셨어요. 사모님은 남 목사가 필리핀에서 할 일을 다 마쳤다고 생각해요? 그렇지 않아요. 이제 시작 단계예요. 남 목사가 할 일이 아직 많아요. 하나님이 남 목사를 통해 필리핀 사람들을 구원하는 일을 시작하셨고, 마치실 거예요. 하나님이 계획하신 일을 마치기 전까진 주님이 남 목사를 안 불러요. 남 목사 안 죽어요."

사모님이 제 이야기를 한참 듣더니 이렇게 말했습니다.

"그럴까요?"

"사모님, 그럴까요가 뭐예요? 하나님은 필리핀에 있는 많은 사람들을 위해 남 목사를 보내셨어요. 하나님은 실패하시지 않고 남 목사를 통해 필리핀의 많은 생명을 건지실 거예요."

사모님이 제 이야기를 듣고 마음에 힘을 얻었습니다. 우리 가운데 하나님이 살아 일하시지만 우리는 눈에 보이는 상황에 마음이 빠져서 어려워하고 절망할 때가 많습니다. 남 목사님이 죽어가고 있었지만, 성도가 죽는 것은 하나님의 뜻 안에 있습니다. 저는 남 목사님이 죽지 않는다고 확신했습니다. 필리핀에서 복음의 역사가 힘있게 일어나고 있고 그 일을 아직 마치지 않았기 때문에, 그 일을 이루기 위해 남경현 목사님을 필리핀으로 보내신 하나님께서 남 목사님을 데려가시지 않을 줄 믿었습니다.

전화를 끊고 사모님이 남 목사님이 누워 있는 병실로 갔습니다. 남 목사님이 아무 말도 못 하지만 귀는 열려 있었습니다. 사모님이 남 목사님 귀에 대고 이야기했습니다.

"여보, 한국 박옥수 목사님한테 전화가 왔어. 목사님이 당신 절대로 안 죽는다고 하셨어. 당신을 필리핀으로 보내신 분은 굿뉴스미션도 아니고 박 목사님도 아니고 하나님이라고 그러셨어. 당신이 필리핀에 와서 복음 전하는 일이 아직 다 끝나지 않았대. 하나님이 그 뜻을 이루시기 위해 당신을 보내셨기 때문에 그 일이 다 이루어지기 전에는 당신이 절대 죽지 않는다고 하셨어."

남 목사님이 그 말을 듣고 눈물을 흘렸습니다. 그때부터 열이 내리기 시작했습니다. 그날 오후에 죽을 거라고 했는데 이튿날 퇴원했습니다. 지금은 얼마나 건강하게 지내는지 모릅니다. 필리핀에서 힘있게 복음을 전하고 있습니다. 근래에는 얼마나 많은 마약 중독자들이 죄 사함을 받았는지 모릅니다.

각하의 죄에 대한 판결문을 읽어 보신 적이 있습니까?

우리는 우리 생각과 방법으로 일을 처리할 때가 많습니다. 제가 더러운 죄에 빠져 죄 속에서 살고 있을 때 성경은 저에게 '예수님이 십자가에서 흘리신 피로 내 죄가 씻어졌다'고 말했습니다. 두말 할 것도 없이 내 생각보다 하나님의 말씀이 옳습니다.

'내가 죄인인 게 맞지만 예수님의 피로 내 죄가 씻어졌다. 이 사실이 맞다. 모든 사람이 죄를 범해 하나님의 영광에 이르지 못했지만 그리스도 예수 안에 있는 구속으로 말미암아 하나님의 은혜로 의롭다 하심을 얻은 자 되었다.'

예수님이 우리 죄의 값을 다 지불하셨기 때문에, 모든 죄의 벌을 받으셨기 때문에 하나님이 우리를 보고 의롭다고 말씀하십니다. 하나님이 의롭다면 의로운 것입니다. 전에 제가 늘 죄인이라고 생각했을 때에는 예수님과 나 사이에 죄가 가로막혀서 흐르지 않았는데 예수님의 피가 내 죄를 씻었다는 사실을 믿음으로 받아들였습니다. '예수님은 실패하시지 않았어. 십자가에서 내 모든 죄가 씻어졌어. 나는 깨끗해. 나는 거룩해. 나는 의로워.' 그때부터 예수님이 내 안에 살아 일하시기 시작했습니다.

많은 사람들이 교회에 다닙니다. 예수님을 왜 믿느냐고 그들에게 물으면 천국에 가려고 믿는다고 합니다. 그런데 10년, 20년 교회를 다녀도 죄를 씻음 받지 못합니다. 그래서 죽음을 앞두고 죄를 사함 받지 못한 것 때문에 고통스러워하는 분들이 많습니다.

제가 2012년에 가나에 갔을 때 존 아타 밀스 대통령을 만났습니다. 대통령께서 저와 나이가 같았습니다. 병이 중해서 죽음을 앞에 두고 있었습니다. 대통령께서 저에게 말씀하셨습니다.

"주치의와 다른 전문의가 내 병을 치료하고 있는데 병을 못 고치는 것 같습니다. 병세가 호전되는 것이 아니라 갈수록 더 심해져서 내가 며칠 더 살지 못할 것 같습니다. 나는 어릴 때부터 교회에 다녔습니다. 그런데 죄가 있습니다. 내가 대통령이지만 죽음을 앞두고 내 죄 때문에 너무 고통스럽습니다."

대통령께서 솔직하고 진실한 분이었지만 죄를 지었고, 죽음 앞에서 그 죄를 씻지 못해 고통스러워했습니다. 제가 물었습니다.

"각하가 죄인인 것을 어떻게 아셨습니까?"

"내가 죄를 지었으니 죄인이 아닙니까?"

"그 말이 맞는 것 같지만 그렇지 않습니다. 어느 나라에서 죄인이 자기 죄를 정합니까? 죄는 재판관이 정합니다. 우리를 재판하시는 분은 하나님이십니다. 각하, 하나님께서 각하의 죄에 대해 판결하신 판결문을 읽어 보신 적이 있습니까?"

대통령께서 깜짝 놀라셨습니다.

"내 죄에 대한 하나님의 판결문이 있습니까? 그게 어디 있습니까?"

"성경에 있습니다. 보길 원하십니까?"

"보고 싶습니다."

제가 로마서 3장을 펴서 23절과 24절을 읽어 드렸습니다.

"모든 사람이 죄를 범하였으매 하나님의 영광에 이르지 못하더니" (롬 3:23)

이 구절에서 우리가 죄인으로 등장합니다. 그리고 예수님은 없습니다. 이어진 24절에 예수님이 나타나십니다.

"그리스도 예수 안에 있는 구속으로 말미암아 하나님의 은혜로 값없이 의롭다 하심을 얻은 자 되었느니라."(롬 3:24)

"각하, 하나님이 이 말씀을 왜 기록하셨는지 아십니까? 예수님의 피로 죄가 씻어졌다는 사실을 알리기 위해서입니다. 이 성경에서 하나님이 각하를 보고 의롭다고 하셨습니다. 의롭다는 말은 모든 죄가 씻어졌다는 이야기입니다. 예수님이 십자가에 못 박혀 우리 죄의 값을 다 지불하고 우리를 죄에서 건지셨기 때문입니다."

한번은 제가 어느 변호사에게 예수님이 우리 죄를 씻으신 이야기를 하면서 로마서 3장 23~24절을 읽어 주었습니다. 그분이 깜짝 놀라면서 "목사님, 이것은 판결문입니다."라고 했습니다. 재판할 때 판사가 판결을 그렇게 한다는 것입니다. 제가 교도소에 수감되어 있던 어느 살인수와 이야기를 나눈 적이 있는데, 그 사람은 자신이 재판받을 때 판사가 내린 판결문을 기억하고 있었습니다.

"피고 아무개는 사람을 죽였다. 그래서 중죄를 받아 마땅하다. 그런데 죽은 사람이 아는 사람이 아니어서 고의성이 있다고 보기 어렵고, 피고도 술에 취한 상태였으며, 또 뉘우치는 빛이 있어서 징역 10년에 처한다. 땅땅땅!"

로마서 3장 23절과 24절이 이런 형식으로 되어 있다는 것입니다.

"모든 사람이 죄를 범했다. 그래서 저주를 받아야 마땅하다. 그런데 예수 그리스도가 십자가에 못 박혀 죄의 값을 다 지불해 죄를 씻었기 때문에 의롭다."

하나님이 우리를 보고 '의롭다' 하십니다. 하나님이 의롭다면 의로운 것입니다. 제가 이 이야기를 대통령께 말씀드렸습니다.

존 아타 밀스 대통령은 진실한 분이었습니다. 그러나 그분도 사람이기에 죄를 짓지 않을 수 없었습니다. 모든 사람이 죄를 지었습니다. 거짓말을 해도 죄고 도둑질을 해도 죄고, 마음에 죄가 있습니다. 대통령께서는 목사인 저에게 자신이 죄를 지었다고 솔직하게 이야기하셨습니다. 저는 그분에게 로마서 3장 23~24절을 읽어 드렸습니다.

"이것이 각하의 죄에 대한 하나님의 판결문입니다. '존 아타 밀스 대통령은 죄를 지었다. 그래서 저주를 받아 마땅하다. 그런데 그리스도 예수께서 그 죄를 위해 죽으심으로 말미암아 하나님의 은혜로 의롭게 되었다.' 성경이 이렇게 말합니다."

고린도전서 6장에 있는 말씀도 찾아서 보여 드렸습니다.

"도적이나 탐람하는 자나 술 취하는 자나 후욕하는 자나 토색하는 자들은 하나님의 나라를 유업으로 받지 못하리라."(고전 6:10)

이런 죄를 지으면 하늘나라에 가지 못한다고 했습니다. 그 다음에 나오는 11절이 중요합니다.

"너희 중에 이와 같은 자들이 있더니, 주 예수 그리스도의 이름과

우리 하나님의 성령 안에서 씻음과 거룩함과 의롭다 하심을 얻었느니라."(고전 6:11)

하나님이 고린도전서 6장 10~11절에서 말씀하셨습니다. "너는 이러이러한 죄를 지었다. 그런데 너는 씻어졌다. 너는 거룩해졌다. 너는 의롭게 되었다."

죄를 씻지 못한 예수님이 아닌 씻으신 예수님을 믿는다

우리는 하나님을 믿습니다. 예수님을 믿습니다. 예수님이 우리 죄를 하나도 남김 없이 영원히 깨끗하게 씻으셨습니다. 내가 의롭다고 하는 것은 죄를 짓지 않았다는 이야기가 아닙니다. 부활하신 예수님이 내 마음에 계셔서 내 죄가 씻어졌음을 증거하고 계십니다. 저는 전에는 죄인이라고 했습니다. 죄를 지었으니 죄인이 맞았습니다. 그런데 예수님이 내 죄를 씻은 것을 믿은 날부터 의롭다고 말합니다. 죄를 지었고 죄를 짓지만, 죄를 짓는 내 실력보다 죄를 씻는 능력이 더 커서 내 모든 죄가 손톱만큼도 남김 없이 깨끗하게 씻어졌기 때문입니다.

이제 누구에게든지 우리 죄가 씻어졌다고 이야기할 수 있습니다. 그 이야기를 받아들이는 사람은 다 기뻐하고 행복해했습니다. 저는 십자가에서 피를 흘려 내 죄를 씻지 못한 예수님을 믿지 않고, 내 죄를 눈처럼 희게 씻으신 예수님을 믿습니다. 여러분은 아직도 여러분을 죄인으로 남겨놓은 예수님을 믿습니까? 여러분을 죄인으로 내버려둔 예수님을 믿지 말고, 죄를 눈처럼 희게 씻으신 예수님을 믿으십시오. 그래야 예수님과 한마음이 됩니다. 그때부터 예수님이 여러분 마음에 살아 계셔서 여러분의 삶이 밝아지고 힘이 있습니다.

Pastor Ock Soo Park's Lectures on

THE GOSPEL OF JOHN

19

내 살은 참된 양식이요 내 피는 참된 음료로다

◦ 예수님이 흘리신 피와 찢기신 살을 마음에 받아들이면
◦ 이런 하나님과 함께라면 사하라사막에서도 살겠다
◦ 집회 말씀을 세계 276개 방송국에서 중계해 주었다
◦ 예수님의 피와 살로 이루어진 일들을 기록한 말씀

내 살은 참된 양식이요 내 피는 참된 음료로다

우리가 성경에 담겨 있는 마음의 세계를 배우면 하나님의 마음이나 예수님의 마음을 알 수 있습니다. 우리 생각은 욕망을 따라 불의한 쪽으로 흘러갈 때가 종종 있습니다. 우리가 그런 유혹을 이긴다는 것이 쉽지 않습니다. 그러나 예수님의 말씀이 우리 마음 안에 있으면, 우리는 유혹을 이길 힘이 없지만 우리 안에 계신 예수님이 우리로 하여금 유혹을 이기게 해주십니다.

예수님이 흘리신 피와 찢기신 살을 마음에 받아들이면

요한복음 6장에 예수님이 보리떡 다섯 개로 5천 명을 먹이신 이야기가 나옵니다. 사람은 누구나 음식이 필요합니다. 값비싼 고급 음식이든지 값싼 음식이든지 상관없이 사람이 살려면 음식이 절대로 필요합니다. 음식을 먹어야 힘이 생깁니다. 그와 마찬가지로 우리 마음에도 힘이 필요합니다. 유혹을 이기거나 죄를 이기거나 잘못된 것들을 이

기려면 마음에 힘이 있어야 합니다.

요한복음 6장에서 예수님이 보리떡 다섯 개로 5천 명을 먹이신 뒤 떡에 관하여 하신 이야기들은 우리에게 굉장히 깊은 의미를 가져다줍니다. 그 가운데 53절부터 보겠습니다.

"예수께서 이르시되, 내가 진실로 진실로 너희에게 이르노니 인자의 살을 먹지 아니하고 인자의 피를 마시지 아니하면 너희 속에 생명이 없느니라. 내 살을 먹고 내 피를 마시는 자는 영생을 가졌고 마지막 날에 내가 그를 다시 살리리니 내 살은 참된 양식이요 내 피는 참된 음료로다."(요 6:53~55)

예수님이 말씀하시길, 인자의 살을 먹고 피를 마시지 않으면 그 사람 안에 생명이 없다고 했습니다. 예수님의 살을 뜯어먹고 피를 빨아먹는, 무슨 흡혈귀 같은 이야기처럼 보입니다. 제가 어릴 때에는 산에 늑대가 많아서 늑대에게 잡아먹힌 사람들이 종종 있었습니다. 늑대는 지혜로워서 어른인 남자에게는 잘 덤비지 않습니다. 여자나 어린아이를 공격합니다. 늑대는 사람을 먹을 때 내장부터 먹는다고 합니다. 저도 산에서 늑대를 몇 번 보았습니다. 예수님의 살을 먹고 피를 마셔야 한다는 것이, 늑대가 사람을 먹듯 우리도 예수님을 뜯어먹어야 한다는 이야기입니까?

예수님이 우리 마음의 세계를 이야기하신 것입니다. 예수님이 흘리신 피와 찢기신 살을 우리 마음에 받아들이면 우리가 생명을 얻고 힘을 얻는다는 것입니다. 우리 마음에 예수님의 말씀이, 예수님의 마음이 들어와서 자리를 잡으면 그때부터 우리 안에서 예수님의 마음이 살아 일한다는 것입니다. 저는 그런 일들을 아주 많이 경험했습니다.

이런 하나님과 함께라면 사하라사막에서도 살겠다

제가 경남 거창군 장팔리에서 지낼 때였습니다. 하루는 선교회 본부에서 월요일에 대구로 오라고 했습니다. 거창에서 대구까지 80km쯤 되는데, 당시는 버스로 서너 시간이 걸렸습니다. 그때 저에게는 돈이 하나도 없어서 버스를 탈 수 없었습니다. 그래서 하나님께 기도했습니다. 그리고 주일 오전 예배를 마친 뒤 성도들에게 "제가 내일 대구에 갑니다."라고 알렸습니다. 종종 저를 찾아오는 사람들이 있기 때문에 월요일에는 제가 교회에 없다고 알려야 했습니다. 그런데 마음 깊은 곳에서는, 그 이야기를 듣고 누군가 '대구에 갈 차비는 있나?' 하고 저에게 돈을 줄 것을 기대했습니다. 저녁 예배를 마친 뒤에도 대구에 간다고 광고했지만 저에게 여비를 주는 사람은 없었습니다.

이튿날 아침, 대구로 가기 위해 가방을 들고 교회를 나섰습니다. 교회에서 버스 정류장까지는 거리가 3km쯤 되었습니다. 정류장으로 가는 길가에 교회 재정을 맡은 집사님이 살고 있었습니다. 그분은 학교 교사고 부인은 문방구를 운영해 그 집에는 돈이 어느 정도는 늘 있었습니다. 대구에 갈 차비가 없으니까 그 집이 자꾸 생각났습니다. '그 집에 들어갈까? 그건 돈을 달라고 하는 이야기와 같아.' 그 집에 들어가는 것은 마음에서 용납이 되지 않았습니다.

그때 다른 생각이 떠올랐습니다. 한번은 제가 그 집 앞을 지나가는데, 집사님이 안에서 세수를 한 뒤 문을 열고 나와 세수한 물을 집 앞 비포장도로에 뿌리다 저를 보고 인사를 했습니다.

"안녕하세요. 어디 가세요?"

"아, 예."

"들어와서 커피 한 잔 하고 가시죠."

저는 구원받은 뒤, 돈이 없을 때 사람에게 손을 벌리거나 암시하지 않고 하나님께만 구하면서 사는 삶을 배웠습니다. 그래서 그 집에 들어가는 것은 돈이 없다는 것을 암시하는 것이어서 들어가지 못했습니다. 하지만 제가 그 집 앞에 지나갈 때 마침 집사님이 세숫물을 버리러 나왔다가 저를 보는 광경이 상상되었습니다.

"어디 가세요? 참, 오늘 대구 가시죠? 들어와서 커피 한 잔 하고 가시죠."

"예."

"그런데 대구 가는 여비는 있습니까? 없으면 말하지 그랬어요."

그런 상상을 하는 제 모습이 너무 초라해 보였습니다. 제가 복음 전도자로 살기 시작한 지 얼마 되지 않았던 때로, 저는 돈을 벌지 않고 복음을 전하면서 살 것이기에 평생 그런 일을 겪을 것 같았습니다. 그날 생각이 깊이 되었습니다.

'내가 집사님 집에 가면 돈을 얻어서 대구에 갈 수도 있을 것이다. 그러나 내가 평생 돈을 벌지 않고 복음을 위해 살 건데 이렇게 살고 싶진 않다. 내가 대구에 안 가면 안 가도 사람을 바라보지 말자. 하나님이 못 가게 하시면 가지 말자.'

그래서 그 집 앞으로 지나가지 않고 일부러 골목길로 둘러서 그 집을 지나갔습니다. 골목길에서 큰길로 다시 나오니 대구 가는 버스가 정류장에서 내가 있는 쪽으로 천천히 오고 있었습니다. '저 버스를 타야 하는데 돈은 없고, 어떡하지? 그냥 손을 들어 차를 세울까?' 하지만 손을 들 수 없었습니다. 그런데 버스가 내 앞에 서더니 문이 열렸습니다. 주위를 둘러보니 아무도 없어서 나보고 타라는 이야기인가 보다 하고 올라탔습니다.

버스에 올라타자, 제가 대구에서 지낼 때 알고 지내던 부인 자매님이 그 버스에 타고 있었습니다. 저를 보고 손짓을 하며 빨리 와서 옆에 앉으라고 했습니다. 버스가 시내를 벗어나 달리기 시작하자 안내양이 버스비를 받으려고 버스표를 들고 저에게 다가왔습니다. 제가 옆에 있는 부인에게 말했습니다.

"제가 돈이 없습니다."

"내가 알아요."

그 부인이 버스비를 내주었습니다. 그리고 저에게 이야기를 들려주었습니다.

거창에서 30리쯤 떨어진 '마리'라는 곳이 그분의 고향이었습니다. 그분은 대구에서 삯바느질을 하며 살고, 고향에는 친정어머니 혼자 계셔서 1년에 몇 번 방문한다고 했습니다. 고향에 갈 때마다 시골에는 돈이 귀하기 때문에 대구 가는 버스비를 빼고는 지갑에 있는 돈을 다 어머니께 드렸습니다. 그날도 고향을 떠나 대구로 가기 위해 어머니와 함께 버스 정류소에 서 있다가 버스가 오는 것을 보고 지갑에서 돈을 꺼내 어머니에게 드리려고 했습니다. 그런데 이상하게 자꾸 돈을 지갑에 밀어넣었습니다. 어머니는 딸이 돈을 줄 줄로 알았다가 주지 않고 그냥 버스를 타자 딸을 멍하니 쳐다보았습니다.

이분이 버스 안에서 '왜 어머니에게 돈을 드리지 않고 지갑에 다시 넣었지? 내가 왜 이렇게 인색해졌지?'라고 생각하고 있는데, 버스가 거창에 도착해 정류장에 들어갔다가 다시 나와서 대구로 향했습니다. 그때 이분이 앞에서 제가 가방을 들고 걸어오고 있는 것을 보았습니다. '아, 박 전도사가 대구에 가는구나. 하나님이 박 전도사 여비를 주라고 지갑에 돈을 밀어넣게 하셨구나.' 하고는, 운전사에게 같이 갈 사람이 있으니 차를 세우라고 했습니다. 그래서 제 앞에 버스가 서고 문이 열렸던 것입니다.

대구에 도착한 뒤 부인 자매님이 저에게 자기 집에 가자고 했습니다. 집에서 점심을 잘 차려 주어 맛있게 먹었습니다. 밥을 다 먹자 잠깐 기다리라고 하더니 밖으로 나갔습니다. 잠시 후 동전을 한 주먹 쥐고 와서 고생이 많다며 제 주머니에 넣어 주었습니다. 저 주려고 빌려온 것 같았습니다. 감사하다고 인사하고 그 집을 나왔습니다.

그날 밤 선교회 본부에서 잠을 자려고 누워 그날 있었던 일들을 생각해 보았습니다. 하나님이 나를 위해 일하신 것이 너무 감사했습니다. 나에게 필요한 것이 있을 때마다 하나님이 채워 주셨습니다. 제가 어려울 때가 많았지만 지금까지 한 번도 사람에게 도움을 구한 적이 없습니다. 구원받고 수십 년이 지나는 동안 사람에게 '무엇이 필요하다, 무엇이 부족하다'라는 이야기를 해본 적이 없습니다. 지금까지 하나님이 놀랍게 저를 도우셨습니다.

제가 군대에서 지내는 동안에도 하나님이 일하시는 것을 많이 보았습니다. 돈 한 푼 없이 군 생활을 했는데도 하나님이 모든 면에서 저를 도우셨습니다. 제가 제대하고 부대 정문을 나오면서 이런 생각을 했습니다. '이런 하나님과 함께라면 내가 사하라사막에 가서도 얼마든지 살겠다. 내가 남극에 가서도 얼마든지 살겠다.'

저는 단 한 번도 사람들에게 도움을 구하지 않고 어려운 것을 암

시도 하지 않았습니다. 살면서 어려울 때가 있었습니다. 힘들 때가 많았습니다. 그때마다 하나님을 바라보았습니다. 그리고 하나님이 저를 도우시는 것을 보았습니다.

집회 말씀을 세계 276개 방송국에서 중계해 주었다

우리가 밥이나 고기를 먹으면 그 음식이 내 살이 되고 힘이 됩니다. 몸에 힘이 되지 마음에 힘이 되는 것은 아닙니다. 예수님을 먹으면 마음에 힘이 됩니다. 예수님의 피를 마시면 죄가 씻어지고, 예수님의 살을 먹으면 마음에 힘이 생겨서 인간적인 방법을 사용하는 것이 아니라 예수님을 믿는 마음으로 달려갑니다.

제가 1962년에 죄 사함을 받고 지금까지 60년 가까이 사는 동안 어려울 때도 많고 힘들 때도 많았지만 그때마다 하나님이 정확히 도우시는 것을 보았습니다.

요즘 우리는 방송으로 복음을 전합니다. 전에 우리 선교회에서 해마다 부활절 행사를 가졌습니다. 서울에 있는 고척스카이돔이라는 큰 실내 야구장에서 몇 만 명이 모여 부활절 연합 예배를 드렸습니다. 그런데 코로나 때문에 더 이상 모임을 가질 수 없게 되어 온라인으로 부활절 행사를 가졌습니다. 부활절에 새벽, 오전, 저녁 세 시간 기념 예배를 드렸는데 매 시간 200만 명이 함께했습니다. 제가 믿어지지 않았습니다.

그날 우리가 한국어, 영어, 중국어, 스페인어, 불어, 러시아어 등 여섯 개 언어로 부활절 행사를 중계했습니다. 제가 전한 말씀을 스페인어로 통역한 자매가 나중에 말하기를, 그날 말씀을 듣고 죄 사함을 받았다는 댓글이 4천 개가 올라왔다고 했습니다.

부활절 행사를 마친 뒤 우리가 전도 집회를 가져야 했습니다. 해마다 봄과 가을에 대도시에서 전도 집회를 가졌는데 역시 코로나 때문에 온라인으로 하기로 했습니다. 한국 사람뿐 아니라 전 세계 사람들이 말씀을 들을 수 있게 중계하기로 했습니다. 세계 곳곳에 우리 선교회의 선교사들이 나가 있는데, 그들이 자신들이 있는 나라의 방송국에 가서 제가 전하는 집회 말씀을 방송해 주면 좋겠다고 했습니다. '어떤 방송국에서 우리가 전하는 말씀을 중계해 줄까?' 했는데 깜짝 놀랄 일이 일어났습니다. 처음에는 몇몇 방송국이 중계를 약속했지만, 점점 퍼져나가 전 세계 276개 방송국에서 중계해 주겠다고 했습니다.

코로나로 인해 근심하고 두려워하는 사람들이 많아, 그들의 마음이 예수님과 가까워지도록 예수님이 십자가에서 흘리신 피로 죄가 씻어지는 길을 제가 설교했습니다. 제 설교를 바로 방송한 방송국들도 있고, 며칠 뒤에 방송한 방송국들도 있었습니다. 세계 276개 방송국을 통해 설교를 들은 사람들을 시청률을 바탕으로 계산해 보니 10억 명이나 되었습니다.

하나님이 그렇게 복음의 문을 여셨습니다. 제가 설교를 마치면 수많은 목사님들이 죄 사함을 받았다고 글을 올렸습니다. '나는 목사였지만 죄 사함을 받지 못했다가 이번 집회에서 말씀을 듣고 죄 사함을 받았다'고 이야기했습니다. 그 후로 많은 분들이 우리가 전하는 설교를 들었습니다. 방송으로 우리가 전하는 설교 말씀을 듣고 싶어했습니다. 하나님이 그렇게 일하시는 것이 너무나 감격스러웠습니다.

예수님의 피와 살로 이루어진 일들을 기록한 말씀

우리가 어떤 유혹을 받을 때 유혹하는 존재와 유혹을 받는 우리 사이에는 차이가 있습니다. 우리를 유혹하는 사탄은 악한 영으로 우리보다 훨씬 강합니다. 그래서 유혹을 받으면 열이면 열 백이면 백 사탄에게 속아서 파멸의 길로 갈 수밖에 없습니다. 사탄은 우리보다 강하기 때문에 우리는 사탄의 유혹을 이길 수 없습니다.

예수님은 그렇지 않습니다. 예수님은 사탄보다 강합니다. 우리 스스로 결정하면 사탄에게 속아넘어갈 수 있지만 내 생각을 믿지 않고 예수님의 말씀을 믿으면 결과가 달라집니다. 떡을 먹으면 몸에 힘이 나듯이 예수님의 말씀을 먹으면 우리 마음에 힘이 납니다. 예수님의 살을 먹고 피를 마신다는 말은 예수님이 흘리신 피와 찢기신 살로 이루어진 일들을 기록한 말씀을 받아들이는 것입니다.

저는 교회에 다니면서 늘 죄인이라고 했습니다. 거짓말도 많이 했고 도둑질도 많이 했으니 죄인입니다. 매일 새벽 교회에 가서 지은 죄를 용서해 달라고 기도했습니다. 그렇게 지내다가 어느 날 성경을 읽으면서 깜짝 놀랐습니다. 성경에 죄인이 의롭게 되는 과정이 기록되어 있었습니다.

"모든 사람이 죄를 범하였으매 하나님의 영광에 이르지 못하더니, 그리스도 예수 안에 있는 구속으로 말미암아 하나님의 은혜로 값 없이 의롭다 하심을 얻은 자 되었느니라."(롬 3:23~24)

죄를 지은 우리가 의롭게 되었다는 것입니다. 왜 그렇습니까? 예수 그리스도가 희생되었기 때문에 하나님이 우리를 의롭다고 하셨다는 것입니다. 예수님의 피로 의롭게 되었다는 이 말씀을 받아들이는 것이 우리가 예수님을 먹는 것입니다. '나는 거짓말했고 도둑질해서 죄를 지은 죄인이 맞아. 그렇지만 하나님은 나를 의롭다고 하셔.' 이렇게 말씀을 마음에 받아들이는 것입니다.

'내가 보기에는 내가 죄인인 것 같지만 하나님은 의롭다고 하셔. 내 생각과 하나님의 말씀, 어느 것이 옳지? 물론 하나님의 말씀이 옳지. 하나님이 예수님의 피로 나를 의롭게 하셨어.'

저는 이렇게 하나님의 말씀을 받아들였습니다. 그때부터 예수님이 내 안에 계셨습니다. 밥을 먹고 고기를 먹으면 힘이 나듯이 예수님의 말씀을 마음에 받아들여서 예수님을 먹으면 우리 마음에서 힘이 생깁니다. 그 힘이 우리로 하여금 유혹을 이기게 합니다.

우리가 어떻게 예수님을 먹습니까? 예수님의 말씀을 마음에 받아들이는 것입니다. 예수님은 우리 죄 때문에 내어줌이 되고, 우리를 의롭다 하시기 위해 살아나셨습니다. 저는 이 말씀을 전했습니다. 말씀을 믿는 사람 속에 예수님의 힘이 역사해서 죄인이 의인으로 변했습니다.

Pastor Ock Soo Park's Lectures on THE GOSPEL OF JOHN

20

내가 곧 생명의 떡이니

◦ 이 양식은 인자가 너희에게 주리니
◦ 손으로 짓지 않은 온전한 장막으로 말미암아
◦ 거룩하게 된 자들을 영원히 온전케 하셨느니라
◦ 말씀이 내 마음에 들어와 죄인이라는 생각을 이겼다

내가 곧 생명의 떡이니

옛날 이스라엘은 남쪽에 유대가 있고, 중간에 사마리아가 있고, 북쪽에 갈릴리가 있었습니다. 갈릴리는 호수인데 당시에는 바다라고 불렀습니다. 갈릴리 호수를 중심으로 주위에 있는 도시와 마을들을 갈릴리 지역이라고 불렀습니다.

이 양식은 인자가 너희에게 주리니

예수님이 보리떡 다섯 개로 5천 명을 먹이신 곳은 갈릴리의 디베랴였습니다. 갈릴리 호수는 약간 길쭉한 둥근 형태로, 호수의 서쪽 중간쯤에 디베랴가 있었습니다. 그리고 호수를 따라 위로 올라가면 가버나움이 있었습니다. 예수님이 보리떡 다섯 개로 5천 명을 먹이신 뒤 예수님의 제자들만 배를 타고 디베랴에서 가버나움으로 떠났습니다.

가는 도중에 풍랑이 심하게 일었습니다. 밤이 되어 제자들이 힘들게 노를 젓고 있는데 저쪽에서 예수님이 바다 위로 걸어오셨습니다.

제자들이 유령인 줄 알고 깜짝 놀랐습니다. 예수님이 "나니 두려워 말라." 하고 배에 올라타셨습니다. 그렇게 해서 예수님과 제자들이 밤중에 가버나움에 도착했습니다.

전날 디베랴에서 떡을 얻어먹었던 많은 사람들은 또 떡을 얻어먹고 싶어서 예수님을 찾았습니다. 디베랴에서 출발할 때 제자들만 배를 타고 갔기 때문에 예수님이 디베랴에 있는 줄 알았습니다. 그러나 아무리 찾아도 예수님이 보이지 않자 사람들이 배들을 타고 가버나움을 가서 보니 그곳에 예수님이 계셨습니다.

"이튿날 바다 건너편에 섰는 무리가 배 한 척밖에 다른 배가 거기 없는 것과 또 어제 예수께서 제자들과 함께 그 배에 오르지 아니하시고 제자들만 가는 것을 보았더니(그러나 디베랴에서 배들이 주의 축사하신 후 여럿이 떡 먹던 그곳에 가까이 왔더라) 무리가 거기 예수도 없으시고 제자들도 없음을 보고 곧 배들을 타고 예수를 찾으러 가버나움으로 가서 바다 건너편에서 만나 '랍비여, 어느 때에 여기 오셨나이까?' 하니"(요 6:22~25)

사람들이 가버나움에서 예수님을 만나 "랍비여, 어느 때에 여기 오셨습니까?"라고 물었습니다. 예수님이 그들에게 말씀하셨습니다.

"예수께서 대답하여 가라사대, 내가 진실로 진실로 너희에게 이르노니 너희가 나를 찾는 것은 표적을 본 까닭이 아니요 떡을 먹고 배부른 까닭이로다. 썩는 양식을 위하여 일하지 말고 영생하도록 있는 양식을 위하여 하라. 이 양식은 인자가 너희에게 주리니 인자는 아버지 하나님의 인치신 자니라."(요 6:26~27)

사람들은 예수님에게 조상들이 만나를 먹은 이야기를 하며, 예수님이 말씀하신 하늘에서 내려오는 떡을 구했습니다. 그러자 예수님이 이렇게 대답하셨습니다.

"예수께서 가라사대, 내가 곧 생명의 떡이니 내게 오는 자는 결코 주리지 아니할 터이요 나를 믿는 자는 영원히 목마르지 아니하리라." (요 6:35)

예수님은 당신이 생명의 떡이라고 했습니다. 예수님께 가면 결코 주리지 않고 예수님을 믿으면 영원히 목마르지 않다고 했습니다.

손으로 짓지 않은 온전한 장막으로 말미암아

예수님이 십자가에 못 박혀 피를 흘리시고 살이 찢기셨습니다. 왜 그렇게 하셨습니까? 우리 죄를 씻기 위해서입니다. 이사야 53장에서 이렇게 말합니다.

"그가 찔림은 우리의 허물을 인함이요 그가 상함은 우리의 죄악을 인함이라. 그가 징계를 받음으로 우리가 평화를 누리고 그가 채찍에 맞음으로 우리가 나음을 입었도다. 우리는 다 양 같아서 그릇 행하여 각기 제 길로 갔거늘 여호와께서는 우리 무리의 죄악을 그에게 담당시키셨도다."(사 53:5~6)

하나님은 우리 죄를 예수님에게 담당시키셨습니다. 우리 죄를 전부 예수님에게 넘기셨습니다. 예수님은 그 죄를 넘겨받은 뒤 십자가에 못 박혀 죽으심으로 우리 죄에 대한 심판을 끝내셨습니다. 예수님이 돌아가실 때 마지막으로 뭐라고 말씀하셨습니까? "다 이루었다!" 하셨습니다. 무엇을 다 이루었습니까? 우리를 죄에서 구원하러 오신 예수님이 십자가에 못 박혀 죽으심으로 우리 죄를 다 씻으셨습니다.

예수님이 우리 죄를 해결하실 때 죄를 남겨놓으실 필요가 없었습니다. 십자가에서 모든 죄가 씻어졌습니다. 얼마나 놀라운 사실입니까!

중요한 것은, 우리 마음에는 아직 죄가 남아 있는 것 같습니다. 우리가 죄를 지은 기억도 나고 부끄러운 마음도 생기고 양심의 가책도 받으니까 우리는 죄가 아직 있는 것처럼 느껴집니다. 그것은 참된 느낌이 아닙니다. 정확한 것은 성경 말씀을 들어야 합니다. 제가 자주 이야기하는 말씀이지만, 로마서 4장 25절에서 우리 죄가 씻어지고 우리가 의롭게 되었다고 분명히 말하고 있습니다.

"예수는 우리 범죄함을 위하여 내어줌이 되고, 또한 우리를 의롭다 하심을 위하여 살아나셨느니라."(롬 4:25)

성경은 우리 죄가 씻어졌다고 분명히 말합니다. 죄가 씻어진 부분을 아주 정확히 기록한 성경 가운데 하나가 히브리서입니다. 히브리서 9장 11절에 이렇게 되어 있습니다.

"그리스도께서 장래 좋은 일의 대제사장으로 오사 손으로 짓지 아니한, 곧 이 창조에 속하지 아니한 더 크고 온전한 장막으로 말미암아"(히 9:11)

여기에 '창조에 속하지 않은 더 크고 온전한 장막'이 나옵니다. 성전은 모두 두 개가 있습니다. 사람들이 예배당을 가리켜 '거룩한 성전'이라고 말하는 경우가 있는데, 성경에서 말하는 성전은 하늘나라에 하나 땅에 하나 있습니다.

원래 성전은 하늘나라에 있고 땅에는 없었습니다. 출애굽기에서 하나님이 모세를 시내산 꼭대기로 부르신 뒤 40일 동안 하늘나라에 있는 성전을 다 보여 주셨습니다. 그리고 "내가 산에서 보여준 대로 성전을 지어라." 하셨습니다. 당시는 이스라엘 백성들이 광야를 지나는 중이었기 때문에 하늘에 있는 성전과 같은 모양의 성전을 천막으로 지었습니다. 그것을 성막이라고 했습니다. 이스라엘 백성들이 성막에서 소를 잡고 양을 잡아 제사를 드리면 죄가 씻어졌습니다.

히브리서 9장 11절은 예수님이 장래 좋은 일의 대제사장으로 오셨다고 했습니다. 그런데 "손으로 짓지 아니한, 곧 이 창조에 속하지 아니한 더 크고 온전한 장막으로 말미암아"라고 했습니다. 손으로 지은 장막, 곧 창조에 속한 장막은 모세가 지은 성막을 가리킵니다. 그 성막에 번제단이 있고, 물두멍이 있고, 등대가 있고, 떡상이 있고, 향단이 있고, 법궤가 있었습니다. 이스라엘 백성이 죄를 지으면 양이나 염소를 끌고 와서 그 머리에 안수했습니다. 안수하면 죄가 넘어간다고 레위기 16장 21절에서 이야기합니다. 죄가 양이나 염소에게 건너가면 그것을 죽여 죄를 씻는 것이 속죄제사였습니다. 그런데 그것은 하늘에 있는 것을 본뜬 것이었습니다.

예수님은 그처럼 손으로 지은 성막이 아닌 '더 크고 온전한 장막', 곧 하늘나라에 있는 성전에서 속죄제사를 드리셨습니다. 예수님은 인간의 모든 죄를 넘겨받기 위해 요단강에서 세례 요한에게 세례를 받았습니다. 예수님이 요한에게 세례를 베풀라고 하자 요한이 거부했습니다.

"이때에 예수께서 갈릴리로서 요단강에 이르러 요한에게 세례를 받으려 하신대 요한이 말려 가로되, 내가 당신에게 세례를 받아야 할 터인데 당신이 내게로 오시나이까?"(마 3:13~14)

요한이, 그가 예수님에게 세례를 받아야 할 터인데 예수님이 그에게 오셨느냐고 했습니다. 그러자 예수님이 말씀하셨습니다.

"예수께서 대답하여 가라사대 '이제 허락하라. 우리가 이와 같이 하여 모든 의를 이루는 것이 합당하니라' 하신대 이에 요한이 허락하는지라."(마 3:15)

예수님이 요한에게 "우리가 이와 같이 하여 모든 의를 이루는 것이 합당하니라." 하셨습니다. 예수님이 세례를 받으심으로 모든 의가 이루어진다는 것입니다. 그 말을 듣고 요한이 허락했습니다. 요한이 예수님의 머리에 손을 얹고 세례를 베풀었습니다. 그때 우리 죄가 다 예수님에게 넘어갔습니다. 그러자 성령이 비둘기같이 내려 예수님 위에 임하고 하나님의 음성이 들렸습니다. "이는 내 사랑하는 아들이요, 내 기뻐하는 자라."

요한복음 1장에서는 요한이 사람들에게 예수님을 이렇게 소개합니다.

"이튿날 요한이 예수께서 자기에게 나아오심을 보고 가로되, 보라 세상 죄를 지고 가는 하나님의 어린 양이로다."(요 1:29)

예수님이 세상 죄를 지셨습니다. 세상 죄가 예수님에게 건너갔기 때문입니다. 그 후 예수님이 세상의 모든 죄를 지고 십자가에 못 박혀 죽으심으로 모든 죄가 해결되었습니다.

사람들은 예수님이 우리 죄를 위해 십자가에 못 박혀 죽으셨다는 사실을 압니다. 그런데도 죄인이라고 하는 사람들이 있습니다. 만약 우리가 죄인이라면 그것은 예수님이 실패했다는 이야기밖에 안 됩니다. 우리가 보기에는 자신이 죄인인 것 같아도 예수님이 우리 죄를 다 씻으셨기 때문에 하나님은 우리를 의롭다고 하셨습니다.

우리 마음에서는 많은 생각들이 일어납니다. 우리 마음을 자세히 보면, 무엇을 하려고 하는 생각이 있습니다. 또 다른 유혹이 일어나서 우리를 끌고 갈 때가 있습니다. 잘 몰라서 그렇지, 악한 영이 우리를 유혹해 잘못된 길로 끌어갑니다. 우리가 그렇게 살다가 이제 하나님의 말씀을 마음에 받아들이는 것입니다.

'나는 죄를 지었어. 도둑질하고 거짓말하고 죄를 많이 지어서 죄인이 틀림없어. 그런데 예수님이 내 죄를 넘겨받으시고 십자가에서 그 벌을 다 받으셨어.'

거룩하게 된 자들을 영원히 온전케 하셨느니라

히브리서 9장 12절에서 이렇게 말합니다.

"염소와 송아지의 피로 아니하고 오직 자기 피로 영원한 속죄를 이루사 단번에 성소에 들어가셨느니라."(히 9:12)

구약 시대에는 양이나 염소나 송아지를 잡아 죄를 씻었습니다. 그것은 진정한 속죄제사의 그림자였습니다. 예수님이 하나님의 어린양으로 이 세상에 오셨습니다. 염소나 송아지의 피가 아닌 오직 당신의 피로 영원한 속죄를 이루셨습니다. 그 피를 들고 땅에 있는 성막에 들어가신 것이 아니라 하늘에 있는 성전에 들어가셨습니다. 예수님은 단 한 번으로 인류의 모든 죄를 씻으신 것입니다. 성경을 한 장 넘겨 히브리서 10장 10절을 보겠습니다.

"이 뜻을 좇아 예수 그리스도의 몸을 단번에 드리심으로 말미암아 우리가 거룩함을 얻었노라."(히 10:10)

우리가 착한 일을 하거나 기도하거나 회개해서 죄를 다 씻고 거룩해진 것이 아닙니다. 하나님의 어린양인 예수님이 십자가에 못 박히심으로 말미암아 우리가 거룩함을 얻었습니다.

히브리서 10장 11절에서는 구약 시대에 드린 속죄제사에 관해 이야기합니다.

"제사장마다 매일 서서 섬기며 자주 같은 제사를 드리되 이 제사는 언제든지 죄를 없게 하지 못하거니와"(히 10:11)

구약 시대에 드린 제사는 죄를 언제든지 없게 하지는 못했습니다. 이 세상은 시간계時間界이기 때문에 속죄제사를 드려서 죄를 씻어도, 시간이 흘러 다시 죄를 지으면 그 죄를 다시 해결해야 합니다. 시간계에서는 영원한 일을 할 수 없습니다. 그래서 예수님은 우리 죄를 씻기 위해 십자가에서 흘리신 피를 이 땅에 있는 제단에 뿌리신 것이 아니라 하늘나라 제단에 뿌리셨습니다. 이 땅은 시간계여서 시간이 자꾸 흘러가지만 하늘나라는 영원하기 때문에 무엇이든 영원합니다. 예수님이 하늘나라 제단에 피를 뿌려서 우리 죄를 영원히 사하셨습니다.

히브리서 10장 14절에서는 뭐라고 말합니까?

"저가 한 제물로 거룩하게 된 자들을 영원히 온전케 하셨느니라." (히 10:14)

예수님이 제물이 되어 거룩하게 된 자들을 영원히 온전케 하셨다고 했습니다. 예수님의 피로 우리 죄를 영원히 사하신 것입니다. 우리가 죄를 지을 때마다 예수님이 십자가에 못 박혀 죽으시는 것이 아니고, 우리가 잘못할 때마다 그 죄를 씻어 주시는 것이 아닙니다. 단 한 번에 영원한 속죄를 이루셨습니다.

저는 이 말씀을 믿었습니다. 내가 보기에는 죄가 있는 것 같지만 성경 말씀에서 예수님이 나를 영원히 온전케 하셨다고 했습니다. 내 생각을 믿을 것인가, 하나님의 말씀을 믿을 것인가? 물론 하나님의 말씀을 믿어야 합니다. 우리 생각은 정확하지 않습니다. 내 눈에는 내가 죄인인 것처럼 보이지만 하나님의 말씀에는 내 죄가 씻어졌다고 합니다. 예수님이 한 제물로 거룩하게 된 자들을 영원히 온전케 하셨다고 말합니다.

그 다음 히브리서 10장 17절에서는 뭐라고 말합니까?

"또 저희 죄와 저희 불법을 내가 다시 기억지 아니하리라 하셨으니, 이것을 사하셨은즉 다시 죄를 위하여 제사 드릴 것이 없느니라."(히 10:17~18)

죄를 영원히 씻었기 때문에 죄를 위해 다시 제사 드릴 것이 없습니다.

19절입니다.

"그러므로 형제들아 우리가 예수의 피를 힘입어 성소에 들어갈 담력을 얻었나니"(히 10:19)

우리가 죄를 지었지만 예수님이 십자가에서 흘리신 피가 우리 죄를 씻었기 때문에 그 피를 힘입어 성소에 들어갈 담력을 얻습니다. '난 거룩해! 난 깨끗해! 예수님의 피가 내 죄를 영원히 씻었어!' 우리가 하나님 앞에 나아갈 새로운 길이 열렸습니다.

우리가 죄를 짓지 않아서 담대한 것이 아닙니다. 착하게 살아서 담대한 것도 아닙니다. 우리가 죄를 지었고 악을 행했습니다. 그러나 어떤 죄악이든지 예수님이 십자가에서 흘리신 피는 그것을 눈보다 더 희게 씻었습니다. 할렐루야! 주님을 찬양합니다. 하나님 아버지 앞에 감사와 영광을 돌립니다.

말씀이 내 마음에 들어와 죄인이라는 생각을 이겼다

1962년 어느 날 예수님의 말씀이 내 마음에 들어와서 내 속에 있던 죄인이라는 생각을 이겼습니다. 예수님의 피를 증거하는 말씀이 내 안에 들어와서 나를 의롭다고 했습니다. 거룩하다고 했습니다. 하나님을 믿는다는 것은 다른 것이 아니라 하나님의 말씀을 믿는 것입니다.

하나님의 말씀이 내 마음에 들어온 날부터 제가 어떻게 된지 아십니까? 하나님과 한마음이 되었습니다. 하나님이 내 속에 살아 계셔서 어려울 때마다 도우시는 것을 보았습니다. 제가 위장이 심하게 안 좋았을 때 깨끗하게 고쳐 주셨고, 심장이 굉장히 안 좋았을 때 건강하게 해주셨습니다. 지금도 건강하게 살고 있습니다.

저는 무슨 수를 써도 죄를 씻을 수 없었습니다. 그런데 예수님이 내 죄를 씻으셨다는 말씀을 마음에 받아들여 의롭고 거룩하게 되었습니다. 하나님이 나를 보고 의롭고 거룩하다고 하셨습니다. 그때부터 저는 '내가 예수님처럼 의롭고 거룩하다'고 말합니다.

예수님의 말씀이 내 마음에 들어와서 내 생각과 다른, 내가 의롭다는 마음을 넣어 주었습니다. 그때부터 예수님이 내 안에 살아 계시면서 나를 이끄시고 내가 하는 모든 일에 함께하시는 것을 보았습니다. 우리는 아무것도 하지 않고 예수님이 십자가에서 우리 죄를 씻으셨습니다. 여러분 모두 이 말씀을 믿고 예수님으로 말미암아 복되게 사시길 바랍니다.

Pastor Ock Soo Park's Lectures on

THE GOSPEL OF JOHN

21

그 형제들이라도 예수를 믿지 아니함이러라

- 예수님과 형식적으로 가까이 지내는 사람들
- 인간의 선은 악 위에 도금한 선
- 그들은 예수님을 몰랐기 때문에
- 14년을 감옥에 있었는데 왜 천국에 못 갑니까?
- 예수님을 힘입어야 하나님 앞에 설 수 있다

그 형제들이라도 예수를 믿지 아니함이러라

요한복음은 두껍지 않은 책 안에 여러 사람의 모양을 그렸습니다. 갈릴리 가나 혼인 잔칫집에서 포도주가 모자랐을 때 나오는 사람들, 예루살렘 성전에서 소와 양과 비둘기를 파는 사람들, 니고데모처럼 자기가 하나님을 잘 믿는다고 생각한 사람 등 많은 사람들의 이야기가 담겨 있습니다. 요한복음을 기록한 사람은 요한이지만 하나님이 요한에게 그 마음을 주셨습니다. 요한복음에서 각각의 사람들이 예수님을 만납니다. 니고데모가, 38년 된 병자가, 사마리아 여자가, 간음하다 잡힌 여자가 예수님을 만납니다.

예수님과 형식적으로 가까이 지내는 사람들

요한복음 7장에는, 예수님을 알긴 하지만 예수님 앞에 와서 죄를 사함 받거나 은혜를 입는 것이 아니라 예수님을 적당히 아는 사람들이 나옵니다. 제일 먼저 나오는 사람들이 예수님의 동생들입니다. 그들은 예수님과 같이 자랐습니다. "형, 형." 하며 말입니다. "형, 사탕 줘." 했을지도 모릅니다. 이제 예수님이 서른이 되셨으니 그들도 나이가 스물 몇 살쯤 되었을 것입니다. 그들이 예수님에게 말했습니다.

"그 형제들이 예수께 이르되, 당신의 행하는 일을 제자들도 보게 여기를 떠나 유대로 가소서. 스스로 나타나기를 구하면서 묻혀서 일하는 사람이 없나니 이 일을 행하려 하거든 자신을 세상에 나타내소서 하니"(요 7:3~4)

그들의 생각은 예수님과 달랐습니다. 성경은 이렇게 말합니다.

"이는 그 형제들이라도 예수를 믿지 아니함이러라."(요 7:5)

예수님을 잘 알고 예수님 가까이 있는 사람들이 있습니다. 교회에 다니고 기도하고 성경을 읽고…. 그런데 예수님이 자신의 구주로 필요한 사람들은 아닙니다. 어려움이나 고난을 당하거나 해를 입을 일이 별로 없기 때문입니다. 성경에서 예수님의 은혜를 입은 사람들은 어떤 사람들입니까? 38년 된 병자, 간음한 여자, 눈먼 소경 등 자신에게 길이 없고 방법이 없는 사람들이었습니다. 그런 사람들이 예수님의 은혜를 입었습니다. 예수님은 그런 사람들을 죄에서 건져 하늘나라 백성을 만들길 원하셨습니다.

오늘날 많은 사람들이 교회에 다니지만, 38년 된 병자나 간음한 여자나 소경처럼 당장 예수님의 은혜가 필요한 것은 아니어서 은혜를 입지 않아도 살 만한 사람들이 많습니다. 그런 사람들이 교회에 가고, 헌금을 드리고, 착한 일을 하는 등 겉모습은 예수님을 믿는 모양을 갖춘 경우가 많습니다. 그러나 그들은 예수님이 그렇게 필요한 분은 아니라고 생각합니다. 한두 번은 '나는 죄가 많아. 죄 사함을 받아야 해'

라고 생각하거나 '내가 죄를 지어 죽으면 하늘나라 못 갈 것 같아'라는 생각을 합니다. 하지만 예수님을 믿지 않는다고 해서 밥을 못 먹거나 죽는 것이 아니니까 예수님과 형식적으로 가까이 지냅니다.

이런 사람들은 예수님에 대해 세밀하게 생각하지 못합니다. 예수님이 인간을 죄에서 구원하기 위해 세상에 오셨다는 것은 알지만 죄를 심각하게 생각하지 않습니다. '내가 죄가 조금 있겠지. 신이 아닌데 어떻게 죄를 안 짓고 살 수 있어? 그렇지만 그렇게 큰 죄는 짓지 않았어. 남들에게 나쁘다는 소리 안 듣고 살 만큼 괜찮게 살았어.' 사탄은 많은 사람들을 이런 생각 가운데 둡니다. 예수님의 동생들은 예수님 가까이 있었지만 마음이 예수님과 너무 멀어서 예수님의 세계 안으로 들어오질 못했습니다. 이런 이야기가 성경에 왜 등장합니까? 오늘도 그런 사람들이 있다는 것입니다. 큰 죄를 짓지 않고 교도소에 가지도 않았고, 예배를 드리고 때때로 불쌍한 사람을 도왔고, 나름대로 선하게 산 사람들이 많습니다.

인간의 선은 악 위에 도금한 선

한번은 제가 우리 교회에서 '인간 속에는 선이 없다'는 이야기를 했습니다. 며칠 후, 가난한 동네에서 약국을 운영하는 자매님이 저를 찾아와 물었습니다. 자매님이 먼저 자신의 이야기를 들려주었습니다.

자매님이 사는 동네에는 정기적으로 약을 먹어야 하는 사람들이 있었습니다. 그런데 어떤 사람은 약이 떨어졌을 텐데 약을 사러 오지 않습니다. 그러면 전화를 합니다.

"먹을 약이 있어요?"

"없습니다."

"그런데 왜 약을 사러 오지 않아요?"

"돈이 없어서 못 갑니다."

"약을 끊어서 내성이 생기면 병을 고치기 어려우니까 약을 꼭 먹어야 해요. 중단하면 큰일 나요."

"압니다. 그런데 돈이 없는 걸 어떡합니까?"

자매님이 그런 사람들에게 일단 약은 먹어야 한다며, 돈은 생기면 나중에 가져오라고 하며 약을 주었습니다. 그렇게 약을 주면 나중에 돈을 가져오는 사람도 있지만 그렇지 않은 사람이 더 많았습니다. 자매님이 이렇게 이야기하고 저에게 물었습니다.

"목사님, 제가 그 사람들에게 돈을 못 받을 걸 알지만 약을 주었습니다. 그것은 선한 것이 아닙니까?"

우리가 볼 때에는 선합니다. 그런데 하나님이 보실 때에는 그렇지 않다는 것입니다. 제가 자매님에게 도금한 반지에 대해 이야기해 주었습니다. 도금한 반지는 진짜 금반지는 아닙니다.

한번은 제가 미국 시카고에 있는 교회에 가서 집회를 했습니다. 그 교회에 액세서리 장사를 하는 부인이 있었습니다. 집회를 마치는 날, 그 부인이 금목걸이를 한 주먹 가지고 와서 저에게 주면서 한국에 돌아가면 사람들에게 선물로 주라고 했습니다. 물론 도금한 목걸이입니다. 저는 비행기를 탈 때 세관에서 시간 빼앗기는 것을 싫어하기 때문에 그런 물건은 일체 가지고 다니지 않습니다. 그래서 제가 지내던 방에 꺼내놓고 왔는데, 제가 화장실에 간 사이에 누군가 '목사님이 이걸 빠트리셨네' 하고 제 가방에 넣었던 모양입니다.

인천공항에 도착해 세관원이 물었습니다.

"신고할 물건 있습니까?"

"없습니다."

"가방 한번 열어 보시죠."

가방을 열었는데 금목걸이들이 나왔습니다. 제가 깜짝 놀랐습니다. 그게 진짜 금이면 밀수범으로 신문에 날 만한 일이기에 당황이 되었습니다. '이걸 누가 넣었지?' 제가 세관원에게 설명을 했습니다.

"한국 사람들은 금목걸이를 많이 하지만 미국 사람들은 금목걸이를 안 합니다. 한국은 치안이 좋아서 금목걸이를 하고 다녀도 안전하지만 미국은 안전하지 못해서 전부 가짜 금목걸이를 하고 다닙니다. 이것들은 진짜 금목걸이가 아니고 도금한 목걸이들입니다."

제 이야기를 듣고 세관원이 말했습니다.

"우리는 이게 진짜인지 가짜인지 구분 못 합니다."

제가 어떻게 해야 할지 당황이 되었습니다.

"혹시 칼을 구할 수 있습니까?"

"칼이야 구할 수 있죠."

세관원이 칼을 구해서 왔습니다.

"그 칼로 목걸이를 한번 긁어 보세요."

"긁어도 됩니까? 책임 안 집니다."

세관원이 목걸이를 긁자 표면은 금인데 속에서 다른 금속이 나왔습니다. 그렇게 해서 진짜 금목걸이가 아니라 도금한 목걸이라는 것이 밝혀졌습니다.

제가 그 자매님에게 이야기했습니다.

“자매님, 인간의 선은 악에다 도금한 선입니다.”

금반지나 금목걸이는 칼로 아무리 깎아내도 계속 금이 나옵니다. 표면은 금인데 조금 긁으면 다른 금속이 나온다면 그것은 금이 아닙니다. 인간이 행하는 선이 그러합니다. 인간의 마음은 더러운데 겉으로는 선을 행할 수 있습니다. 그러면 깨끗하게 보이고 정직하게 보이지만 실제로 사람의 마음에는 다 악이 들어 있습니다. 그런데 사람들은 그 사실을 잘 모릅니다. 그래서 이렇게 생각합니다. ‘그래도 난 착하게 살았어. 난 큰 죄를 짓지 않았어. 난 살인도 하지 않고 간음도 하지 않고 도둑질도 하지 않았어. 죄가 조금 있긴 하지만 지옥에 갈 만큼은 아니야.’ 바로 요한복음 7장에 등장하는 사람들입니다.

그들은 예수님을 몰랐기 때문에

성경에 의인은 하나도 없다고 했습니다. 모든 사람이 죄를 지었다고 했습니다. 예수 그리스도 앞에 나와서 그 피로 죄 사함을 받기 전에는 어느 누구도 하늘나라에 갈 수 없습니다. 하나님이 보실 때 우리는 다 더럽고 추하고 거짓되고 악한 사람들입니다. 그런데 자신이 볼 때에는 착한 것 같습니다. 그것 가지고는 안 됩니다.

요한복음 7장에서 사람들이 예수님에 대해 이렇게 저렇게 말했습니다. “예수님은 좋은 사람이야.” “아니야. 무리를 미혹해.” 그들은 예수님을 정확히 몰랐습니다. 간음하다 잡힌 여자처럼 멸망을 당할 위치에 있는 것이 아니었기 때문입니다.

7장을 지나 8장에 들어가면 간음한 여자 이야기가 나옵니다. 이 여자는 간음하다 잡혀서 돌에 맞아 죽을 수밖에 없습니다. 그런데 7장에 나오는 사람들이 간음하지 않고 선하게 살았다고 하지만 하나님 앞에서는 그들 모두 죄인이었습니다. 자신의 기준으로 '난 하나님을 믿어. 난 그래도 저렇게 살지는 않았어. 나름대로 깨끗하게 살았어' 하는 사람은, 선한 것 같지만 구원받기 너무 어려운 사람입니다.

예수님의 동생들은 예수님과 오랫동안 함께 지냈습니다. 예수님이 서른 살 때부터 일을 시작하셨으니 그들이 예수님과 20년 정도 같이 지냈습니다. 그러나 그들은 예수님을 몰랐습니다. 예수님이 그들을 죄에서 구원하러 오셨지만 자신들이 큰 죄인이라고 느끼지 않았기 때문입니다.

교회에 다니면서 도덕적으로 큰 흠이 없고 종종 가난한 사람도 돕고 기부금도 내며 사는 사람은 선하게 보입니다. 그러나 창세기 6장에서는 이렇게 말합니다.

"여호와께서 사람의 죄악이 세상에 관영함과 그 마음의 생각의 모든 계획이 항상 악할 뿐임을 보시고"(창 6:5)

우리 기준과 하나님의 기준이 이렇게 차이가 있습니다. 우리가 볼 때에는 별 죄가 없는 것 같지만 하나님이 보실 때에는 우리 생각의 모든 계획이 항상 악합니다. 하나님의 기준으로 보면 선하다고 할 만한 사람이 아무도 없습니다. 그래서 예수님이 세상에 오셨습니다.

14년을 감옥에 있었는데 왜 천국에 못 갑니까?

요한복음 7장에 나오는 사람들은 살인이나 간음 등 큰 죄를 저지른 사람들이 아닙니다. 예수님 가까이에 있었던 사람들입니다. 그런데 그들은 예수님을 믿지 않았습니다.

"이는 그 형제들이라도 예수를 믿지 아니함이러라."(요 7:5)

예수님을 믿는다는 것은, 내가 더럽고 추해서 내 의로는 안 되기 때문에 예수님의 의를 받아들여 내 의로 삼는 것을 말합니다. 지구 위에 수많은 사람이 있지만 예수님 외에는 스스로 하늘나라에 갈 만한 사람은 아무도 없습니다. 세상 사람들이 다 악한 것이 아니라 착한 사람, 정직한 사람, 진실한 사람도 있는 것처럼 보입니다. 그러나 하나님이 보실 때에는 사람의 모든 계획이 항상 악할 뿐이라고 했습니다. 어떤 것은 선하고 어떤 것은 악하고, 어떤 때는 선하고 어떤 때는 악하다고 말하지 않습니다. 모든 계획이 항상 악하다고 했습니다.

인간은 스스로 하늘나라에 갈 수 없다는 것입니다. 그래서 우리는 우리 의를 버리고 우리 선을 버려야 합니다. 우리 의는 온전한 의가 아니고 우리 선은 온전한 선이 아니기 때문입니다. 온전한 의, 온전한 거룩은 예수님에만 있습니다. 그래서 우리 의를 다 버리고 예수 그리스도의 의를 받아들여야 합니다. 그런데 사람들은 자신이 좀 선하다고 생각하면 '그래도 내가 지옥은 안 가겠지'라고 여깁니다.

제가 어느 목사님을 만났습니다. 그분은 공산 국가에서 예수님을 믿는다고 14년 동안 감옥에 갇혀 있다가 나온 분이었습니다. 인간적으로는 존경할 만한 분이었습니다. 그분은 자신이 예수님 때문에 감옥에 14년을 보냈으니 하늘나라에 간다고 믿고 있었습니다. 제가 그분에게 그것으로는 하늘나라에 못 간다고 하자 강하게 되물었습니다.

"목사님, 내가 왜 하늘나라에 못 갑니까? 예수님 때문에 내가 감옥에 14년을 있었습니다!"

“하늘나라는 우리 행위로는 가지 못합니다.”

“목사님, 감옥에 가봤습니까? 내가 감옥에 있는 동안 나만 고생한 줄 압니까? 내 아내와 아이들은 길거리에서 과일 껍질을 주워먹으며 비참하게 살았습니다. 많은 어려움을 겪었습니다. 그런데도 하늘나라에 못 갑니까?”

“행위로 하늘나라에 갈 수 있는 사람은 아무도 없습니다. 당신의 그 선한 행위 때문에 하늘나라에 가는 것이 아닙니다. 우리는 다 죄가 있습니다. 당신도 죄가 있습니다. 죄를 씻지 못하면 어느 누구도 하늘나라에 갈 수 없습니다.”

에베소서 2장에서는 뭐라고 이야기합니까? 우리가 은혜를 인하여 믿음으로 말미암아 구원을 얻었다고 했습니다.

“너희가 그 은혜를 인하여 믿음으로 말미암아 구원을 얻었나니 이것이 너희에게서 난 것이 아니요 하나님의 선물이라. 행위에서 난 것이 아니니 이는 누구든지 자랑치 못하게 함이니라.”(엡 2:8~9)

우리가 무엇을 해서는 죄 사함을 받을 수 없습니다. 율법을 지키고 어려운 사람을 돕고 하는 것이 선하게 보이지만 그것 가지고는 하늘나라에 갈 수 없습니다. 인간에게는 선한 면이 있는 것 같지만 그 안에 악이 있기 때문입니다.

아무리 선해도 자신의 선을 가지고는 하늘나라에 갈 수 없습니다. 온전한 선을 가진 사람은 아무도 없습니다. 그래서 우리에게는 예수님이 필요합니다. 자신의 모든 의를 버리고 예수님의 의를 마음에 받아들여야 합니다. 예수님을 믿는다는 것에는 ‘내 속에는 선이 없습니다. 악하고 거짓되고 더러운 것뿐입니다’라는 고백이 들어 있습니다.

그렇기 때문에 자신의 의를 버리고 예수님의 의를 자신의 것으로 받아들이는 것입니다. 예수님이 세상에 계실 때 간음한 여자, 십자가의 강도, 세리 같은 사람들은 예수님 앞에 나아와 죄 사함을 받았습니다. 하지만 자신이 선하고 의롭다고 생각한 사람들은 그 귀한 은혜를 입지 못했습니다.

예수님을 힘입어야 하나님 앞에 설 수 있다

저는 1962년에 기술하사관에 지원했다가 떨어진 뒤 하나님 앞에서 제 모습을 보았습니다. 내가 너무 더럽고 거짓되고 악했습니다. 거짓말하고, 도둑질하고…. 나는 분명히 지옥에 갈 사람이라고 알았습니다. 우리가 죄 때문에 지옥에 갈 사람이라는 사실을 알 때 내 길을 버리고 예수님의 의를 받아들일 수 있습니다. 예수님의 의, 예수님의 거룩함을 힘입어 하늘나라에 갈 수 있습니다. 예수님은 당신이 세상에서 산 거룩한 삶을 전부 우리에게 주셨고, 더럽고 추한 우리 죄를 다 가지고 가셨습니다. 예수님의 것과 우리 것을 바꾸었습니다.

저는 내 의로는 멸망을 당할 수밖에 없지만 예수님의 의를 가지고 하늘나라에 갈 수 있습니다. 예수님의 거룩함을 가지고 하나님 앞에 설 수 있습니다. 히브리서에서는 **"그러므로 형제들아 우리가 예수의 피를 힘입어 성소에 들어갈 담력을 얻었나니"**(히 10:19)라고 했습니다. 예수님이 흘리신 피가 우리 죄를 씻었습니다. 그리고 예수님의 의와 거룩함이 우리 것이 되었습니다. 우리 모두 예수님을 힘입어야 합니다. 누구든지 그렇게 할 때 하나님 앞에 설 수 있습니다.

Pastor Ock Soo Park's Lectures on

THE GOSPEL OF JOHN

22

자신을 믿어 간음하다 잡힌 여자

◦ 나는 술을 마시면 죽으니 절대로 권하지 말게
◦ 전우 좋다는 게 뭐냐? 너 한 켤레 껴라
◦ 내가 이렇게 해도 괜찮을 거야
◦ 마음에 역사하는 악한 영인 사탄에게 속아서
◦ 간음한 여자처럼 죄인이 되고, 또 예수님을 만나면

자신을 믿어 간음하다 잡힌 여자

대부분의 사람들이 죄에 처음 빠져들 때 죄를 가볍게 여깁니다. 술도 그렇고, 도박도 그렇고, 마약도 그렇고, 도둑질 역시 대수롭지 않게 생각합니다. 그러나 처음에 잘못 들어서면 정말 빠져나오기 어렵습니다.

나는 술을 마시면 죽으니 절대로 권하지 말게

제가 아는 한 어른은 술을 많이 마시는 분으로 술 때문에 위장에 병이 생겼습니다. 병원에 오랫동안 다니면서 치료해 위장을 고쳤습니다. 의사가 그분에게 강하게 경고했습니다.

"이번에 가까스로 병을 고쳤습니다. 한 번만 더 술을 마시면 당신은 죽습니다. 절대로 술을 마셔서는 안 됩니다."

"알겠습니다. 의사 선생님, 고맙습니다."

이 어른이 집에 와서 가족들을 불러놓고 이야기했습니다.

"내가 지금까지 술을 많이 마셨다. 의사가 이제는 술을 마시면 안 된다고 하더라. 난 이제 절대로 술을 입에 안 댈 거다. 혹시 내가 술을 마시거든 말려라. 술을 마시면 나는 죽는다."

이분이 얼마 동안 술을 마시지 않았습니다.

그 해 가을에 이분 친구의 회갑 잔치가 있었습니다. 요즘은 우리나라 사람들의 수명이 늘어나 나이가 60, 70을 넘는 사람이 흔하지만, 옛날에는 수명이 길지 못해 한국 나이로 예순한 살이 되던 해에 회갑 잔치를 크게 했습니다. 친구 잔칫날이 되어 이분이 옷을 입고 잔치에 갈 준비를 했습니다. 그 모습을 보고 아들이 말렸습니다.

"아버지, 가지 마십시오. 거기 가면 술이 나옵니다. 어차피 술을 마시지도 못하니 아예 가시지 않는 게 좋겠습니다."

아버지가 그 소리를 듣고 화를 냈습니다.

"네가 나를 어떻게 생각하냐? 술을 마시면 죽는다는데 내가 술을 마시겠어? 절대 안 마신다. 내가 죽는데 미쳤다고 술을 마셔?"

"아버지, 그래도 안 가시면 좋겠습니다."

"그런 소리 하지 마라. 내가 잔치에 가서 술을 안 먹고 다른 음식들을 먹으면 되지."

아버지가 아들의 만류를 뿌리치고 친구 회갑 잔치에 갔습니다. 여러 친구들이 모여서 술과 음식을 먹으면서 즐겁게 놀았습니다. 잔치가 시작될 때 이분이 친구들에게 말했습니다.

"여보게들, 나는 술을 마시면 죽네. 나는 다른 음식들을 먹을 테니 나에게 술을 절대로 권하지 말게."

친구들이 아쉽지만 어쩔 수 없다며, 다 알겠다고 했습니다.

잔치가 아주 즐겁게 흘러갔습니다. 그런데 오후쯤 되어 이분이 술을 마시고 싶었습니다. 아주 조금 먹으면 괜찮겠다는 생각이 들었습니다. 그래서 옆에 있는 친구에게 말했습니다.

"야, 내 잔에 술을 조금만 따라봐. 아주 조금만."

"아니, 자네는 술을 마시지 않는 게 좋아."

"내가 술을 많이 마시면 문제가 되겠지만 아주 조금 마신다고 죽겠어?"

"그래도 안 마시는 게 좋겠어."

그 소리를 듣고 옆에서 다른 친구가 말했습니다.

"조금 마시는 건 괜찮아."

결국 친구가 이분이 들고 있는 잔에 술을 아주 조금 따라 주었습니다. 이분이 그 술을 마시니 아무렇지 않았습니다.

"아무렇지 않네? 조금만 더 마셔 보자."

"자꾸 그러면 안 돼."

"괜찮잖아. 조금만 더 줘."

이번에는 술을 조금 더 마셨습니다. 그래도 아무렇지 않았습니다.

"에이, 의사가 술을 마시지 말라고 거짓말한 거였네. 술을 마셔도 괜찮네. 한 잔 가득 따라 봐."

"아니, 안 먹는 게 좋아."

"에이, 괜찮다니까. 의사가 술을 못 마시게 하려고 한 소리야."

술을 잔에 가득 따라 마셨습니다. 아무렇지 않았습니다.

"의사 그 양반, 나 술을 못 마시게 하려고 술을 먹으면 죽는다고 거짓말을 했어. 이렇게 아무렇지도 않은데."

두 잔째 마셨습니다. 아무렇지도 않았습니다. 배가 아프거나 쓰리지 않았습니다. 친구들과 어울려 술을 마시며 즐겁게 지냈습니다. 저녁 무렵이 되어 이분이 배가 아프기 시작했습니다. '배가 좀 아프다. 술을 마셔서 그런가?' 그런데 아픈 것이 점점 심해지기 시작했습니다. "아이고, 배야!" 죽겠다고 소리를 질렀습니다. 그날 이분이 결국 죽고 말았습니다.

전우 좋다는 게 뭐냐? 너 한 켤레 껴라

우리가 술을 마시고 싶을 때에는 술을 마셔도 괜찮을 것 같은 생각이 들고, 도박을 하고 싶을 때에는 하면 잃지 않고 딸 것 같은 생각이 들고, 마약을 하고 싶을 때에는 한두 번 한다고 중독되지 않으니 괜찮을 거라는 생각이 듭니다. 그래서 술이나 도박이나 마약에 손을 댔다가 헤어나지 못하는 사람들이 많습니다. 요한복음 8장에 나오는 간음하다 잡힌 여자가 왜 간음을 했습니까? 자신을 믿는 마음 때문입니다. 마음에서 '이렇게 하면 절대 안 잡힐 거야'라는 생각이 일어나고, 그 생각을 믿었습니다.

제가 군대에 가서 처음 당한 어려움이, 장갑을 잃어버렸습니다. 잘 때 관물대에 장갑을 한 켤레 놔두었는데 밤에 누가 훔쳐갔습니다. 군대에는 도둑이 많습니다. 그런데 군대에서는 '도둑질'이라고 하지 않고 아무리 훔쳐도 대한민국 국방부 안에 있기 때문에 '위치 이동'이라고 합니다. 제가 장갑을 잃어버렸을 때 생각을 했습니다. '나도 다른 사람 장갑을 훔쳐야겠다. 그런데 만일 내가 훔쳐서 잡히지 않으면 다행이지만 잡히면 군대에서 내가 어떻게 전도를 하지?' 저는 군대에서 동료들에게 복음을 전할 때 힘이 나고, 그것이 저에게 큰 기쁨이었습니다. 복음을 전해서 동료들이 구원받는 역사가 일어날 때 가장 행복했습니다. 그런데 장갑을 훔치다 들키면 더 이상 복음을 전할 수 없을 것 같았습니다.

당시에는 군대에서 구타가 심해 제가 장갑을 잃어버린 것을 내무반장이 알면 매를 많이 맞을 것 같았습니다. 그래서 처음에는 장갑을 훔치기로 마음먹었습니다. 그런데 내 마음에 다른 생각이 들었습니다. '내가 잘 훔치면 잡히지 않을 수 있다. 그런데 만일 훔치다 들키면 어떻게 되지? 내무반 동료들이 내가 도둑질한 것을 알게 되면 그래도 내가 동료들에게 복음을 전할 수 있을까?' 그렇게 되면 다시는 복음을 전하지 못할 것 같았습니다. "에이, 도둑질한 놈이 무슨 전도를 해? 도둑질하는 놈이 무슨 예수를 믿는다고 해?" 동료들에게 그런 소리를 들을 것 같았습니다.

만일 군대에서 복음을 전하지 않으면 그 삶이 저에게 너무 절망스러울 것 같았습니다. 군 생활이 힘들고 어려워도 쉬는 시간에 복음을 전하는 것이 정말 행복했기 때문입니다. 생각이 거기까지 미치니 장갑을 훔칠 수 없었습니다. 하나님께 기도했습니다.

"하나님, 제가 장갑을 훔치지 않겠습니다. 장갑 한 켤레만 주십시오."

그런데 누가 저에게 장갑을 주겠습니까?

아침을 먹고 훈련을 받으러 갔습니다. 우리 중대원 200명이 "사나이로 태어나서…" 군가를 부르며 팔을 흔들면서 가는데, 199명이 장갑을 껴서 손이 파란 색이었고 제 손만 붉은 손이 올라갔습니다.

저는 내무반장이 제가 장갑을 끼지 않았다는 사실을 알까봐 두려웠습니다. 내무반장이 알면 “너, 왜 장갑 안 꼈어? 어디에다 팔아먹었어?” 하며 저를 심하게 때릴 것 같았습니다.

그날은 수류탄 투척 훈련을 받았습니다. 50분 훈련을 받고 10분간 휴식을 하는데 한 동료가 저에게 다가왔습니다. 입대한 지 얼마 되지 않은 때여서 그 친구가 제 가슴에 달린 명찰을 보고 저에게 물었습니다.

“야, 박옥수. 너, 장갑 없어?”

“그래, 밤에 누가 훔쳐갔다.”

“짜식, 나에게 이야기하지.”

“너, 장갑 두 켤레야?”

“그래, 두 켤레다.”

“너, 어디서 훔쳤어?”

“안 훔쳤어.”

“안 훔쳤는데 어떻게 두 켤레야?”

“우리 형님이 훈련소 중대장이거든. 내 손에 동상이 있어서 한 켤레 더 주더라. 야, 전우 좋다는 게 뭐냐? 너 한 켤레 껴라.”

그 친구가 손에서 장갑 한 켤레를 빼서 저에게 주었습니다. 장갑 한 켤레 돈 몇 푼 안 되는 것이지만 그날 저는 너무 감사했습니다. ‘아, 하나님이 군대에서도 살아 일하시네! 하나님이 나를 도우시네!’ 제가 군대에서 3년을 복무하는 동안 하나님이 순간순간 저를 돕고 지키시는 것을 볼 수 있었습니다. 그것이 얼마나 감사했는지 모릅니다. 군 생활을 마치고 제대할 때, 제가 복무했던 통신훈련소 정문을 나오면서 이런 마음이 들었습니다. '이런 하나님이 나와 함께 계시면 내가 사하라사막에 가서도 얼마든지 살겠다. 남극에 가서도 얼마든지 살겠다.'

내가 이렇게 해도 괜찮을 거야

교도소에 수감되어 있는 사람들은 죄를 짓고 들어옵니다. 그들이 죄를 지어서 교도소에 들어왔다기보다 자기를 믿는 마음 때문에 교도소에 들어왔습니다. 죄를 지으려고 할 때 자신이 잡힐 거라는 생각이 들면 죄를 지을 수 없습니다. 잡히지 않을 거라고 믿기 때문에 죄를 짓습니다.

간음한 여자가 그래서 간음하다가 잡혔습니다. 도박하는 사람이 이번에는 딸 것처럼 느껴져 다시 도박판에 가서 돈을 잃는 것입니다. 마약 하는 사람이 자신은 중독되지 않을 거라고 믿기 때문에 마약에 손을 댔다가 중독됩니다. 도둑질하는 사람도 '이렇게 하면 안 잡혀'라는 생각을 믿기 때문에 도둑질을 합니다. 교도소에 수감되어 있는 사람들은 자신을 믿고 죄를 지은 사람들입니다. 어떤 사람은 불가피하게 죄를 지은 경우도 있지만, 대부분 '내가 이렇게 해도 괜찮을 거야' 하며 자기 생각을 믿고 죄를 지은 사람들입니다.

요한복음 8장에 나오는 간음하다 잡힌 여자가 음란한 마음이 일어나서 간음한 것이 아닙니다. 음란한 마음은 누구에게나 있습니다. 어떤 여자나 남자나 음란한 마음을 다 가지고 있습니다. 그렇다고 해서 다 간음하는 것은 아닙니다. 특별히 그 여자가 살던 당시에는 간음하다 잡히면 돌에 맞아 죽었습니다. 그렇다면 이 여자는 왜 간음을 했습니까? 잡히면 돌에 맞아 죽는 것을 분명히 아는데도 그렇게 할 수 있었던 것은 '내가 이렇게 하면 안 잡힐 거야'라는 생각이 들고, 그것을 믿었기 때문입니다.

교도소에 수감된 사람들은 대부분 자기를 믿는 사람들입니다. 어떤 사람이 도둑질했다가 잡혀서 교도소에 들어오면 그 안에서 생각합니다. '이번에 내가 왜 잡혔지? 지문을 남겨서 잡혔어. 에이, 장갑만 꼈어도 안 잡히는 건데….' 그 사람은 교도소에 있으면서 다시 어리석은 생각을 합니다. 장갑을 끼고 도둑질하면 안 잡힐 것 같은 생각이 듭니다. 그래서 출소하면 장갑을 끼고 도둑질을 합니다. 그러나 다시 잡혀서 또 교도소에 들어옵니다. 교도소에서 다시 생각합니다. '이번에는 왜 잡혔지? 아, 이것 때문에 잡혔구나. 이것만 피하면 잡히지 않겠구나.' 그 생각을 하면 나가서 그렇게 해보고 싶은 마음이 듭니다. 그렇게 살아서 한평생 교도소를 들락날락하며 사는 사람들이 있습니다.

마음에 역사하는 악한 영인 사탄에게 속아서

자기를 믿는 사람은 예수님을 믿기 어렵습니다. 자기를 믿는 것이 쉽고 자기를 의지하는 것이 편한데 무엇 때문에 예수님을 믿겠습니까. 그러나 우리 자신을 자세히 살펴보면 우리 안에는 도둑질하고 싶은 마음, 간음하고 싶은 마음, 술 마시고 싶은 마음, 마약 하고 싶은 마음이 있습니다. 사람들이 거기에 속습니다. '마약 한 번 한다고 중독자가 돼?' '술 한 잔 마신다고 죽어?' '간음한다고 잡혀?' 사탄은 그렇게 해도 얼마든지 괜찮을 거라고 우리를 속입니다.

간음한 여자가 잡혔을 때 깜짝 놀랐을 것입니다. '아, 이렇게 잡힐 줄 알았으면 간음하지 않을 건데….' 여자는 자기를 믿어서 간음했고 이제 돌에 맞아 죽을 수밖에 없는 운명이 되었습니다. 여자가 돌에 맞아 죽기 위해 사람들에게 끌려갑니다. 사람들이 여자에게 침을 뱉고 머리채를 흔듭니다. "이 더러운 년!" 여자는 죄를 지었기 때문에 아무 말도 못 합니다.

누구도 이 여자를 건져줄 수 없었습니다. 그런데 예수님이 여자를 살려 주십니다. 예수님은 우리를 죄에서 건지시기 위해 이 땅에 오셨습니다. 이제 우리가 예수님 앞에 어떻게 나아가야 합니까? 우리 생각과 예수님의 생각은 다르기 때문에 우리 생각을 버리고 예수님의 말씀을 받아들여야 합니다.

에베소서 2장에서 이렇게 말했습니다.

"너희의 허물과 죄로 죽었던 너희를 살리셨도다. 그때에 너희가 그 가운데서 행하여 이 세상 풍속을 좇고 공중의 권세 잡은 자를 따랐으니 곧 지금 불순종의 아들들 가운데서 역사하는 영이라."(엡 2:1~2)

영은 물체가 아닙니다. 사람의 눈으로 볼 수도 없고 손으로 만질 수도 없습니다. 또한 영은 우리를 밀거나 당길 수도 없습니다. 영은 우리 마음에 역사합니다. 가룟 유다가 예수님을 팔 때, 성경은 이렇게 말합니다.

"마귀가 벌써 시몬의 아들 가룟 유다의 마음에 예수를 팔려는 생각을 넣었더니"(요 13:2)

마귀가 유다 마음에 예수님을 팔려는 생각을 넣었다고 했습니다.

여러분이 깊이 생각해 보면 여러분 안에서 생각이 둘로 나누어지는 것을 볼 수 있습니다. 간음한 여자의 마음 한쪽에서 '저 남자와 함께 자면 즐겁고 행복할 거야'라는 생각이 듭니다. 그런데 다른 한쪽에서는 '안 돼. 그러다 잡히면 돌에 맞아 죽어'라는 생각이 듭니다. 여자 속에 두 마음이 있습니다. 한 사람이면 마음이 두 가지가 될 수 없습니다. 악한 영이 우리 안에 음란한 마음을 넣고 간음해도 괜찮을 거라고 이야기하는 것입니다. 도박해도 괜찮고, 마약을 해도 괜찮고, 도둑질해도 괜찮을 거라고 이야기합니다.

악한 영에게 속지 않고 '간음하다 잡히면 돌에 맞아 죽잖아', '도둑질하다 잡히면 감옥에 가야 하잖아' 하고 정확히 생각하면 누가 그렇게 하겠습니까? 괜찮을 거라고 생각하기 때문에 죄를 짓습니다. 모두 악한 영인 사탄에게 속는 것입니다. '이렇게 하면 안 잡힐 거야.' 사탄이 사람들 속에 죄를 지어도 된다는 마음을 가져다주는 것입니다. 굉장히 많은 사람이 거기에 속아서 죄에 점점 빠져듭니다. 그래서 마약 중독자가 되고, 교도소를 들락날락하고, 이런저런 죄에 빠져 삽니다.

악한 영이 유혹할 때 우리에게는 그것을 이길 힘이 없습니다. 술을 마시면 죽는다는 이야기를 들었어도 술을 마시면 즐거울 거라는 생각이 일어나면 술 좀 마셔도 괜찮을 것처럼 느껴집니다. 도박해서 돈을 잃지만 이번에는 딸 것 같으니까 자꾸 하다가 많은 돈을 날립니다. 악한 영의 유혹에 넘어가면 헤어나올 수 없을 만큼 깊이 빠집니다. 그래서 게임이나 도박이나 마약 중독자가 되고 간음하는 사람이 됩니다. 우리 힘으로는 거기에서 벗어날 수 없습니다.

간음한 여자처럼 죄인이 되고, 또 예수님을 만나면

악한 영에서 우리를 건져내기 위해 예수님이 오셨습니다. 간음하다 잡힌 여자가 돌에 맞아 죽을 수밖에 없었는데 예수님을 만났습니다. 예수님은 죄에서, 여자를 향해 날아올 돌에서 여자를 얼마든지 건지실 수 있었습니다. 여자를 저주와 멸망에서 건지실 수 있었습니다. 이 여자는 정말 다행이었습니다. 여자를 돌로 쳐서 죽이기 위해 끌고 가다가 누군가 말했습니다.

"저 여자를 예수에게 데려가서 예수가 뭐라고 말하는지 보자. 예수는 죄인을 사랑한다고 했으니 여자를 돌로 치라고 못 할 거야. 그러면 율법을 어기는 거야. 치라고 하면 죄인을 사랑한다는 말이 거짓말이 되는 거고. 예수는 우리에게 잡혔어."

바리새인들과 서기관들이 여자를 예수님에게 끌고 가서 물었습니다.

"선생이여, 이 여자가 간음하다가 현장에서 잡혔습니다. 모세는 율법에 이러한 여자를 돌로 치라 명했는데 선생은 어떻게 말하겠습니까?"

예수님이 그 질문을 듣고 손가락으로 땅에 글씨를 쓰셨습니다. 그리고 일어나 말씀하셨습니다.

"너희 중에 죄 없는 자가 먼저 돌로 쳐라."

사람들이 깜짝 놀랐습니다. 예수님이 그런 말을 하실 줄은 아무도 몰랐습니다. 사람들은 간음하다 잡힌 여자의 죄만 가지고 이야기했지만 예수님은 다른 사람들의 마음도 보실 수 있었습니다. 사람들이 예수님의 말씀을 듣고 자기 마음을 들여다보았습니다. '나도 죄가 있는데….' 모두 자신에게 죄가 있다는 사실을 깨달았습니다. 그들이 여자를 치려고 들고 있던 돌을 땅에 내려놓고 하나하나 물러갔습니다. 나중에 예수님과 여자만 남았습니다. 예수님이 여자에게 물으셨습니다.

"여자여, 너를 고소하던 그들이 어디 있느냐? 너를 정죄한 자가 없느냐?"

여자가 둘러보니 아무도 없었습니다. 예수님이 그 여자를 살려 주셨습니다.

"주여, 없나이다."

"나도 너를 정죄하지 아니하노니 가서 다시는 죄를 범치 말라."

여자를 보내 주셨습니다. 여자가 예수님으로 말미암아 죄에서 벗어났고 죽음에서 벗어났습니다.

우리가 간음한 여자처럼 죄인이 되고 예수님을 만나면 예수님이 우리를 죄에서 구원해 주십니다. 우리를 위해 십자가에 못 박혀 죽은 죽음으로 우리 죄를 해결해 주십니다. 우리가 그것을 믿는 것입니다. 예수님을 믿음으로 죄에서 벗어날 수 있습니다. 예수님이 우리를 간음한 여자처럼 죄에서 건져 주셨습니다. 이 은혜가 여러분 모두에게 넘치길 바랍니다.

Pastor Ock Soo Park's Lectures on

THE GOSPEL OF JOHN

23

손가락으로 땅에 글씨를 쓰신 예수님

◦ 가장 중요한 일은 우리를 죄에서 건져내시는 것
◦ 죄 없는 자가 먼저 이 여자를 돌로 쳐라
◦ 내가 새 언약을 세우리라
◦ 손가락으로 두 번 글씨를 쓰신 하나님
◦ 그들의 죄악을 사하고 그 죄를 기억지 아니하리라

손가락으로 땅에 글씨를 쓰신 예수님

요한복음에는 많은 말씀이 있지만 요한복음 8장에서는 실제로 간음한 여자를 그렸습니다. 그 여자가 어떻게 죄를 사함 받는지 이야기해 줍니다.

가장 중요한 일은 우리를 죄에서 건져내시는 것

"예수는 감람산으로 가시다. 아침에 다시 성전으로 들어오시니 백성이 다 나아오는지라. 앉으사 저희를 가르치시더니 서기관들과 바리새인들이 간음 중에 잡힌 여자를 끌고 와서 가운데 세우고"(요 8:1~3)

한 여자가 간음했는데 예수님이 그 여자에게 '나도 너를 정죄하지 않는다'고 하셨습니다.

"… 예수께서 가라사대 '나도 너를 정죄하지 아니하노니 가서 다시는 죄를 범치 말라' 하시니라."(요 8:11)

간음한 여자의 모든 죄를 예수님이 담당하셨다는 이야기입니다.

요한복음이 이야기하는 내용의 중심이 8장이라고 해도 과언이 아닙니다. 예수님이 세상에 오신 가장 중요한 일은 우리를 죄에서 건져 내시는 것입니다. 성경은 이 부분을 우리에게 좀 더 상세히 이야기하기 위해 간음하다 잡힌 여자를 중심으로 이야기를 풀어나가고 있으며, 결국 여자가 죄를 사함 받고 집으로 돌아가는 이야기로 끝이 납니다.

죄 없는 자가 먼저 이 여자를 돌로 쳐라

이 이야기에서 간음한 여자도 죄인이지만 그 자리에 있었던 사람들 모두 죄인이었습니다. 그들뿐 아니라 저도 죄를 지었고, 이 방송을 보는 여러분도 다 죄를 지었을 것입니다. 문제는 사람들이 죄를 어떻게 사함 받는지 정확히 모른다는 것입니다. 그래서 어떤 사람은 기도하다가 마음이 뜨거워지면 죄가 사해졌다고 믿고, 어떤 사람은 눈물을 흘리면서 죄를 뉘우치면 죄가 사해졌다고 믿습니다. 그런데 성경은 우리 죄가 어떻게 사해지는지 정확히 이야기해 줍니다.

예수님이 성전에서 무리를 가르치고 계실 때 서기관들과 바리새인들이 간음하다 잡힌 여자를 끌고 왔습니다. 그들이 이 여자를 돌로 쳐서 죽이려고 끌고 가다가 한 사람이 말했습니다.

"이 여자를 예수에게 데려가자. 그래서 돌로 칠 것인지 말 것인지 물어 보자. 예수는 죄인을 사랑한다고 했으니 죽이라고 하면 말이 안 되고, 죽이지 말라고 하면 율법을 어기는 것이 되잖아."

그들이 예수님을 고소할 조건을 얻기 위해 여자를 예수님에게 데리고 왔습니다. 그리고 물었습니다.

"선생이여, 이 여자가 간음하다가 현장에서 잡혔나이다. 모세는 율법에 이러한 여자를 돌로 치라 명하였거니와 선생은 어떻게 말하겠나이까?"

우리가 이 성경 내용을 알고 있지만, 모른다고 생각하고 이야기해 봅시다. 그러면 '한 여자가 간음하다 잡혀서 예수님에게 왔네. 저 여자가 죄를 사함 받으면 내 죄도 사함 받을 수 있겠다'라는 기대를 가지고 이야기를 들을 수 있을 것입니다.

예수님이 간음한 여자에 대해 어떻게 말하겠느냐는 질문을 받고 아무 말씀도 안 하시고 허리를 굽혀 손가락으로 땅에 글씨를 쓰기 시작하셨습니다. 그리고 일어나서 말씀하셨습니다.

"너희 중에 죄 없는 자가 먼저 이 여자를 돌로 쳐라."

거기 모여 있던 사람들이 간음한 여자만 죄인인 줄 알았지 자신이 죄인인 줄 모르고 있다가 예수님의 말씀을 듣고 자기에게 죄가 없는지 살폈습니다. 다 죄가 있었습니다. 죄를 짓지 않은 사람은 아무도 없습니다. 그들도 죄를 지었는데 간음한 여자만 판단했던 것입니다. 그들이 예수님의 말씀을 듣고 양심의 가책을 받고 부끄러워서 한 사람 한 사람 물러가고 간음한 여자와 예수님만 남았습니다.

내가 새 언약을 세우리라

오늘 제가 이야기하고 싶은 주제는 예수님이 손가락으로 땅에 글씨를 쓰셨다는 것입니다. 제가 성경을 가르치면서 사람들에게 '예수님이 왜 손가락으로 땅에 글씨를 쓰셨냐? 무슨 글씨를 쓰셨냐?'라는 질문을 자주 받았습니다. 처음에는 제가 제대로 대답하지 못했습니다. 저도 그것이 궁금했습니다. 그런데 성경에는 예수님이 왜 글씨를 쓰셨는지, 뭐라고 쓰셨는지 아무 이야기가 없습니다.

어느 날 성경을 읽다가 '아, 이 이야기구나!' 하고 알았습니다. 예레미야 31장 31절부터였습니다.

"나 여호와가 말하노라. 보라, 날이 이르리니 내가 이스라엘 집과 유다 집에 새 언약을 세우리라."(렘 31:31)

하나님이 이스라엘 백성들에게 십계명과 율법을 주실 때 이스라엘 백성들에게 '너희가 내 법을 잘 지키면 제사장 나라가 되고 복을 받는다'고 하셨습니다. 그때 이스라엘 백성들이 '우리가 여호와의 명령을 다 지키겠다'고 했습니다. 그래서 하나님이 십계명과 율법을 주셨습니다.

신명기 28장에서 율법에 관하여 이렇게 이야기하고 있습니다.

"네가 네 하나님 여호와의 말씀을 순종하면 이 모든 복이 네게 임하며 네게 미치리니, 성읍에서도 복을 받고 들에서도 복을 받을 것이며 네 몸의 소생과 네 토지의 소산과 네 짐승의 새끼와 우양의 새끼가 복을 받을 것이며 네 광주리와 떡반죽 그릇이 복을 받을 것이며 네가 들어와도 복을 받고 나가도 복을 받을 것이니라."(신 28:2~6)

하나님의 법을 지키면 모든 복이 임한다고 했습니다. 반대로 어기면 모든 저주가 임한다고 했습니다.

"네가 만일 네 하나님 여호와의 말씀을 순종하지 아니하여 내가 오늘날 네게 명하는 그 모든 명령과 규례를 지켜 행하지 아니하면 이 모든 저주가 네게 임하고 네게 미칠 것이니, 네가 성읍에서도 저주를 받으며 들에서도 저주를 받을 것이요 또 네 광주리와 떡반죽 그릇이

저주를 받을 것이요 네 몸의 소생과 네 토지의 소산과 네 우양의 새끼가 저주를 받을 것이며 네가 들어와도 저주를 받고 나가도 저주를 받으리라."(신 28:15~19)

그러니까 지키면 복을 받고 못 지키면 저주를 받는 것이 율법입니다. 그런데 출애굽기에서 이스라엘 백성들이 뭐라고 했습니까? "여호와의 명하신 대로 우리가 다 행하리이다."라고 했습니다. 그들이 자신들이 말한 대로 하나님의 법을 다 지켰습니까? 율법이 내려오는 날 그들은 금송아지를 만들어 섬기고 있었습니다. 십계명 중에서 내 앞에 다른 신을 두지 말라는 계명과 우상을 섬기지 말라는 계명을 어겼습니다. 그날 이스라엘 백성 3천 명이 죽임을 당했습니다. 율법을 지키지 않으면 저주를 받겠다고 약속했기 때문입니다.

하나님이 율법을 주신 목적은 율법을 잘 지키는 사람에게 복을 주시기 위함이 아니었습니다. 하나님은 이스라엘 백성들이 율법을 다 지키겠다고 약속했을 때 인간이 율법을 어길 것을 아셨습니다. 그래서 율법을 주실 때 그것만 주신 것이 아니라 성막도 함께 주셨습니다.

모세가 시내산에 있었던 40일 동안 하나님이 모세에게 하늘나라에 있는 성전의 모양을 보여 주셨습니다. 그리고 모세에게 산에서 내려가거든 본 모양 그대로 성막을 지으라고 하셨습니다. 죄를 지은 사람들이 성막에 와서 속죄제사를 드리면 죄가 사해진다고 말씀하셨습니다. 하나님은 인간이 죄를 지을 걸 아셨다는 이야기입니다.

그렇다면 하나님은 왜 율법을 주셨습니까? 그것은 죄를 깨닫게 하기 위함이었습니다. 로마서 3장에서는 율법은 율법 아래 있는 자들에게 말한다고 했습니다.

"우리가 알거니와 무릇 율법이 말하는 바는 율법 아래 있는 자들에게 말하는 것이니…."(롬 3:19)

율법에 간음하지 말라는 법이 있습니다. 여기에서 간음하지 말라는 법이 먼저입니까, 간음이 먼저입니까? 아무도 간음하지 않는데 간음하지 말라는 법이 생깁니까? 아무도 도둑질하지 않는데 도둑질하지 말라는 법이 필요합니까? 아무도 거짓말하지 않는데 거짓말하지 말라는 법이 생깁니까? 간음했기 때문에 간음하지 말라는 법이 생기고, 거짓말했기 때문에 거짓말하지 말라는 법이 생기고, 도둑질했기 때문에 도둑질하지 말라는 법이 생깁니다.

법이 먼저가 아니라 죄가 먼저입니다. 도둑질하지 말라는 법이 생겨도 도둑질하는 사람이 아무도 없으면 그 법은 있으나마나입니다. 법은 그 죄를 지었기 때문에 생깁니다. 그러니까 율법 아래 있다는 말은 죄를 짓는다는 말입니다. 그러면 율법으로는 우리가 저주를 받을 수밖에 없습니다. 율법은 저주를 받는 법입니다.

"우리가 알거니와 무릇 율법이 말하는 바는 율법 아래 있는 자들에게 말하는 것이니, 이는 모든 입을 막고 온 세상으로 하나님의 심판 아래 있게 하려 함이니라."(롬 3:19)

실제로 이스라엘 백성들에게 율법이 내려온 뒤 저주가 계속 찾아왔습니다.

손가락으로 두 번 글씨를 쓰신 하나님

예수님이 손가락으로 땅에 글씨를 쓰셨습니다. 왜 쓰셨습니까? 성경에 하나님이 손가락으로 글씨를 쓰신 것이 두 번 나옵니다. 어떤 사람은 다니엘 성경에서 하나님이 벽에 "메네 메네 데겔 우바르신"이라고 썼다고 하는데, 그것은 사람의 손가락이라고 성경에 분명히 기록되어 있습니다. 하나님이 손가락으로 글씨를 쓰신 것은 두 번입니다. 첫 번째로 하나님이 돌판에 십계명을 쓰셨습니다. 그 다음으로 예수님이 손가락으로 땅에 글씨를 쓰셨습니다. 예수님도 하나님이십니다.

하나님이 첫 번째로 쓰신 것은 율법입니다. 그렇다면 예수님이 두 번째 땅에 쓰신 것은 무엇입니까? 그것을 정확히 이야기해 주는 내용이 예레미야 31장입니다.

"나 여호와가 말하노라. 보라, 날이 이르리니 내가 이스라엘 집과 유다 집에 새 언약을 세우리라."(렘 31:31)

하나님이 첫 번째 세우신 언약은 '지키면 복을 받고 못 지키면 저주를 받는다'는 율법입니다. 하나님이 율법을 세우고 이스라엘 백성이 그 법을 지키겠다고 약속했지만 죄를 짓지 않는 사람이 하나도 없어서 다 저주를 받아야 했습니다. 이스라엘 백성이 그렇게 약속했기 때문에 저주를 내리실 수밖에 없었습니다. 율법이 내려오는 그날부터 저주가 계속되었습니다. 금송아지를 만들어 3천 명이 죽고, 안식일에 나무하다 죽고, 하나님을 원망하다 불뱀에 물려 죽고….

죽이는 법은 있는데 살리는 법은 없었습니다. 이 율법으로는 복을 받을 사람이 하나도 없기 때문에 새 법이 필요했습니다. 인간이 다 저주를 받고 멸망을 당하는 것이 싫어서 인간을 살릴 수 있는 새 법을 하나님이 만드신 것입니다. 율법을 주신 뒤 바로 만드신 것이 아니고, 어느 날 그렇게 하겠다고 약속하셨습니다.

"… 날이 이르리니 내가 이스라엘 집과 유다 집에 새 언약을 세우리라."(렘 31:31)

그들의 죄악을 사하고 그 죄를 기억지 아니하리라

간음하다 잡힌 여자가 율법으로 재판을 받으면 돌에 맞아 죽어야 했습니다. 그 여자뿐만 아닙니다. 율법으로 재판하면 살아남을 사람이 하나도 없습니다. 모든 사람이 죄를 지었기 때문에 다 저주를 받고 지옥에 가야 합니다. 그래서 새 언약이 필요했습니다.

율법은 죽게 하는 법입니다. 율법을 어기면 사망입니다. 율법 아래 있으면 다 저주를 받습니다. 하나님은 인간을 사랑하셨습니다. 죄와 사망의 법인 율법으로 인간을 대하시고 싶지 않았습니다. 그래서 새 언약을 세우겠다고 하셨습니다. 죄를 지은 사람도 살 수 있는 약속이 필요했습니다. 그렇지 않으면 모든 사람이 저주를 받고 멸망을 당해야 합니다.

"나 여호와가 말하노라. 이 언약은 내가 그들의 열조의 손을 잡고 애굽 땅에서 인도하여 내던 날에 세운 것과 같지 아니할 것은, 내가 그들의 남편이 되었어도 그들이 내 언약을 파하였음이니라."(렘 31:32)

하나님이 이스라엘 백성을 애굽에서 인도하던 날에 세운 율법은, 이스라엘 백성이 다 지키겠다고 약속했지만 그 약속을 못 지켰습니다. 율법을 어겨 다 저주를 받았습니다. 율법을 지켜서 온전할 수 있는 사람은 한 사람도 없습니다. 율법을 지키겠다고 약속했지만 한 사람도 지키지 못해 다 멸망을 당한다면, 그것이 무슨 소용이 있습니까?

이제 하나님이 우리를 살리는 법을 만들기로 하셨습니다. 죄를 짓고 악을 행하고 율법을 어긴 사람을 살릴 수 있는 법을 만드셨습니다. 그렇게 하지 않으면 살 수 있는 사람이 아무도 없습니다.

"나 여호와가 말하노라. 그러나 그날 후에 내가 이스라엘 집에 세울 언약은 이러하니, 곧 내가 나의 법을 그들의 속에 두며 그 마음에 기록하여 나는 그들의 하나님이 되고 그들은 내 백성이 될 것이라." (렘 31:33)

하나님이 새 언약을 우리 속에 두고 마음에 기록해서 우리가 하나님의 백성이 될 것이라고 하셨습니다.

34절입니다.

"그들이 다시는 각기 이웃과 형제를 가리켜 이르기를 '너는 여호와를 알라' 하지 아니하리니 이는 작은 자로부터 큰 자까지 다 나를 앎이니라. 내가 그들의 죄악을 사하고 다시는 그 죄를 기억지 아니하리라. 여호와의 말이니라."(렘 31:34)

하나님이 분명히 말씀하셨습니다. "내가 그들의 죄악을 사하고 다시는 그 죄를 기억지 아니하리라." 율법으로는 저주와 멸망을 받을 수밖에 없기 때문에 하나님이 우리를 살릴 새 법을 만드셨습니다. 그것은 하나님이 우리 죄악을 사하시고 우리 죄를 다시는 기억하지 않는다는 언약입니다.

첫 번째 언약은 율법을 지키면 복을 받고 어기면 저주를 받는다는 약속이었습니다. 간음한 여자는 율법을 어겼기 때문에 저주를 받고 멸망을 당해야 했습니다. 율법에 그런 여자는 돌로 치라고 했습니다. 하나님은 간음한 여자를 살릴 수 있는 새 언약을 세우셨습니다. 그 언약이 무엇입니까?

"내가 그들의 죄악을 사하고 다시는 그 죄를 기억지 아니하리라."

예수님은 간음하다 잡힌 여자, 율법으로 재판하면 돌에 맞아 죽을 수밖에 없는 여자를 살리기 위해 새 법을 기록하셔야 했습니다. 첫 번째 법은 하나님이 손가락으로 돌판에 기록하셨고, 두 번째 법은 예수님이 손가락으로 땅에 기록하셨습니다. 땅은 인간을 가리킵니다.

"… 내가 나의 법을 그들의 속에 두며 그 마음에 기록하여…."(렘 31:33)

하나님이 우리 마음에 무엇이라고 기록하셨습니까?

"내가 그들의 죄악을 사하고 다시는 그 죄를 기억지 아니하리라."

이 약속대로 예수님이 십자가에 못 박혀서 우리 죄를 씻으셨습니다. 그리고 이제 하나님이 다시는 우리 죄를 기억하시지 않습니다. 간음한 여자가 새 언약으로 재판을 받으니 그 결과가 "나도 너를 정죄하지 아니하노니"가 되었습니다.

율법으로 재판을 받으면 저주를 받을 수밖에 없습니다. 율법 아래 있으면 다 저주를 받아야 하기 때문에 하나님이 법을 바꾸셨습니다.

"… 내가 그들의 죄악을 사하고 다시는 그 죄를 기억지 아니하리라. 여호와의 말이니라."(렘 31:34)

하나님이 우리 죄악을 사하셨습니다. 우리 죄를 기억하지 않는다고 하셨습니다. 그래서 우리가 죄를 사함 받고 복된 삶을 삽니다. 요한복음 8장은 이것을 이야기합니다. 이 은혜를 여러분 모두 받으시길 바랍니다.

Pastor Ock Soo Park's Lectures on

THE GOSPEL OF JOHN

24

마음에 감사를 가득 넣어 주신 예수님

◦ 생명의 성령의 법과 죄와 사망의 법
◦ 예수님이 이루신 것을 누리는 은혜의 성령의 법
◦ 감사가 가득 차 악한 마음이 들어갈 자리가 없었다
◦ 쓸모없는 몸이지만 제 몸을 드리고 싶습니다

마음에 감사를
가득 넣어 주신 예수님

저는 성경을 이야기할 때마다 마음에 넘치는 감사와 기쁨이 있습니다. 저는 전에 간음하다 잡힌 여자가 늘 부러웠습니다. 그 여자는 죄를 지었지만 그 죄를 사함 받고 돌아갔기 때문입니다. 저는 교회에 다니면서도 죄를 사함 받지 못해 오랫동안 고생했습니다. 그렇게 지내다 어느 날 그 여자처럼 저도 동일하게 죄를 사함 받는다는 사실을 알았습니다.

생명의 성령의 법과 죄와 사망의 법

예레미야 31장 31~34절에서 하나님이 새 언약, 새 법을 주신다고 했습니다. 첫 번째 언약은 율법이었습니다. 율법을 다 지키면 복을 받고 지키지 못하면 저주를 받습니다. 인간은 누구도 율법을 다 지키지는 못하기 때문에 모든 사람이 저주를 받아야 했습니다. 하나님은 우리를 사랑하셔서 죄를 지은 사람이 저주를 받지 않고 구원받는 길을 만드셨습니다. 그 언약은 이스라엘 백성을 애굽에서 인도하여 내던 날에 세운 율법과 같지 않다고 하셨습니다.

요한복음 8장에서 예수님이 손가락으로 땅에 글씨를 쓰신 것이 새 언약을 세우신 것이라는 이야기를 이전 시간에 했습니다. 하나님이 십계명을 손가락으로 돌비석에 쓰셨고, 날이 이르면 새 언약을 세우신다고 했습니다. 그 후 예수님이 세상에 계실 때 한 여자가 간음하다가 잡혔습니다. 율법으로는 그 여자가 돌에 맞아 죽어야 했습니다. 그런데 예수님이 그 여자를 살리려고 새 법을 쓰셨습니다. 그 법에 관하여 예레미야 31장 34절에서 좀 더 자세히 이야기했습니다. 34절 마지막 부분에서 **"내가 그들의 죄악을 사하고 다시는 그 죄를 기억지 아니하리라."** 하였습니다. 이것이 하나님이 세우신 새 언약입니다.

첫 번째 언약은 우리가 율법을 지키는 것에 의해 우리 운명이 좌우되었고, 두 번째 언약은 하나님이 행하심으로 우리 운명이 좌우됩니다. 하나님이 우리 죄를 사하시고 하나님이 죄를 다시 기억하시지 않습니다. 만약 하나님이 그렇게 하시지 않으면 하나님이 거짓말쟁이가 됩니다.

로마서 8장은 이 사실을 아주 정확히 기록하고 있습니다. 로마서 8장 1절에서 이렇게 말합니다.

"그러므로 이제 그리스도 예수 안에 있는 자에게는 결코 정죄함이 없나니"(롬 8:1)

여기 '그리스도 예수 안에 있는 자'가 나옵니다. 성경에는 율법 아래 있는 자가 있고, 예수 그리스도의 은혜 아래, 성령의 법 아래 있는 자가 있습니다.

"이는 그리스도 예수 안에 있는 생명의 성령의 법이 죄와 사망의 법에서 너를 해방하였음이라."(롬 8:2)

여기서 '죄와 사망의 법'은 율법을 가리킵니다. 율법은 인간을 전부 죄인으로 만들고 멸망을 당하게 했습니다. '생명의 성령의 법'은 예수님이 기록하신 새 언약입니다. 하나님이 우리가 지은 모든 죄를 사하시고 우리 죄를 다시 기억하지 않는다고 말씀하셨습니다.

간음하다 잡힌 여자가 죄를 범했습니다. 율법이 여자를 죄인으로 만들고 사망을 당하게 만들었습니다. 율법 아래서 그 여자는 죽어야 합니다. 그런데 새로운 법이 왔습니다. 이 법이 와서 이전의 법을 밀어냈습니다. 생명의 성령의 법이 죄와 사망의 법에서 여자를 해방시켰습니다. 예수님이 손가락으로 땅에 글씨를 쓰셨고, 이것이 하나님이 돌판에 쓰신 율법을 밀어내버렸습니다. 그때까지 율법에 의해 수많은 사람들이 죽어갔지만 이젠 예수님이 손가락으로 쓰신 그 법이 우리를 율법에서 해방시켰습니다.

"내가 그들의 죄악을 사하고 다시는 그 죄를 기억지 아니하리라."

이 약속대로 예수님이 십자가에 못 박혀 죽으심으로 우리 죄를 씻으셨습니다. 하나님이 우리 죄를 사하셨습니다. 그리고 다시는 그 죄를 기억하지 않는다고 하셨습니다.

하나님이 두 개의 법을 세우셨습니다. 하나는 우리를 죽게 하는 죄와 사망의 법인 율법이고, 다른 하나는 우리를 살게 하는 생명의 성령의 법입니다. 안타깝게도 오늘날 많은 사람들이 율법 아래 매여 있습니다. 율법 아래서는 죄에서 벗어날 수 없고 죄인이 될 수밖에 없습니다. 그러나 그리스도 예수 안에 있는 생명의 성령의 법이 우리를 죄와 사망의 법에서 해방했습니다.

예수님이 이루신 것을 누리는 은혜의 성령의 법

간음하다 잡힌 여자 이야기를 조금 더 해보겠습니다. 예수님이 손가락으로 땅에 글씨를 쓰시고 일어나 말씀하셨습니다.

"너희 중에 죄 없는 자가 먼저 돌로 쳐라."

예수님의 말씀을 듣고 여자를 치려고 돌을 들고 있던 사람들이 양심의 가책을 받아 돌을 내려놓고 도망갔습니다. 이제 예수님과 여자 둘이 남았습니다. 예수님이 여자에게 물었습니다.

"여자여, 너를 고소하던 그들이 어디 있느냐? 너를 정죄한 자가 없느냐?"

여자가 고개를 숙이고 있다가 예수님의 말씀에 고개를 들고 둘러보니 놀라운 일이 벌어졌습니다. 자신을 돌로 치려고 했던 사람들이 다 어디 가고 없고, 자신에게 날아와야 할 돌들이 전부 땅에 떨어져 있었습니다. 새로운 법의 시대가 온 것입니다. 은혜의 성령의 법 시대입니다. 우리가 일하지 않고 하나님이 일하시는 새 법이 왔습니다. 그런데 많은 사람들이 아직까지 잘 모르고 율법 아래서 살고 있습니다.

율법은 우리가 잘하고 못하고에 따라서 모든 것이 결정됩니다. 은혜의 성령의 법은 우리 행위와 상관이 없고 하나님이 행하신 것으로 우리 운명이 결정됩니다.

올림픽 경기에 마라톤이 있습니다. 한국이 올림픽 마라톤에서 금메달을 몇 번 땄습니다. 옛날에 일본이 우리나라를 점령했을 때 손기

정 선수가 있었습니다. 손기정은 한국 사람이었지만 당시 한국이 일본의 속국이어서 가슴에 일본기를 달고 마라톤에 나가 1등을 했습니다. 그 후로도 한국 선수들이 마라톤에서 금메달을 땄습니다.

마라톤 금메달은 제일 잘 달리는 나라에 줍니다. 그런데 그 나라 국민들이 다 잘 달려야 하는 것은 아닙니다. 국민들은 달리지 못해도 한국을 대표한 선수가 1등을 하면 한국이 금메달입니다. 한국 선수가 금메달을 따면 국민들이 "야, 우리나라가 금메달을 땄다!" 하고 기뻐합니다. 저는 42.195km인 마라톤 코스를 다 뛰지 못합니다. 젊었을 때도 그랬지만 지금은 나이가 많이 들어서 더더욱 그렇습니다. 저는 그 거리를 걷지도 못합니다. 그런데 우리나라 대표 선수가 금메달을 따면 "야, 우리가 금메달을 땄다!" 합니다.

예수님이 우리 죄를 해결하셨으면 예수님에게 속한 사람은 다 죄가 해결되었습니다. 예수님이 이루신 것을 우리가 예수님 안에서 누리는 것입니다. 할렐루야! 정말 놀랍습니다.

예수님이 우리 죄를 다 씻었다고 하면 어떤 사람은 "그럼 죄를 막 지어도 되겠네?"라고 말합니다. 사람들 가운데 죄를 막 짓지 않는 사람이 누가 있습니까? 모든 사람이 죄를 짓습니다. 죄를 안 지으려고 애써도 다 죄를 짓습니다. 그래서 하나님이 우리가 지은 모든 죄를 예수님이 씻게 하셨습니다.

감사가 가득 차 악한 마음이 들어갈 자리가 없었다

간음한 여자를 돌로 치려던 사람들이 다 물러가고 예수님과 여자 둘이 남았습니다. 예수님이 말씀하셨습니다.

"여자여, 너를 고소하던 그들이 어디 있느냐? 너를 정죄한 자가 없느냐?"

여자가 고개를 들어 둘러보니 자기를 정죄하고 고소하던 자가 어디에도 없었습니다. 예수님이 그들을 다 떠나보내셨습니다.

"주여, 없습니다."

"나도 너를 정죄하지 아니하노니 가서 다시는 죄를 범치 말라."

예수님이 여자를 돌려보내셨습니다. 여자가 예수님을 떠나가는 장면이 성경에는 기록되어 있지 않지만 저는 그 광경을 마음으로 그려보았습니다. '여자가 예수님을 떠날 때 어떻게 갔을까?' 아마 예수님을 바라보고 마음으로 '주님, 감사합니다!' 하며 고개를 숙여 인사했을 것입니다. 여자의 마음에 말할 수 없는 감사가 있었을 것입니다. '사람들이 다 나를 돌로 쳐서 죽이려고 했는데, 내가 죽임을 당해야 했는데….' 죄와 죽음에서 자기를 건져 주신 예수님이 너무 고마웠습니다. 한참 가다가 몸을 돌려 예수님을 보며 '감사합니다!' 했을 것입니다. 집으로 가면서 몇 번이고 마음으로 '예수님, 감사합니다!' 했을 것입니다.

집에 도착해 문을 엽니다. '지금쯤은 내가 돌무더기에 쌓여 죽어 있어야 하는데 예수님이 나를 살려 주셨구나. 내가 집에 와서 내 침대에서 잠을 잘 수 있구나.' 침대에 누워 자려고 하는데 너무나 감사해서 잠이 오지 않습니다. 아침에 눈을 떴습니다. '어젯밤에 내가 어떻게 잔지 모르겠다. 너무 감사하다!' 세상이 새로워졌습니다. 감사가 마음에 가득 찼습니다.

제 아들이 미국 뉴욕에 사는데 제가 종종 아들과 손자를 보러 갑니다. 일부러는 못 가고 미국에서 집회를 할 때 뉴욕 아들 집에 들렀다 갑니다. 손자들이 넷이 있는데 제가 가면 "할아버지, 햄버거 사주세요." 합니다. 제가 며느리에게 말합니다.

"얘야, 오늘 저녁에는 집에서 식사하지 말고 나가서 햄버거를 사 먹자."

저는 햄버거를 별로 좋아하지 않지만 손자들은 정말 좋아합니다. 우리 손자들만 데리고 가는 것이 아니라 교회에 있는 조셉 목사님과 테리 목사님 아이들도 함께 데리고 가면 스무 명쯤 됩니다.

"야, 너희들 먹고 싶은 거 다 주문해."

제가 카드로 결제하면 어떤 때는 170달러가 나오고, 어떤 때는 200달러가 나옵니다. 아이들이 햄버거를 정말 잘 먹습니다. 그 모습을 보는 것이 정말 행복합니다. 손자들이 "할아버지도 드세요." 해서 저도 먹습니다. 아이들이 햄버거를 다 먹고 나면 제가 묻습니다.

"너희들 혹시 더 필요한 거 있어? 아이스크림이나 피자나 다른 거 필요해?"

제 막내 손자는 별명이 돼지인데 이렇게 말합니다.

"할아버지, 배가 불러서 더 못 먹어요."

간음하다 잡힌 여자 마음에 처음에는 음란한 마음이 일어났습니다. 마음에서 여러 생각이 오갔습니다. '간음하면 안 돼. 잡히면 죽어.' '아무도 모르게 하면 안 잡혀.' 잡히지 않을 거라는 생각에 이끌려 간음을 했습니다. 그런데 죽음 앞에 섰다가 예수님을 만나 죄와 사망에서 벗어났을 때 여자 마음에는 감사가 가득 찼습니다.

큰 햄버거를 먹은 손자의 배가 꽉 차면 음식을 더 먹지 못합니다.

"너희들 더 먹고 싶은 것 없어?"

"할아버지, 못 먹어요."

"아이스크림 더 필요하지 않아?"

"배가 불러서 이제 더 먹을 수가 없어요."

예수님이 여자를 돌려보낼 때 그냥 보내신 것이 아니라 감사한 마음을 가득 넣어 주셨습니다. 여자 마음에 감사가 가득 차니까 음란한 마음이 들어갈 자리가 없었습니다. 미운 마음이나 도둑질하고 싶은 마음이나 악한 마음이 들어갈 자리가 없었습니다. 여자에게서는 감사한 마음만 흘러나왔습니다. 한 달이 가도, 두 달이 가도, 일 년이 가도, 십 년이 가도 여자가 그때 일을 생각하면 이런 마음이 올라왔습니다.

'내가 돌에 맞아 죽어야 했는데, 시체가 되어야 했는데, 인생을 비참하게 끝내야 했는데, 예수님이 나처럼 더러운 인간을 사랑하셨어! 내 죄를 씻어 주셨어! 나를 살려 주셨어! 율법대로 하면 나는 돌에 맞아 죽어야 했는데 예수님이 새 법을 기록하셨어! 그 법에 하나님이 "내가 그들의 죄악을 사하고 다시는 그 죄를 기억지 아니하리라." 하셨어. 예수님이 그 법으로 나를 재판하셨어!'

생각할 때마다 여자는 너무 행복했습니다. 마음에 큰 감사가 가득 차서 음란한 생각이나 미움이나 다른 악한 생각이 들어올 틈이 없었습니다. 마음이 예수 그리스도로, 감사로 가득 찼습니다.

쓸모없는 몸이지만 제 몸을 드리고 싶습니다

저는 죄 사함을 받기 전 내 죄가 씻어진 줄 몰랐을 때에는 나쁜 짓을 많이 했습니다. 그러나 예수님의 은혜가 임해 머리털보다 더 많던 죄가 눈처럼 희게 씻어진 사실을 알고 난 뒤로 삶이 새롭게 변했습니다. 전에는 저녁마다 친구들과 모여서 남의 집 과수원에 가서 사과를 따 먹는 등 도둑질을 하고 죄를 많이 지었습니다. 그때는 그렇게 하지 않으려고 해도 안 되었습니다. 그런데 예수님이 내 마음에 들어오신 뒤로는 마음이 아주 밝아졌습니다.

"그러므로 이제 그리스도 예수 안에 있는 자에게는 결코 정죄함이 없나니 이는 그리스도 예수 안에 있는 생명의 성령의 법이 죄와 사망의 법에서 너를 해방하였음이라."(롬 8:1~2)

그리스도 예수 안에 있는 생명의 성령의 법이 예수님이 새로 세우신 법입니다. "내가 그들의 죄악을 사하고 다시는 그 죄를 기억지 아니하리라." 이 법이 제 마음에 있습니다. 이 법이 구원받기 전 나를 얽어맸던 율법에서 저를 해방시켰습니다. 구원받고 '내가 또 악하게 살면 어떡하지?' 걱정이 되었습니다. 그런데 정말 놀라운 것이, 그 뒤로 죄를 한 번도 짓지 않았다고 말할 순 없지만 제 마음이 근본적으로 달라졌습니다.

죄 사함을 받고 제가 정말 감사했습니다. 예수님을 위해서 무엇이라도 하고 싶었습니다. 제가 정말 헌금을 드리고 싶었는데, 그때 저는 직장이 없고 아무 일도 할 수 없었기 때문에 가진 돈이 없었습니다. 돈 한 푼 손에 쥘 수 없었습니다. 구원받고 석 달쯤 지나는데 주님께 감사한 마음을 표현하고 싶어서 마음이 타들어가는 것 같았습니다.

그때는 한국전쟁이 끝나고 얼마 지나지 않은 때라 남자들이 많이 죽어서 여자들만 사는 집들이 있었습니다. 그런 집에는 비가 올 때 지붕이 새도 고치질 못합니다. 방바닥에 세숫대야를 놓고 떨어지는 물을 받으면서 살았습니다. 한국에는 불을 때면 방바닥 밑으로 뜨거운 기운이 들어가서 방이 따뜻해지는데, 방바닥 밑에 있는 구들이 깨져 불을 때면 방에 연기가 가득한 집들이 있었습니다.

그때 제가 생각했습니다. '내가 다른 것은 못 해도 여자들만 사는 집에 가서 지붕을 고쳐 주고 방구들을 고쳐 주는 일은 할 수 있겠다.' 구원받아 감사한 마음을 그렇게라도 표현하면서 살고 싶었습니다. 제가 하나님께 쓸모없는 몸이지만 제 몸을 드리고 싶다고 했습니다.

세월이 많이 지난 지금, 하나님이 그동안 제 속에서 일하시는 것을 수없이 볼 수 있었습니다. 제가 죄를 안 지으려고 한 것이 아니고 예수님의 사랑이 내 마음에 들어오면서 나의 모든 것을 바꾸었습니다. 저는 정말 지붕이나 방구들을 고쳐 주며 살려고 했는데 내 마음에 오신 예수님이 저를 복음을 전하는 사람으로 만드셨습니다. 지금도 복음을 전하면 사람들이 죄에서 벗어나는 것을 볼 때 너무 행복합니다. 전 세계에 이 복음을 전하고 있습니다.

첫 번째 법인 율법은 축복과 저주가 우리가 잘하고 못하고에 달려 있었습니다. 두 번째 법은 우리와 상관없이 하나님이 일하신 것을 받아들이는 것입니다. 하나님이 말씀하셨습니다. "내가 그들의 죄악을 사하고 다시는 그 죄를 기억지 아니하리라." 하나님이 우리 죄를 깨끗하게 씻으셨습니다. 감사하고 감사합니다. 이 은혜가 여러분 모두에게 임하길 바랍니다.

Pastor Ock Soo Park's Lectures on

THE GOSPEL OF JOHN

25

나도 너를 정죄하지 아니하노니

◦ 예수님을 만나 양심의 가책만 받고 돌아간 사람들
◦ 죄인으로 왔다가 밝은 마음으로 돌아가야
◦ 바리새인보다 더 의롭다 함을 받은 세리
◦ 주 예수 내 맘에 들어와 계신 후 변하여 새 사람 되고
◦ 예수님은 간음한 여자만 위해 죽으신 것이 아니라
◦ 예수 그리스도를 믿는 모든 자에게 미치는 의

나도 너를 정죄하지 아니하노니

간음하다 잡힌 여자 이야기는 모든 사람이 꼭 들어야 할 이야기입니다. 이 이야기는 우리에게 '죄를 지은 사람이 어떻게 죄에서 벗어나는지'를 정확히 보여 줍니다.

예수님을 만나 양심의 가책만 받고 돌아간 사람들

한 여자가 간음하다 잡혀서 돌에 맞아 죽기 위해 끌려갔습니다. 그런데 하나님의 은혜로 서기관들과 바리새인들이 말했습니다.

"이 여자를 그냥 죽이지 말고 예수에게 데려가 보자. 그래서 돌로 칠 것인지 말 것인지 물어보자. 예수는 죄인을 사랑한다고 했으니 죽이라고 하면 말이 안 되고, 죽이지 말라고 하면 율법을 어기는 것이 되잖아."

그들이 고소할 거리를 얻으려고 예수님께 여자를 끌고 왔습니다. 예수님은 그들과 다른 눈을 가지고 계셨습니다. 간음하다 잡힌 여자도 죄인이었지만 돌로 치려고 한 사람들도 다 죄인이었습니다. 똑같이 예수님을 만났는데, 여자는 죄 사함을 받고 돌아갔지만 다른 사람들은 양심의 가책만 받고 돌아갔습니다. 여자를 돌로 치려고 했던 사람이 50명이었는지 100명이었는지 몰라 그 비율을 정확히 계산할 수는 없지만, 많은 사람이 예수님을 만났는데도 죄인으로 그냥 돌아갔습니다. 간음한 여자만 분명한 죄인으로 왔다가 예수님을 만난 뒤 죄를 벗고 돌아가는 것을 봅니다.

예수님이 간음하다 잡힌 여자에게 물으셨습니다.

"여자여, 너를 고소하던 그들이 어디 있느냐? 너를 정죄한 자가 없느냐?"

"주여, 없나이다."

이제 그 자리에 예수님과 여자만 남았는데 예수님이 놀라운 말씀을 하셨습니다.

"나도 너를 정죄하지 아니하노니"

죄인으로 왔다가 밝은 마음으로 돌아가야

저는 열아홉 살 때 죄 때문에 너무 고통스러웠습니다. 죄를 사함 받으려고 새벽마다 교회에 가서 죄를 용서해 달라고 기도했습니다. 매일 그렇게 했지만 죄가 점점 많아지지 적어지지는 않았습니다. 어느 날 제가 간음한 여자를 생각했습니다. 이 여자는 간음했고 돌에 맞아 죽을 뻔했지만, 돌에 맞아 죽지도 않았고 예수님에게 올 때는 죄인으로 왔다가 돌아갈 때에는 정죄함을 받지 않고 갔습니다. 죄를 사함 받고 돌아갔습니다.

오늘날 많은 사람들이 주일이면 교회에 가서 예배를 드립니다. 그 가운데 죄를 사함 받기 간절히 원하는 사람들이 얼마나 많은지 모릅니다. 그런데 예배에 올 때 죄인으로 왔다가 예배를 마치고 돌아갈 때에도 죄인으로 가는 사람이 많습니다. 간음한 여자는 죄인으로 왔다가 죄 사함을 받고 돌아갔습니다. 예수님께서 말씀하셨습니다. "나도 너를 정죄하지 아니하노니 가서 다시는 죄를 범치 말라." 정말 놀라운 사실입니다.

하나님이 이 성경을 기록하신 목적은 우리도 간음한 여자처럼 죄를 지었기 때문에 이 여자처럼 죄에서 벗어나게 하기 위함입니다. 예배에 죄인으로 왔다가 돌아갈 때에는 죄를 씻음 받고 간음한 여자처럼 밝은 마음으로 가야 합니다. 안타깝게도 많은 사람들이 교회에 죄인으로 왔다가 돌아갈 때에도 죄인으로 돌아갑니다. 다음 번에도, 그 다음 번에도 똑같이 죄를 용서해 달라고 기도합니다. 성경을 모르기 때문에 일어나는 일입니다.

우리를 죄에서 건져 주실 분이 누구입니까? 예수님 말고 다른 분이 있습니까? 예수님이 우리 죄를 사하러 이 땅에 오셨고 우리 죄를 씻기 위해 십자가에 못 박혀 죽으셨습니다. 우리가 분명히 이야기 할 수 있는 것이, 요한복음 8장에서 간음한 여자만 죄인이 아니었고 거기 온 모든 사람이 죄인이었습니다. 그들이 죄를 사하러 세상에 오신 예수님 앞에 왔으면, 간음한 여자만 죄를 사함 받고 돌아가야 하는 것이 아니라 그들도 다 죄를 사함 받고 기쁨으로 돌아가야 했습니다. 그들은 우리를 구원하러 오신 예수님 앞에 왔는데도 올 때도 죄인으로 왔다가 갈 때도 죄인으로 돌아갔습니다.

오늘날 많은 사람들이 이와 같습니다. 교회에 다니는 사람들에게 물어봅니다.

"왜 예수님을 믿습니까?"

"죄 사함 받고 하늘나라 가려고 믿습니다."

"그럼 지금 죄 사함을 받았습니까?"

"아직 못 받았습니다."

"얼마나 믿었는데요?"

"30년 믿었습니다."

이 상황에 대해 생각해 봅시다. 교회에 다니는 많은 분들이 열심히 교회에 가고, 교회 행사에 참여하고, 헌금도 하고 전도도 합니다. 그렇게 살다가 나이가 60이 되고 70이 되고 80이 되어 어느 날 죽음을 기다립니다. 그런데 죄를 사함 받지 못한 채 죽음을 기다리는 사람의 마음을 생각해 보십시오.

'오늘 당장 죽진 않을 테니 죄가 있어도 언젠간 씻어지겠지.' 이런 막연한 마음으로 교회에 다니는 분들이 많습니다. 그렇게 살다가 늙어서 죽을 때가 되어 의사가 진단을 합니다. "당신은 3개월 더 살지 못할 것 같습니다." 3개월을 더 살지 못한다면 무엇이 문제겠습니까? 재산이 문제겠습니까, 명예가 문제겠습니까, 좋은 음식이 문제겠습니까? 하나님 앞에 서야 하는데 죄인으로 어떻게 갑니까? 교회에 죄인으로 왔다가 죄인으로 돌아간 사람들이 나이가 들어 죽을 때가 가까워지면 얼마나 고통스럽겠습니까?

제가 이런 이야기를 들습니다. 어떤 교회의 장로님이 재산이 있어서 교회에 돈을 많이 바치고 일생 동안 주님을 위해 산다고 살았습니다. 그런데 죽음을 눈앞에 두고 죄를 사함 받지 못해 욕을 했다고 합니다. 예수님을 열심히 믿으면서 살았는데 죽음 앞에서 죄 사함을 받지 못했다면 얼마나 안타깝겠습니까! 안타까워서 미칠 지경일 것입니다. 죄가 있으면 지옥에 가야 하는데 수십 년 동안 예수님을 믿었는데도 죄 사함을 받지 못했다, 그 답답함을 어떻게 해결합니까?

교회에 다니고 헌금도 하고 하나님의 일을 한다고 했는데 왜 죄인으로 있어야 합니까? 죄를 사함 받지 못했기 때문입니다. 성경에 보면 분명히 간음한 여자는 죄인으로 왔다가 예수님을 만나 죄 사함을 받고 돌아갔습니다.

바리새인보다 더 의롭다 함을 받은 세리

예수님이 하신 이야기 가운데 '바리새인과 세리의 기도'가 있습니다. 바리새인은 사람들이 볼 때 하나님을 잘 믿은 사람이었고 세리는 죄를 지은 사람이었습니다. 그런데 성경을 보면 세리가 바리새인보다 더 의롭다 함을 받고 돌아갔다고 했습니다. 예수님을 믿는데 죄를 씻지 못한 사람, 교회를 20년 30년 다니고 집사가 되고 장로가 되었는데도 죄를 씻지 못한 사람, 그 사람만큼 불쌍한 사람이 없습니다. 제가 그랬습니다. 저는 어려서부터 교회에 다녔습니다. 교회에 다니면서 점점 착해지는 것이 아니라 나이가 들수록 죄를 점점 더 많이 지었습니다. 예수님을 믿으면 죄가 조금씩 씻어져야 하는데 죄가 점점 더 많아졌습니다. 정말 고통스러웠습니다.

요한복음 8장 이야기는 우리에게 놀라운 사실을 가르쳐 줍니다. 한 여자가 간음하다 잡혔습니다. 그 상태에서 여자는 아무 일도 하지 않았습니다. 다만 사람들이 여자를 끌고 예수님에게로 갔습니다. 바리새인들과 서기관들이 예수님께 물었습니다.

"선생이여, 이 여자가 간음하다가 현장에서 잡혔나이다. 모세는 율법에 이러한 여자를 돌로 치라 명하였거니와 선생은 어떻게 말하겠나이까?"

그들의 질문을 듣고 예수님이 손가락으로 땅에 글씨를 쓰셨습니다. 그리고 일어나 말씀하셨습니다.

"너희 중에 죄 없는 자가 먼저 이 여자를 돌로 쳐라."

한 사람도 여자를 돌로 치지 못했습니다. 사람들이 양심의 가책을 받아 돌을 버리고 한 사람 한 사람 도망을 갔습니다. 예수님과 여자 단둘이 남았습니다. 예수님이 여자에게 물으셨습니다.

"여자여, 너를 고소하던 그들이 어디 있느냐? 너를 정죄한 자가 없느냐?"

"주여, 없습니다."

예수님께서 여자에게 뭐라고 말씀하셨습니까?

"나도 너를 정죄하지 아니하노니 가서 다시는 죄를 범치 말라."

여자는 죄 사함을 받았습니다. 예수님이 여자의 죄를 씻어 주신 것입니다. 그리고 여자를 돌려보내셨습니다.

주 예수 내 맘에 들어와 계신 후 변하여 새 사람 되고

저는 열아홉 살 때 배가 고파서 도둑질을 많이 했습니다. 친구들과 모이면 남의 과수원에서 사과도 따먹고, 남의 밭에서 땅콩도 캐먹고 무도 뽑아 먹었습니다. 도둑질인 줄 알았지만 그렇게 살았습니다. 한

번은 요한복음 8장에서 간음한 여자 이야기를 읽으면서 그 여자가 정말 부러웠습니다. 여자는 간음했고 돌에 맞아 죽을 뻔했지만 분명히 죄를 사함 받고 돌아갔기 때문입니다. 예수님이 여자에게 '나도 너를 정죄하지 않는다'고 분명히 말씀하셨습니다. 죄를 사함 받은 그 여자가 너무나 부러웠습니다. '나도 간음하다 잡혀 예수님 앞에 가서 죄를 사함 받으면 좋겠다'는 생각도 해보았습니다.

저는 여자가 어떻게 죄를 사함 받았는지는 알지 못했습니다. 다만 여자가 죄인으로 왔다가 죄를 사함 받고 돌아간 것을 성경에서 분명히 알 수 있었습니다. 저는 내 죄를 정확히 사함 받은 적이 한 번도 없었기 때문에 이 성경을 읽을 때마다 여자가 정말 부러웠습니다. 죄를 사함 받았으니 여자는 얼마나 행복했겠습니까!

이런 가사의 찬송가들이 있습니다.

주 예수 내 맘에 들어와 계신 후 변하여 새 사람 되고
머리털보다도 더 많던 내 죄가 눈보다 더 희어졌네

기쁜 날 기쁜 날 주 나의 죄 다 씻은 날

금이나 은같이 없어질 보배로 속죄함 받은 것 아니요
거룩한 하나님 어린양 예수의 그 피로 속죄함 얻었네

모두 죄를 사함 받은 사람들이 부르는 찬송입니다. 저는 죄 사함을 받지 못했으면서 앞서 죄 사함을 받은 분들이 부른 찬송을 입으로 불렀습니다. 찬송은 "기쁜 날 기쁜 날 주 나의 죄 다 씻은 날"이지만 제 마음에서는 죄를 사함 받지 못해 언제나 고통스러웠습니다.

예수님은 간음한 여자만 위해 죽으신 것이 아니라

하나님이 요한복음 8장에 간음하다 잡힌 여자 이야기를 기록하셨습니다. 이 여자는 모든 사람의 대명사입니다. 예수님이 우리 모두에게 하실 일을 대표적으로 간음한 여자에게 하신 것입니다. 간음한 여자의 죄를 사하신 예수님은 그와 똑같은 방법으로 내 죄도 사하셨습니다.

제가 소년 시절에 성도는 이름이 생명책에 기록된다는 이야기를 듣고 성경에서 제 이름을 찾으려고 애를 썼던 적이 있습니다. 제 이름이 '박옥수'인데 성경에 옥수라는 말은 없었습니다. 그런데 성경을 계속 읽다가 드디어 제 이름을 발견했습니다. 요한계시록 21장에 새 예루살렘 성의 기초석으로 쓰인 보석들이 나오는데 그 가운데 하나가 '옥수'였습니다. 깜짝 놀라며 '내 이름이 생명책에 기록됐다' 하며 기뻐했던 적이 있습니다. 물론 우리 이름이 그렇게 생명책에 기록되는 것은 아닙니다.

세월이 흘러 성경에서 간음한 여자가 죄를 사함 받은 것을 보았습니다. 그리고 하나님은 이 여자를 대표로 세워 우리가 어떻게 죄를 사함 받는지 보여 주신다는 사실을 알았습니다. 우리 죄가 어떻게 씻어지는지 가르치기 위해 이 성경이 기록되었다는 사실을 알았습니다.

예수님이 간음한 여자에게 "나도 너를 정죄하지 아니하노니"라고 하셨습니다. 예수님이 어느 중풍병자에게는 "소자야, 네 죄 사함을 받았느니라." 하셨습니다. 성경에 나오는 이런 인물들은 전부 우리의 대명사입니다. 우리 죄가 어떻게 씻어지고 병이 어떻게 낫는지를 이 사람들이 대표로 보여준 것입니다.

간음한 여자는 아무것도 하지 않고 죄를 사함 받았습니다. 예수님이 그냥 죄를 씻어 주신 것입니다. 예수님이 여자의 죄를 담당하고 십자가에 못 박혀 죽으심으로 그 죄를 씻었기 때문에 여자를 정죄하지 않는다고 하셨습니다. 물론 예수님이 죽으시기 전이었지만 반드시 죽으실 것이기 때문에 "나도 너를 정죄하지 아니하노니"라고 하셨습니다.

예수님은 간음하다 잡힌 여자만 위해 죽으신 것이 아닙니다. 나를 위해서도 죽으셨습니다. 그렇기 때문에 예수님은 간음한 여자에게 하신 '정죄하지 않는다'는 이야기를 저에게도 똑같이 하십니다. 예수님이 "나도 너를 정죄하지 아니하노니"라고 하신 말씀을 읽으면서 제가 놀랐습니다. 저는 그 전에 내 죄를 사해 달라고 기도하고 또 기도했습니다. 그런데 예수님이 하신 말씀 앞에서 제가 그렇게 하는 것이 잘못되었다는 사실을 알았습니다. 죄는 사해 달라고 기도해야 하는 것이 아니라 이미 사해졌던 것입니다. 예수님이 십자가에 못 박히실 때 내 죄 때문에 죽으셨기 때문에 내 죄가 다 씻어졌다는 놀라운 사실을 알았습니다.

요한복음 8장 이야기가 제 이야기로 다가왔습니다.

'간음한 여자 이야기가 바로 내 이야기고, 이 여자가 죄를 사함 받은 이야기가 바로 내가 죄를 사함 받은 이야기구나. 예수님이 간음한 여자의 죄를 사해 주신 것처럼 내 죄를 사해 주셨구나.'

얼마나 놀라웠는지 모릅니다.

'아, 내가 예수님이 내 죄를 위해 돌아가셨다고 수없이 말하면서도 예수님이 내 죄를 씻으셨다고 믿지 못했구나. 내가 속았구나. 그래, 맞아. 예수님이 내 죄를 씻으신 게 사실이야!'

마음의 눈이 뜨이기 시작했습니다.

예수 그리스도를 믿는 모든 자에게 미치는 의

성경을 계속 읽어보니 내 죄가 씻어진 것이 확실했습니다. 로마서에서는 이렇게 말하고 있었습니다.

"이제는 율법 외에 하나님의 한 의가 나타났으니 율법과 선지자들에게 증거를 받은 것이라. 곧 예수 그리스도를 믿음으로 말미암아 모든 믿는 자에게 미치는 하나님의 의니 차별이 없느니라."(롬 3:21~22)

여기 '예수 그리스도를 믿는 모든 자에게 미치는 의'가 나옵니다. 그 의를 제가 받았습니다. 예수님이 우리 죄를 씻으셨고, 그래서 하나님이 우리를 보고 의롭다고 하신 사실을 믿었습니다.

우리 죄는 2천 년 전 예수님이 십자가에 못 박혀 죽으실 그때 다 씻어졌습니다. 성경은 죄가 영원히 씻어졌다고 했습니다. 예수님은 당신의 피를 하늘나라 성전에 뿌리셨습니다. 그렇게 해서 우리 죄가 영원히 씻어졌습니다. 히브리서 9장 12절에서 염소와 송아지의 피가 아닌 예수님의 피로 영원한 속죄를 이루었다고 말합니다.

이것이 성경 말씀입니다. 박옥수 목사의 말이 아닙니다. 예수님이 십자가에 못 박혀 영원한 속죄를 이루셨기 때문에 하나님이 우리를 보고 의롭다고 하십니다. 로마서 8장에서 이렇게 말씀하고 있습니다.

"누가 능히 하나님의 택하신 자들을 송사하리요, 의롭다 하신 이는 하나님이시니."(롬 8:33)

하나님이 의롭다고 하셨습니다. 로마서 3장 24절도 그같이 말합니다.

"그리스도 예수 안에 있는 구속으로 말미암아 하나님의 은혜로 값없이 의롭다 하심을 얻은 자 되었느니라."(롬 3:24)

아멘! 할렐루야! 주님을 찬양합니다. 예수님이 십자가에 못 박혀 죽으심으로 우리 모든 죄가 깨끗이 씻어졌고, 하나님은 우리를 의롭다고 하십니다.

이제 우리 생각을 믿어서는 안 됩니다. 뜨거운 감정을 붙들려고도 하지 마십시오. 아무 감정이 없을지라도 하나님의 말씀은 우리를 보고 의롭다고 말합니다.

예수님은 간음한 여자에게 "나도 너를 정죄하지 아니하노니"라고 하셨습니다. 그 여자는 우리 모두의 대명사입니다. 성경에서 아무개 아무개의 죄를 사했다고 지구에 있는 모든 사람의 이름을 일일이 말할 수 없어서 예수님이 간음한 여자를 보고 정죄하지 않는다고 하셨습니다. 그것은 곧 우리에게 하신 말씀입니다. 우리 죄가 다 씻어졌다는 것입니다. 우리는 감정을 버리고 이 말씀을 믿어야 합니다. 그러면 정말 복된 삶을 살 것입니다.

Pastor Ock Soo Park's Lectures on

THE GOSPEL OF JOHN

26

비로소 발견한 이미 이루어진 속죄

- 율법과 상관없이 의롭게 되는 길
- 하나님은 절대로 죄인을 의롭다고 하실 수 없다
- 우리가 죄인으로 남아 있다면 십자가는 실패한 것
- 죄를 이미 해결해 놓으신 사실을 비로소 알았다
- 성경을 읽을수록 죄가 씻어진 사실이 새롭게 다가왔다

비로소 발견한 이미 이루어진 속죄

예수님을 만나면 사람이 변합니다. 물도 포도주로 변합니다. 회당장 야이로의 딸은 죽었다가 예수님을 만나 살아났습니다. 예수님을 만나서 문둥병자가 깨끗이 낫고, 간음한 여자가 죄 사함을 받고, 중풍병자가 일어나 걸었습니다. 죄인이 의롭다 함을 얻었습니다. 예수님이 하신 일들입니다.

율법과 상관없이 의롭게 되는 길

저는 오랫동안 교회에 다녔지만 죄인인 상태로 신앙생활을 했습니다. 시간이 흐를수록 신앙에 대한 회의와 마음의 고통이 커졌습니다. 1962년은 제 인생에서 가장 어렵고 힘든 시간이었습니다. 무엇을 하려고 발버둥 쳐도 되는 게 아무것도 없었습니다. 모든 게 실패로 끝나 소망이 없었습니다. 하나님은 저에게 밝은 아침을 주시기 전에 어두운 밤을 주셨습니다. 저는 죄 때문에 고통했고 주님이 오실까봐 두려웠습니다. 죽으면 지옥에 간다는 사실을 정확히 알았기 때문입니다.

제 의지 같은 것들은 아무 소용이 없었습니다. 제가 거짓말을 많이 했는데, 하지 않으려고 발버둥쳤지만 늘 실패했습니다. 입을 열면 자꾸 거짓말이 나왔습니다. 도둑질하지 않으려고 결심하고 이를 악물었지만 도둑질에서 벗어날 수 없었습니다. 교회에 열심히 다니지만 신앙이 나에게 아무런 변화를 주지 못했습니다. 지금은 제가 내 노력으로 죄나 유혹을 이긴다는 것이 불가능하다는 사실을 잘 압니다.

그렇게 살다가 1962년 10월에 죄 사함을 받았습니다. 성경 말씀이 마음에 들어왔습니다.

"모든 사람이 죄를 범하였으매 하나님의 영광에 이르지 못하더니, 그리스도 예수 안에 있는 구속으로 말미암아 하나님의 은혜로 값 없이 의롭다 하심을 얻은 자 되었느니라."(롬 3:23~24)

전에 저는 죄를 안 지어서 의로워지려고 했지만 전혀 다른 방법으로 의롭게 되었습니다.

"이제는 율법 외에 하나님의 한 의가 나타났으니 율법과 선지자들에게 증거를 받은 것이라. 곧 예수 그리스도를 믿음으로 말미암아 모든 믿는 자에게 미치는 하나님의 의니 차별이 없느니라."(롬 3:21~22)

율법과 상관없이 의롭게 되는 길이 나타났습니다. 곧 예수 그리스도를 믿음으로 얻는 의입니다.

하나님은 절대로 죄인을 의롭다고 하실 수 없다

로마서 3장을 계속 읽어내려가면 하나님도 의로우시고 예수님을 믿는 우리도 의롭다는 이야기가 나옵니다.

"곧 이때에 자기의 의로우심을 나타내사 자기도 의로우시며 또한 예수 믿는 자를 의롭다 하려 하심이니라."(롬 3:26)

하나님은 우리를 의롭게 만들고 싶으셨습니다. 그런데 하나님은 공의로운 재판장이십니다. 죄인을 의롭다고 하실 수 없습니다. 어떤 사람들은 '하나님이 우리에게 칭의했다'고 말합니다. 우리가 의롭지 않지만 하나님이 의롭다고 해주셨다는 것입니다. 그것은 성경을 정말 모르는 사람이 하는 말입니다. 하나님은 절대로 죄인을 의롭다고 하실 수 없습니다. 만일 하나님이 죄인을 의롭다고 하신다면 하나님은 공의로운 재판장이 아닙니다.

많은 사람들이 '우리가 죄인이지만 하나님이 의롭다고 칭했다, 칭의했다'고 말하는데 그것은 있을 수 없는 일입니다. 하나님은 원래 의로우셨습니다. 그런데 하나님이 죄인인 우리를 의롭다고 하시면 하나님의 의가 깨집니다. 하나님도 죄가 있게 됩니다. 어떤 판사가 죄가 있는 사람을 자기와 가깝다고 의롭다고 한다면 그 사람은 판사의 자격이 없습니다. 하나님이 죄인을 의롭다고 하신다면 재판장으로서의 자격이 없습니다.

하나님은 절대로 죄인을 의롭다고 못 하십니다. 그런데 우리를 보고 의롭다고 하셨습니다. 우리가 죄인인데 의롭다고 하신 것이 아닙니다. 예수님이 십자가에서 흘리신 피로 우리 죄가 씻어졌기 때문에 그것을 보고 의롭다고 하신 것입니다.

"모든 사람이 죄를 범하였으매 하나님의 영광에 이르지 못하더니, 그리스도 예수 안에 있는 구속으로 말미암아 하나님의 은혜로 값 없

이 의롭다 하심을 얻은 자 되었느니라."(롬 3:23~24)

우리 눈으로 보면 자신이 죄인으로 보일지 모르지만 하나님의 눈으로 보면 우리가 의롭습니다. 거룩합니다. 예수님이 피를 흘리셨기 때문입니다. 그 피가 우리 죄를 깨끗이 씻었기 때문입니다. 하나님은 우리가 의롭게 되었기 때문에 의롭다고 하셨습니다. 아멘! 할렐루야!

성경이 그 사실을 이야기합니다.

"곧 이때에 자기의 의로우심을 나타내사 자기도 의로우시며 또한 예수 믿는 자를 의롭다 하려 하심이니라. 그런즉 자랑할 데가 어디뇨? 있을 수가 없느니라. 무슨 법으로냐? 행위로냐? 아니라. 오직 믿음의 법으로니라. 그러므로 사람이 의롭다 하심을 얻는 것은 율법의 행위에 있지 않고 믿음으로 되는 줄 우리가 인정하노라."(롬 3:26~28)

우리가 의롭게 된 것은 율법을 잘 지켰기 때문이 아닙니다. 예수님이 우리 대신 십자가에 못 박혀 우리 죄를 씻으신 것을 믿는 것입니다. 예수님이 십자가에 못 박히실 때 우리가 받아야 할 형벌을 다 받으셨습니다. 우리가 죄를 지은 것은 사실이지만 예수님이 형벌을 받으면서 흘리신 피로 죄를 다 씻었기 때문에 하나님이 우리를 의롭다고 하셨습니다.

우리가 죄인으로 남아 있다면 십자가는 실패한 것

하나님은 당신의 아들 예수 그리스도를 이 세상에 보내 모든 죄를 씻었습니다. 하나님이 보실 때 사람이 의로웠습니다. 그래서 의롭다고 하셨습니다. 우리는 어떻게 말합니까? 죄를 지은 것이 사실이기 때문에 죄인이라고 말했습니다. 죄를 지었으니 죄인이 맞습니다. 그러나 십자가를 보면 죄가 다 씻어졌습니다. 예수님이 우리를 의롭게 하셨고 하나님이 의롭다고 말씀하시지만 사람들이 이 사실을 잘 몰라서 죄인이라고 생각합니다.

그것이 문제입니다. 예수님이 십자가에 못 박혀 죽으셨는데도 우리가 죄인으로 남아 있다면 예수님의 십자가는 실패한 것밖에 안 됩니다. 그것은 예수님을 모독하는 이야기입니다. 예수님의 십자가는 실패하지 않았습니다. 우리가 죄를 지었고 예수님이 우리 죄를 위해 십자가에 못 박혀 죽으셨으면 우리가 지은 죄가 씻어진 것이 확실합니다. 그런데 사람들이 죄를 지었다는 가책에 사로잡혀 십자가의 능력을 생각하지 않기 때문에 "나는 죄인이야. 나는 거짓말하고 도둑질했어."라고 하는 것입니다.

요한복음 8장에 나오는 여자가 간음한 것이 사실이지만 예수님이 정죄하지 않는다고 하셨습니다. 죄를 지었는데 왜 정죄하지 않습니까? 예수님이 십자가에 못 박혀 그 죄를 씻을 것이기 때문입니다. 예수님이 2천 년 전에 죽으심으로 우리 죄 값을 다 지불해서 우리 죄가 씻어진 것은 분명한 사실입니다.

사탄은 우리를 간교하게 속입니다. '내가 살인했다, 간음했다, 도둑질했다' 하며 가책을 받게 만듭니다. 사람이 죄를 지었을 때 피해를 입은 사람을 생각하면 양심의 가책을 받고 죄인이라는 의식을 갖게 되는 것이 사실입니다. 그러나 냉정하게 생각하면 예수님이 십자가에 못 박혀 죽으심으로 죄가 완벽하게 씻어졌습니다. 요한복음 8장에서 예수님은 간음한 여자를 정죄하지 않는다고 하셨습니다. 그 여자에게만 말씀하신 것이 아니라 우리 모두를 정죄하지 않는다는 이야기입니다.

죄를 이미 해결해 놓으신 사실을 비로소 알았다

로마서 8장 30절부터 보겠습니다.

"또 미리 정하신 그들을 또한 부르시고, 부르신 그들을 또한 의롭다 하시고, 의롭다 하신 그들을 또한 영화롭게 하셨느니라. 그런즉 이 일에 대하여 우리가 무슨 말 하리요. 만일 하나님이 우리를 위하시면 누가 우리를 대적하리요."(롬 8:30~31)

하나님이 우리를 의롭게 하시고 영화롭게 하셨습니다.

"누가 능히 하나님의 택하신 자들을 송사하리요, 의롭다 하신 이는 하나님이시니."(롬 8:33)

"누가 정죄하리요, 죽으실 뿐 아니라 다시 살아나신 이는 그리스도 예수시니. 그는 하나님 우편에 계신 자요 우리를 위하여 간구하시는 자시니라."(롬 8:34)

예수님이 우리 죄를 위해 죽으시고 우리를 의롭다 하기 위해 살아나셨습니다. 그래서 하나님이 우리를 의롭다고 하셨습니다. 그러니 누가 우리를 정죄하겠습니까? 우리가 지은 죄로 인해 때로 가책을 느낄 수 있습니다. 그러나 정확한 사실은, 가책을 느끼든 안 느끼든 예수님이 우리 죄를 위해 십자가에 못 박히셨다는 것입니다. 그래서 예수님은 간음한 여자에게 정죄하지 않는다고 하셨습니다. 예수님이 그 여자의 죄를 담당하고 십자가에 못 박혀 죽으실 것이기 때문입니다. 예수님은 간음한 여자에게 십자가에 못 박히기 전에 그렇게 말씀하셨습니다. 우리는 예수님이 십자가에 못 박히신 후에 그 말씀을 들습니다.

우리는 시간계에 살지만 예수님은 영원계에서 사십니다. 시간계에는 과거나 현재나 미래가 존재하고 그 차이가 분명하지만, 영원계에는 과거도 미래도 없고 현재만 존재합니다. 그래서 예수님의 피가 우리 죄를 씻을 때 영원히 씻었습니다. 우리를 영원히 온전하게 했고 영원히 거룩하게 하셨습니다.

저는 1962년에 이 사실을 알았습니다. 그 전에는 교회에 다니고 예수님이 내 죄를 위해 죽었다고 말하지만 여전히 죄인인 상태 속에 있었습니다. 1962년 10월에 제가 달라진 것이 아닙니다. 제가 더 착해진 것이 아닙니다. 내 죄를 내가 해결한 것도 아닙니다. 예수님이 내 죄를 이미 해결해 놓으셨는데 그 사실을 몰라서 죄인이라고 했다가 그 사실을 비로소 알았습니다.

그 후로 성경을 계속 읽었습니다. 성경에는 예수님이 내 죄를 위해 죽으셨고 하나님이 저를 보고 의롭다고 하셨습니다. 내 죄를 기억하지 않는다고 하셨습니다. 그때 저는 찬송하며 많이 울었습니다.

내 죄 사함 받고서 예수를 안 뒤 나의 모든 것 다 변했네
지금 내가 가는 길 천국 길이요 주의 피로 내 죄를 사했네
나의 모든 것 변하고 그 피로 구속 받았네
하나님은 나의 구원 되시오니 내게 정죄함 없겠네

찬송을 부르며 가슴이 벅찼습니다. 전에는 예수님이 내 죄를 위해 죽었다고 하면서도 저는 늘 죄인이었습니다. 그런데 예수님이 내 죄를 사하신 사실을 믿는 순간 내 마음에서 모든 죄가 사라졌습니다. 제가 의롭게 되었습니다. 거룩하게 되었습니다. 그 후로 예수님이 이루신 영원한 속죄가 내 마음 안에 있어서 죄가 나를 어둡게 만들지 못했습니다. 나를 정죄하지 못했습니다.

성경을 읽을수록 죄가 씻어진 사실이 새롭게 다가왔다

성경을 계속 읽으니 내 죄가 사해졌다는 놀라운 말씀들이 가득 차 있었습니다. 전에는 성경을 읽어도 그런 말씀들이 보이지 않았습니다. 그냥 이론으로만 알고 마음에 와 닿지 않았습니다. 그런데 그날부터는 달라졌습니다.

예수님이 내 안에 오셔서 내 영혼을 죄에서 해방시켰습니다. 어딜 봐도 내가 죄인이 아니었습니다. 그 전에는 죄를 지으면 죄인이고 착하게 살면 선하다고 여겼는데, 십자가의 피가 죄를 지은 나를 의롭게 했습니다. 깨끗하게 했습니다. 성경을 읽으면 읽을수록 내 죄가 씻어졌다는 사실이 점점 새롭게 보였습니다.

"내가 네 허물을 빽빽한 구름의 사라짐같이 네 죄를 안개의 사라짐같이 도말하였으니 너는 내게로 돌아오라. 내가 너를 구속하였음이니라."(사 44:22)

말씀을 읽으면 읽을수록 내 죄가 씻어졌다는 사실이 정말 새롭게 다가왔습니다. 어떤 사람이 이야기한 것이 아니라 하나님이 의롭다고 하셨습니다. 그러면 제가 의로운 것이 맞고 거룩한 것이 맞았습니다. 너무 놀랍고 기쁘고 감사했습니다.

전에는 내 생각이 마음에 영향을 많이 주었지만 이제는 내 생각에 영향을 받지 않고 하나님의 말씀에 영향을 받았습니다. 내가 죄를 아무리 많이 지었고 내 눈에 내가 아무리 죄인으로 보여도 하나님이 의롭다면 의로운 것입니다. 하나님이 거룩하다면 거룩한 것입니다.

제가 너무 행복한 것이, 많은 사람들 앞에서 예수님의 피가 우리 죄를 씻었다고 증거합니다. 이 일이 저를 정말 행복하게 해줍니다. 복음을 전하기 시작한 뒤 세월이 많이 흘렀습니다. 이제 나이가 많이 들어 늙었습니다. 언제 죽을지 모르지만, 언제 어디서 죽어도 하늘나라에 갈 소망을 가지고 있습니다. 제 삶에 예수님이 살아 역사하시고 제 앞에 길을 여시는 것을 봅니다.

저는 교회에 다니는 많은 사람들, 그리고 목회자들에게 예수님이 우리 죄를 씻은 이야기를 합니다. 이렇게 이야기하며 정말 감사한 삶을 삽니다. 많은 사람들이 죄가 씻어졌다는 것을 성경에서 확인하고 전에는 자기 감정이나 생각을 믿었지만 하나님을 믿는 믿음의 세계로 들어옵니다.

하나님을 믿는다는 것은 하나님의 말씀을 믿는 것을 가리킵니다. 다시 이야기하지만, 하나님이 우리를 보고 의롭다고 하시면 의롭습니다. 하나님이 우리를 정죄하지 않는다고 하시면 정죄하시지 않습니다. 성경에는 이처럼 좋은 말씀들이 가득합니다. 전에는 눈이 가려서 보이지 않았던 말씀들이 성경을 읽을 때마다 내 마음 안에 들어와서 새로운 힘을 줍니다. 그 말씀을 제가 단에 설 때마다 증거했습니다.

우리 죄를 씻기는 예수님의 피밖에 없습니다. 우리가 예수 그리스도의 피로 내 죄가 씻어진 것을 마음에 받아들이는 것입니다. 많은 사람들이 이 말씀 앞에 나와서 죄를 사함 받았습니다. 사람들이 달라지는 것을 보았습니다. 우리가 할 수 있는 것은 아무것도 없습니다. 죄를 씻는 일은 우리 힘으로는 절대 안 됩니다. 예수님이 하셨습니다.

이제 여러분의 생각을 버리고 하나님의 말씀을 마음에 받아들이십시오. 예수 그리스도가 여러분 마음 안에 살아 일한다면 여러분이 놀라운 사람으로 바뀔 것입니다. 여러분의 마음 안에 죄가 있는 것이 아니라 여러분을 죄에서 건지신 예수님의 말씀이 살아 있기를 바랍니다. 그 말씀이 여러분의 삶을 바꿀 것입니다. 여러분을 은혜와 능력으로 이끌어 갈 줄 믿습니다. 저는 죄 사함 받은 사람들과 함께 주님을 섬기면서 사는 것이 정말 행복했고, 우리를 통해 하나님이 이루시는 역사가 정말 놀라웠습니다.

Pastor Ock Soo Park's Lectures on

THE GOSPEL OF JOHN

27

십자가에서 죄의 벌을 대신 받으신 예수님

◦ 율법은 결국 축복이 아니라 저주
◦ 경건치 않은 자를 의롭다 하시는 이를 믿는 자
◦ 그러나 너는 씻어졌다, 거룩해졌다, 의로워졌다
◦ 하나님이 일하신 것으로 우리에게 복을 주는 새 언약
◦ 그토록 바라던 꿈같은 일, 내 죄가 사해졌다

십자가에서 죄의 벌을 대신 받으신 예수님

우리는 간음한 여자 이야기를 계속 하고 있습니다. 그 여자는 분명히 간음하다 잡힌 죄인이었습니다. 돌에 맞아 죽기 직전에 서 있었습니다. 그런데 서기관들과 바리새인들이 그 여자를 예수님께 데리고 왔습니다. 예수님을 고소할 조건을 얻기 위해서였습니다. 율법에는 그런 여자를 돌로 치라고 했기 때문에 죄인을 사랑한다는 예수님은 뭐라고 말할지 궁금했습니다. 돌로 치지 말라고 하면 율법을 어기는 것이 되고 돌로 치라고 하면 죄인을 사랑한다는 말이 거짓말이 되고, 어떻게 말하든지 고소할 거리를 찾을 수 있다고 생각했습니다. 예수님은 손가락으로 땅에 글씨를 쓰셨습니다. 예수님이 새 언약을 세우시는 이야기입니다.

율법은 결국 축복이 아니라 저주

율법은 지키면 복을 받지만 못 지키면 저주를 받습니다. 율법을 지키는 사람은 아무도 없기 때문에 율법으로는 하늘나라에 갈 수 있는 사람이 없습니다. 하나님은 우리를 사랑하시기 때문에 새로운 법을 만들기로 하셨습니다.

"나 여호와가 말하노라. 보라, 날이 이르리니 내가 이스라엘 집과 유다 집에 새 언약을 세우리라."(렘 31:31)

예레미야 31장 32절에서 이 언약은 이전에 세운 언약과 다르다고 했습니다.

"나 여호와가 말하노라. 이 언약은 내가 그들의 열조의 손을 잡고 애굽 땅에서 인도하여 내던 날에 세운 것과 같지 아니할 것은, 내가 그들의 남편이 되었어도 그들이 내 언약을 파하였음이니라."(렘 31:32)

여기에서 '애굽 땅에서 인도하여 내던 날에 세운 것'은 십계명과 율법입니다. 율법을 왜 언약이라고 말하느냐면, 하나님이 율법을 주실 때 이스라엘 백성과 약속을 했습니다. 만일 이스라엘 백성들이 율법을 지키면 제사장 나라가 되고 복을 받는다고 했습니다. 몸의 소생과 토지의 소산과 우양의 새끼가 복을 받고, 광주리와 떡반죽 그릇이 복을 받고, 들어와도 복을 받고 나가도 복을 받는다고 했습니다. 반대로 어기면 모든 것이 저주를 받고, 들어와도 저주를 받고 나가도 저주를 받는다고 했습니다.

이스라엘 백성들이 율법을 지키겠다고 약속했지만 율법은 결국 축복이 아니라 저주입니다. 율법을 다 지킬 수 있는 사람은 없기 때문입니다. 실제로 율법이 온 뒤로 이스라엘 백성들이 계속 죽었습니다. 율법으로는 사람이 복을 받을 수 없다는 사실이 확실합니다. 율법을 지키려면 모든 율법을 항상 지켜야 합니다. 율법을 한 번 어긴 사람은 그 뒤로 아무리 잘 지켜도 의미가 없습니다. 율법을 이미 어겼기 때문에 저주를 받아야 한다고 성경은 말합니다.

경건치 않은 자를 의롭다 하시는 이를 믿는 자

율법이 생기기 430년 전, 모세가 태어나지도 않은 때에 아브라함이라는 사람이 있었습니다. 당시에는 율법이 없었기 때문에 아브라함이 율법을 지켜서 의롭게 되는 것이 아니었습니다.

"그런즉 육신으로 우리 조상 된 아브라함이 무엇을 얻었다 하리요. 만일 아브라함이 행위로써 의롭다 하심을 얻었으면 자랑할 것이 있으려니와 하나님 앞에서는 없느니라. 성경이 무엇을 말하느뇨. 아브라함이 하나님을 믿으매 이것이 저에게 의로 여기신 바 되었느니라." (롬 4:1~3)

아브라함이 의를 행해서 의롭게 된 것이 아닙니다. 하나님을 믿음으로 의롭게 되었습니다. 로마서 4장 4절에서 **"일하는 자에게는 그 삯을 은혜로 여기지 아니하고 빚으로 여기거니와"**라고 했습니다. 하나님은 우리를 죄에서 구원하실 때, 우리를 의롭게 하실 때 은혜로 하십니다. 우리 행위를 따라 하시지 않습니다. 우리가 선을 행한 대가로 우리를 의롭다고 하시지 않습니다. 착한 일을 하고 율법을 지켜서 복을 받으려고 하는 것은 은혜가 아닙니다. 은혜는 아무 대가 없이, 노력하지 않은 상태에서 받는 것입니다. 은혜에 대해 로마서 4장 5절에서 이렇게 말합니다.

"일을 아니할지라도 경건치 아니한 자를 의롭다 하시는 이를 믿는

자에게는 그의 믿음을 의로 여기시나니"(롬 4:5)

경건치 않은 사람은 죄를 지은 사람을 가리킵니다. 우리는 다 죄를 지은 경건치 않은 자들이었습니다. 그 상태에서 우리가 무엇을 해서 의롭게 된 것이 아닙니다. 우리는 경건치 않았고 아무 일도 하지 않았는데 예수님이 일하셨습니다. 죄를 사함 받기 위해 우리가 일한 것이 아무것이 없는데도 예수님이 일하심으로 말미암아 값 없이 받는 것을 은혜라고 합니다.

내가 분명히 죄를 짓고 악을 행해서 경건치 않은 자인데 하나님이 그런 나를 의롭다고 하셨습니다. 의롭게 살아서가 아니라 행위가 나쁜데도 하나님이 의롭다고 하셨습니다. 그 의는 나의 노력이나 행위에 속한 것이 아닙니다. 은혜로 주어진 것입니다. 예수님이 십자가에 못 박혀 죽으심으로 말미암아 주어진 것입니다. 예수님이 우리 죄의 형벌을 다 받으심으로 말미암아 우리가 의로운 것이지, 우리가 선을 행해서 의롭게 된 것이 아닙니다.

예수님이 간음하다 잡힌 여자에게 "나도 너를 정죄하지 아니하노니"라고 하셨습니다. 예수님이 그 여자를 정죄하지 않고 돌려보내신 것은 죄를 짓지 않았기 때문이 아닙니다. 여자가 은혜를 입었습니다. 무슨 은혜를 입었습니까? 여자의 죄를 씻기 위해 예수님이 십자가에 못 박혀 여자가 받아야 할 죄의 벌을 대신 받으셨습니다.

우리가 무엇을 해서 죄를 사함 받았다면 그것은 은혜가 아닙니다. 여자는 아무것도 한 것이 없습니다. 단 한 가지 있다면 예수님을 믿은 것밖에 없습니다. '예수님이 나를 정죄하지 않는다고 하시는구나!' 그 말을 그대로 믿었습니다. 예수님이 하신 말씀을 믿는 순간 여자의 마음에 감사가 가득 찼습니다.

로마서 4장 4절에서 일하는 자에게는 그 삯이 은혜가 아니고 빚이라고 했습니다. 일하고 받는 삯은 은혜가 아니라 마땅히 받아야 할 것입니다. 우리가 구원받기 위해 노력하고 이 일 저 일을 한다면 그것은 은혜가 아닙니다. 우리가 아무 일도 하지 않았는데 예수님의 죽음으로 우리 죄가 씻어진 것이 은혜입니다. 어떤 대가를 지불하고 얻는 것은 은혜가 아닙니다. 아무 대가 없이 받는 것이 은혜입니다.

아브라함이 의롭다 함을 얻을 때 하나님을 믿는 믿음으로 얻었습니다. 그의 행위나 노력으로 말미암지 않았습니다. 우리가 무엇을 해야 하는 것이 아니라 하나님을 믿고 예수님을 믿어야 합니다. 예수님이 십자가에 못 박혀 죽으신 것을 믿어야 합니다. 예수님이 우리가 받아야 할 벌인 죽음의 벌을 대신 받으셨습니다. 우리가 그 사실을 받아들일 때 아무것도 하지 않았지만 의롭게 됩니다.

그러나 너는 씻어졌다, 거룩해졌다, 의로워졌다

간음한 여자는 아무것도 하지 않았습니다. 예수님이 하셨습니다. 여자가 돌에 맞아 죽어야 했는데 예수님이 손가락으로 땅에 글씨를 쓰셨습니다. 새 언약을 세우셨습니다. 우리가 지은 죄의 대가로 우리가 저주를 받고 멸망을 당하는 것은 은혜가 아닙니다. 예수님이 우리 대신 저주를 받고 멸망을 당하신 것을 받아들이는 것이 은혜입니다.

저는 교회에 다니면서 늘 죄인이라고 생각했기 때문에 내가 의롭다는 말이 굉장히 어색했습니다. 내가 죄인이라는 말이 내 입술에 훨씬 가깝고 내 마음에 가까웠습니다. 하지만 성경을 읽으면 성경은 한

결같이 내 죄가 씻어졌고 내가 의롭게 되었다고 이야기했습니다.

"모든 사람이 죄를 범하였으매 하나님의 영광에 이르지 못하더니 그리스도 예수 안에 있는 구속으로 말미암아 하나님의 은혜로 값 없이 의롭다 하심을 얻은 자 되었느니라."(롬 3:23~24)

예수님이 우리를 구속하셔서 우리가 의롭다 하심을 얻었습니다.

"예수는 우리 범죄함을 위하여 내어줌이 되고, 또한 우리를 의롭다 하심을 위하여 살아나셨느니라."(롬 4:25)

우리를 의롭다 하기 위해 예수님이 죽고 살아나셨습니다.

"도적이나 탐람하는 자나 술 취하는 자나 후욕하는 자나 토색하는 자들은 하나님의 나라를 유업으로 받지 못하리라."(고전 6:10)

이런 사람들은 하늘나라를 유업으로 받지 못한다고 했습니다. 그런데 11절에서 뭐라고 했습니까?

"너희 중에 이와 같은 자들이 있더니, 주 예수 그리스도의 이름과 우리 하나님의 성령 안에서 씻음과 거룩함과 의롭다 하심을 얻었느니라."(고전 6:11)

우리가 이런 죄를 지었다는 것입니다. 그런데 씻음과 거룩함과 의롭다 하심을 얻었습니다. 하나님이 말씀하셨습니다. "네가 이런 죄를 지었다. 그러나 너는 씻어졌다. 그러나 너는 거룩해졌다. 그러나 너는 의로워졌다." 성경이 이렇게 이야기합니다.

하나님이 일하신 것으로 우리에게 복을 주는 새 언약

신앙생활을 하려면 자신이 잘하는 것을 보지 마십시오. 신명기 28장에서 말한 대로 율법은 우리가 지키면 복을 받고 못 지키면 저주를 받습니다. 새 언약은 우리가 잘하고 못한 것과 전혀 상관이 없습니다. 예수님이 어떻게 일하셨느냐에 따라 우리에게 복이 주어집니다. 이것이 아주 중요한 내용입니다. 우리가 한 것과 상관없이 예수님이 하신 것이 우리 것이 되었습니다.

우리가 의롭게 된 것은 죄를 안 지었기 때문도 아니고 죄를 회개했기 때문도 아니고 마음 깊이 뉘우쳤기 때문도 아닙니다. 우리가 받아야 할 형벌을 예수님이 대신 받으셨기 때문입니다. 저는 내가 의롭다는 사실을 믿은 뒤 정말 기뻤지만 한번씩 깜짝깜짝 놀랐습니다. '내가 죄를 지었고 악을 많이 행했는데 내가 어떻게 의롭지? 내가 어떻게 거룩하지?' 세월이 흐르면서 이 사실이 제 마음에 확고하게 자리를 잡았습니다. 제가 모든 것을 알지는 못하지만 하나님이 의롭다면 의로운 것입니다. 거룩하다면 거룩한 것입니다. 제가 무슨 죄를 지었는지도 다 기억하지 못하는데 예수님이 십자가에 못 박혀 제 모든 죄의 형벌을 끝내셨습니다.

요한복음 8장에 등장하는 간음한 여자는 분명히 죄를 지었습니다. 간음하다 현장에서 잡혔습니다. 그런데 예수님이 정죄하지 않는다고 하셨습니다. 여자가 저지른 죄를 예수님이 책임지시기 때문입니다. 율법대로 하면 인간은 전부 저주 받을 짓만 행했습니다. 새 언약은 우리 행위와 상관없이 하나님이 일하신 것을 따라 우리에게 복을 줍니다.

하나님이 예수님을 이 세상에 보내셨습니다. 우리는 예수님의 십자가를 잘 기억합니다. 영화에서도 보았고 그림에서도 예수님이 십자가에 못 박히신 모양을 많이 보았습니다. 가시관을 쓰시고, 피를 흘리시고, 옆구리를 창에 찔리시고…. 말할 수 없는 고난을 당하셨습니다. 그리고 마지막에 “다 이루었다!” 하고 숨을 거두셨습니다. 예수님이 다 이루었다고 하셨습니다. 예수님의 죽음이 우리 모두의 형벌을 영원히 끝냈습니다. 예수님의 죽음은, 내가 죽어야 할 죽음이었고 내가 받아야 할 저주였습니다. 여러분이 죽어야 할 죽음이었고 여러분이 받아야 할 저주였습니다.

예수님이 돌아가시고 2천 년이란 세월이 흘렀습니다. 이 땅에 살았던 수많은 사람들이 세상을 떠나고 우리가 태어나 이 땅에 살고 있습니다. 2천 년이란 세월이 흐르고 수많은 사람들이 왔다 갔지만 예수님의 피는 영원합니다. 예수님의 피는 모든 사람의 죄를 영원히 씻었습니다.

“내가 진실로 진실로 너희에게 이르노니, 내 말을 듣고 또 나 보내신 이를 믿는 자는 영생을 얻었고 심판에 이르지 아니하나니 사망에서 생명으로 옮겼느니라.”(요 5:24)

아주 단순한 이야기입니다. 예수님이 ‘내 말을 듣고 또 나 보내신 이를 믿는 자’는 영생을 얻었고 심판에 이르지 않는다고 하셨습니다. 사망에서 생명으로 옮겼다고 하셨습니다. 예수님이 우리 죄를 다 씻었고, 하나님이 우리 죄를 기억지도 않는다고 하셨습니다.

“… 내가 그들의 죄악을 사하고 다시는 그 죄를 기억지 아니하리라. 여호와의 말이니라.”(렘 31:34)

그토록 바라던 꿈같은 일, 내 죄가 사해졌다

천국은 우리가 잘해서 가는 것이 아니고 예수님이 우리 죄를 씻어 주셨기 때문에 갑니다. 하나님이 십자가에 못 박힌 예수님을 보고 우리를 의롭다고 하셨습니다. 이제 여러분의 모든 생각을 버리고 우리 죄를 씻었다는 하나님의 말씀을 받아들이시기 바랍니다.

신앙은 어렵지 않습니다. 이것을 믿는 것입니다. 예수님이 십자가에 못 박혀 죽으신 것은 우리 죄를 위해 죽으신 것이기 때문에 십자가에서 우리 죄의 대가가 다 지불되었습니다. 우리가 벌을 받아야 할 죄가 하나도 남지 않고 전부 깨끗하게 씻어졌습니다. 우리가 깨끗해지고 의로워지고 거룩해졌습니다.

저는 1962년 어느 날 예수님을 믿었습니다. 그날부터 예수님이 내 안에 살아 일하시기 시작했습니다. 이 세상 모든 사람들에게 예수님의 십자가는 실패하지 않았습니다. 우리 가운데 누구든지 죄인으로 남아 있다면 예수님이 실패했지만, 예수님은 실패하지 않고 우리가 지은 모든 죄를 눈같이 희게 씻으셨습니다. 우리가 깨끗해졌습니다. 제가 이 사실을 믿은 뒤 예수님과 굉장히 가까워졌습니다. 그 전에는 하나님과 나 사이에 죄가 가로막혀서 마음이 항상 어두웠습니다. 죄 사함을 받은 뒤로는 하나님이 내 안에서 일하시는 것을 볼 수 있었습니다.

내 죄가 사해졌습니다. 정말 꿈같은 일이었습니다. 제가 그토록 바라던 바였습니다. 십자가에서 죄가 다 해결되었는데 저는 몰랐습니다. 죄가 있는 줄 알았습니다. 그런데 하나도 남기지 않고 예수님이 깨끗이 씻으셨습니다. 우리는 이 놀라운 사실을 믿습니다. 이것이 우리가 해야 할 일의 전부입니다.

예수님이 내 죄를 씻으신 사실을 믿었을 때 저는 의로워졌습니다.

거룩해졌습니다. 예수님이 나를 위해 그 일을 이루셨고 저는 받아들였습니다. 예수님이 죄를 씻으신 것을 받아들이지 않는 사람은 죄인으로 있습니다. 그러나 믿음으로 받아들이면 거룩해지고, 의로워지고, 깨끗해집니다.

Pastor Ock Soo Park's Lectures on
THE GOSPEL OF JOHN

초판 2022년 5월 13일
2쇄 2023년 2월 10일

지은이 **박옥수**

책임편집 **박민희**
북디자인 **권은혜**

발행처 **도서출판 기쁜소식**
출판신고 **제2006-44호**
주 소 **서울시 양천구 신월로24길 8**
문의처 **02-2690-8860**
이메일 **edit@goodnews.kr**
인쇄·제본 **프린트세일**

책값은 뒤표지에 있습니다.

ISBN 978-89-6443-080-4